韩非子全鉴

(战国)韩非子 ◎ 著

任娟霞 ◎ 解译

内 容 提 要

《韩非子》是中国古代著名思想家韩非的著作，共有文章五十五篇，其文章风格严峻峭刻，干脆犀利，在先秦诸子散文中独树一帜，为法家集大成之作品。该书就其主体来看，是一部政论性巨著，它重点阐述了法、术、势相结合的法治理论，其目的是为专制君主提供积极的主张，达到了先秦法家理论的最高峰。时至今日，《韩非子》对于我们了解中国的社会政治、思想文化仍有较强的借鉴意义。本书甄选了《韩非子》最精彩的篇章，对原典作了精准的注释和翻译，便于您更好地品读国学精粹，感知先贤智慧。

图书在版编目（CIP）数据

韩非子全鉴 /（战国）韩非子著；任娟霞解译. —北京：中国纺织出版社，2015.1（2018.5重印）
ISBN 978 – 7 – 5180 – 1074 – 5

Ⅰ.①韩⋯ Ⅱ.①韩⋯ ②任⋯ Ⅲ.①法家 ②《韩非子》—译文 ③《韩非子》—注释 Ⅳ.①B226.5

中国版本图书馆 CIP 数据核字（2014）第 230206 号

解译人员：任娟霞　余长保　迟双明　杨敬敬　孙红颖　陈金川
　　　　　李向峰　朱雅婷　蔡　践　罗　苏　陈　美　党　博
　　　　　庞莉莉　任　哲　张志英　张凌翔

策划编辑：丁守富　　特约编辑：徐伟虹　　责任印制：周平利

中国纺织出版社出版发行
地址：北京市朝阳区百子湾东里 A407 号楼　邮政编码：100124
销售电话：010—67044422　传真：010—87155801
http://www.c-textilep.com
E-mail：faxing@c-textilep.com
中国纺织出版社天猫旗舰店
官方微博 http://weibo.com/2119887771
北京佳诚信缘彩印有限公司印刷　各地新华书店经销
2015 年 1 月第 1 版　2018 年 5 月第 4 次印刷
开本：710×1000　1/16　印张：20
字数：284 千字　定价：38.00 元

凡购本书，如有缺页、倒页、脱页，由本社图书营销中心调换

前言

战国末期，中国社会面临着一次重大的转型。从社会结构上看，县和郡在列国已经出现和普及，作为地方政府，它们直接听命于国君，成为君主集权的有力手段。与此同时，传统的世族世官制迅速瓦解，出现了全新的官僚制度。经过不断升级的兼并战争，列国的经济军事优势逐渐集中到少数大国，结束诸侯混战、实现统一的趋势越来越明朗化。所有这一切都朝着中央集权的方向演进，建立一个统一的、君主专制的大帝国只是一个时间的问题了。

面对这样的社会巨变和即将出现的大一统政治局面，各主要学派都在自己的学说理论上做出了反映。当时影响深远的，除了儒、道二家之外，以韩非、商鞅为代表的法家，在当时的诸侯各国应用最为广泛。尤其韩非，其所著《韩非子》一书，达到了先秦法家理论的最高峰。秦始皇在初见韩非的著作时就佩服地说："寡人得见此人与之游，死不恨矣！"在韩非去世后，当时各诸侯国的君主与大臣竞相研究其著作《韩非子》，秦始皇在他的思想影响下，完成了统一六国的帝业。可以说，《韩非子》为中国第一个统一专制的中央集权制国家提供了强有力的理论武器。

《韩非子》现存五十五篇，约十余万言，有着极其广泛的思想渊源。重点阐述了法、术、势的法治理论，强调了专制君主的主张。

围绕"法、术、势"的理论来说，《韩非子》着重总结了商鞅、申不害和慎到的思想，把商鞅的"法"、申不害的"术"和慎到的"势"融为一体。

他推崇商鞅和申不害，同时指出，商鞅和申不害之学说的最大缺点是没有把法与术结合起来；其次，"未尽"商鞅和申不害之学说的第二大缺点是"申子未尽于术，商君未尽于法"（《定法》）。韩非从自己的观点出发，论述了术、法的内容以及两者之间的关系，他认为，国家想要得到治理，就需要君主善用权术，同时臣下必须遵法。同申不害相比，韩非对"术"的进一步发展主要表现在"术以知奸"方面。他认为，君主对臣下不可太信任，还要"审合刑名"。在"法"的方面，韩非特别强调了"以刑止刑"的思想，强调"严刑"、"重罚"。除此之外，韩非还认为，仅仅依靠法和术还不足以治理好国家，必须有"势"做保证。"势"，即权势、政权。他非常欣赏慎到所说的"尧为匹夫不能治三人，而桀为天子能乱天下"（《难者》），提出了"抱法处势则治，背法去势则乱"（《难势》）的论点。由此可见，韩非的法治思想继承并发展了战国以来早期法家特别是商鞅、慎到、申不害三人的法治思想，形成了一个法、术、势结合的思想体系。

　　司马迁说《韩非子》"归本于黄、老"（《史记·老庄申韩列传》），是有道理的。韩非在其《解老》《喻老》两篇，发展了老子的思想，直述自己思想源自于老子，故后世称之为道法家，这意味着《韩非子》是从道家里面延伸出来的新法家思想。在韩非看来，道是变化的，天地、人、社会乃至治理社会的方式方法也是变化的。但道也有其相应的稳定性，而所谓的稳定，就是人们应当遵守的行为准则，在现实中就是"法"。法依着道而建立，法必须随时代的变化而变化，必须得到每一个人的遵守。因为认识到万事万物的变化，韩非同老子一样，也是反传统的。《韩非子》取《老子》"无为"的思想，在老子看来，处世不需要拘泥于固定的形式与方式，只要顺着大道即可。韩非认为"无为"，落实在君王统治上，应该是无论特定喜好或不喜好都不能被臣下推测与掌握，此观点还包括施政习惯、统驭方式等，应该阴晴不定，难以掌握。此外，《韩非子》改造了老子的自然天道观，叫作"理定而物易割"，从而为其法理提供理论依据。韩非说"欲成方圆而随其规矩，则万事之功形矣。而万物莫不有规矩，议言之士，计会规矩也，圣人尽随于万物之规矩"（《解老》）。规矩是法家的逻辑根据。因此，在韩非那里，老子的"无为而治"，转而为"中主守法而治"；老子的非仁义的思想，转而为"言先王之仁义无益于治，明吾法度，必吾赏罚"，"不乘必胜之势，而务行仁义则可以王，是求入主之必及仲尼"；老子的"去私抱朴"，转而为"去私"、"抱法"；老子的对立物同一的主张，转而为"执一以静"。可见，韩非这位法家的巅峰人物，从老子那里得到了丰富的营养。

坚决而全面地推行法治是《韩非子》思想的基本特点。他在《问辩》篇中说："明主之国，令者，言最贵者也；法者，事最适者也。言无二贵，法不两适，故言行而不轨于法令者必禁。"除法令之外不再有别的东西，可见这种法治的全面。与此同时，韩非还认为立法应该因时制宜，因时变法："古今异俗，新故异备。"因而圣人立法"不期修古，不法常可，论世之事，因为之备"（《五蠹》）。改革图治，变法图强，是韩非思想中的一大重要内容。他继承了商鞅"治世不一道，便国不法古"的思想传统，提出了"不期修古，不法常可"的观点，主张"世异则事异"，"事异则备变"（《五蠹》）。尤可称道的是，韩非第一次明确提出了"法不阿贵"的思想，主张"刑过不避大臣，赏善不遗匹夫"。这是对中国法治思想的重大贡献，对于清除贵族特权、维护法律尊严，产生了积极的影响。

《韩非子》的认识论继承了先秦哲学中唯物主义的思想传统。他提出的反对"前识"和"因参验而审言辞"的观点，在中国哲学史上占有重要的一页。韩非反对"前识"的观点。所谓"前识"，就是先验论。韩非主张"虚以静后"，通过观察事物得到认识而非妄加揣测。韩非提出了"循名实而定是非，因参验而审言辞"（《奸劫弑君》）的著名论题。"参"就是比较研究，"验"就是用行动来检验。韩非认为，不经过"参验"而硬说是如何如何，是无知的表现；不能确定的东西而照着去做，是自欺欺人。因此他主张"明主之吏，宰相必起于州部，猛将必发于卒伍"（《显学》）。

《韩非子》反对天命思想，主张天道自然。它认为"道"是万物发生发展的根源，"道"先天地而存在。有了"道"才有了万物，"天得之以高，地得之以藏，维斗得之以成其威，日月得之以恒其光""宇内之物，恃之以成"（《解老》）。同时，韩非在中国哲学史上第一次提出了"理"这一哲学概念，并阐明了它与"道"之间的关系。在韩非看来,"道者万物之所成也,理者成物之文也"(《解老》)。他认为"理",即事物的特殊规律,人们办事应该遵循客观规律。

《韩非子》的思想中有不少辩证法的因素。看到事物不断地变化着,指出"定理有存亡,有生死,有盛衰。""物之一存一亡,乍死乍生,初盛而后衰者,不可为常。"(《解老》)韩非在中国哲学史上第一次提出了"矛盾"的概念。他所讲的矛与盾的故事,对人们分析问题和表达思想,至今仍有着深刻的启迪意义。

《韩非子》的进化历史观在当时是进步的。他看到了人类历史的发展,并用这种发展的观点去分析人类社会。《韩非子》还把社会现象同经济条件联系起来,这在当时是难得的。韩非对经济与社会治乱的关系有了初步认识,注意到人口增长与财富多寡的关系,他是中国历史上第一个提出"人民众而货财寡"会带来社会问题的思想家。

《韩非子》是一部立论鲜明、论谈犀利、文势充沛、气势磅礴的散文杰作,其文章构思精巧,描写大胆,文锋犀利,议论透辟,推证事理,切中要害,具有耐人寻味、警策世人的艺术效果,在先秦诸子散文中独树一帜。比如《亡征》一篇,分析国家可亡之道达47条之多,实属罕见。《难言》《说难》二篇,无微不至地揣摩所说者的心理,以及如何趋避投合,周密细致,无以复加。韩非还善于用大量浅显的寓言故事,最著名的有"自相矛盾""守株待兔""讳疾忌医""滥竽充数""老马识途"等,外加丰富的历史知识作为论证资料,说明抽象的道理,形象化地体现他的法家思想和他对社会人生的深刻认识,凭着它们思想性和艺术性的完美结合,给人们以智慧的启迪,许多寓言故事一直流传至今,成为我国文学创作史上的宝贵财富。

鲁迅说过:"历史上都写着中国的灵魂,指示着未来的命运。"虽然历史不能重演,但却往往有惊人的相似之处,能给现实以启迪和借鉴。《韩非子》在千年的流行过程中,其社会价值和学术价值被越来越多的人所认识。在多种所有制形式并存、多种价值观并存、多种道德观念碰撞的今天,重提韩非的"法治"思想非常有必要。虽然韩非与我们处于不同的时代,但同属新旧观念、新旧体制更替之际，我们也有必要把"法"放在首位，来规范人们的思想和行为，辅之以权威和手段，即"抱法、处势、行术"，使我们的国家更具竞争力，保证我国的现代化建设稳步发展。

总之，历经千年的岁月，《韩非子》的著作和深邃思想一直熠熠生辉，它是中华传统文化宝库中的璀璨明珠之一。时至今日，《韩非子》对于我们了解中国的社会政治、思想文化仍有较强的借鉴意义。本书对《韩非子》的原典作了精准的注释和翻译，便于您更好地品读国学精粹，感知先贤智慧。

愿本书能成为您全面感受和理解《韩非子》这部传世名作的良师益友！

解译者

2014 年 9 月

目录

- 初见秦/1
- 存韩/9
- 爱臣/18
- 主道/20
- 有度/25
- 扬权/33
- 八奸/42
- 孤愤/47
- 说难/54
- 和氏/61
- 亡征/64
- 三守/70
- 备内/73
- 解老/77
- 喻老/108
- 说林上/125
- 观行/144
- 安危/146
- 守道/151
- 用人/155
- 功名/161
- 大体/164
- 外储说左上/167
  - 经一/167
  - 说一/168
  - 经二/171
  - 说二/172
  - 经三/181
  - 说三/182
  - 经四/190
  - 说四/192
  - 经五/194
  - 说五/195
  - 经六/201
  - 说六/202
- 外储说左下/206
  - 经一/206
  - 说一/207

经二/210

说二/211

经三/213

说三/214

经四/218

说四/219

经五/223

说五/223

经六/229

说六/229

◎ 问田/231

◎ 定法/233

◎ 说疑/238

◎ 六反/252

◎ 五蠹/263

◎ 显学/283

◎ 忠孝/296

◎ 心度/303

◎ 制分/306

◎ 参考文献/310

初见秦

【原典】

臣闻："不知而言，不智；知而不言，不忠。"为人臣不忠，当死；言而不当，亦当死。虽然，臣愿悉言所闻，唯大王裁其罪。

【译文】

我听说："不知道却随意发表意见，是不明智；知道了却不肯发表意见，是不忠诚。"作为臣子不忠诚，就应该判处死罪；说话不合宜，也应判处死罪。即使如此，我还是将自己听说的全都讲出来，请大王裁断我进言之罪。

【原典】

臣闻：天下阴燕阳魏①，连荆固齐，收韩而成从②，将西面以与秦强为难。臣窃笑之。世有三亡，而天下得之，其此之谓乎！臣闻之曰："以乱攻治者亡，以邪攻正者亡，以逆攻顺者亡。"今天下之府库不盈，囷仓空虚③，悉其士民，张军数十百万，其顿首戴羽为将军断死于前不至千人，皆以言死。白刃在前，斧锧在后④，而却走不能死也，非其士民不能死也，上不能故也。言赏则不与，言罚则不行，赏罚不信，故士民不死也。今秦出号令而行赏罚，有功无功相事也。出其父母怀衽之中，生未尝见寇耳。闻战，顿足徒裼⑤，犯白刃，蹈炉炭，断死于前者，皆是也。夫断死与断生者不同，而民为之者，是贵奋死也。夫一人奋死可以对十，十可以对百，百可以对千，千可以对万，万可以克天下矣。今秦地折长补短，方数千里，名师数十百万。秦之号令赏罚，地形利害，天下莫若也。以此与天下⑥，天下不足兼而有也。是故秦战未尝不克，攻未尝不取，所当未尝不破，开地数千里，此其大功也。然而兵甲顿，士民病，蓄积索⑦，田畴荒，囷仓

虚，四邻诸侯不服，霸王之名不成。此无异故，其谋臣皆不尽其忠也。

【注释】

①阴燕阳魏：阴指北方，阳指南方。即北方为燕国，南方为魏国。此处是以赵国为中心而言。②收：收纳，结合。从：通"纵"，合纵。③囷（qūn）：圆顶谷仓。④斧锧：古代腰斩时的刑具。⑤徒裼：脱掉上衣，赤膊上阵。⑥与：通"举"，攻取。⑦索：尽。

【译文】

我听说：天下以赵国为中心，向北连接燕国，向南连接魏国，与楚国连成一体而与齐国巩固关系，纠合韩国而成合纵之势，打算向西来同强秦作对。我私下里对此觉得好笑。一个国家有三种情形可以导致灭亡，而天下各国都有了，大概就是说的合纵攻秦这种情况吧。我听说："用混乱的国家去进攻安定的国家将会招致灭亡，用邪恶的国家去进攻正义的国家将会招致灭亡，用倒行逆施的国家去进攻顺乎天理的国家将会招致灭亡。"现在天下各国的国库不充足，粮仓空虚，征发全国百姓，扩军数十百万，其中在将军面前叩头发誓将要在前线拼死战斗的不止千人，都说直到战死。然而，真正到了开战的时候，敌人闪亮的刀剑出现在面前，即使斧头、砧板等腰斩的刑具放在后面，时刻准备处决逃兵，他们还是要退却而不能拼死作战。不是这些士兵不能死战，而是六国君主不能使他们死战的缘故。说要赏的却不发放，说要罚的却不执行，赏罚失信，所以士兵不愿拼死战斗。如今秦国颁布法令而严格地施行赏罚，有功无功完全依照事实来定。百姓自从脱离父母怀抱，生平还不曾见过敌人，但一听说打仗，跺脚赤膊，迎着利刃，赴汤蹈火，在阵前血战而死的比比皆是。拼死和贪生不同，而百姓之所以愿意拼死战斗，这是因为他们崇尚舍生忘死的精神。一个人奋力作战，可以抵得上十个敌人；一百个人奋力作战，可以抵得上一千个敌人；一千个人奋力作战，可以抵得上一万个敌人；一万个人奋力死战，就可以征服天下了。如今秦国领土取长补短，方圆数千里，威名远扬的精锐军队有几十上百万。秦国的法令赏罚严明，地理位置有利，天下没有一个国家比得上的。凭着这些来攻取天下，天下无须费力就可兼并占有。因此秦国打仗没有不获胜的，攻城没有不占取的，阻挡他们的敌人没有不被打败的，开拓了几千里的疆土，这是多么伟大的功绩啊。但是士兵疲惫，百姓困乏，积蓄用尽，田地荒芜，谷仓空虚，四周邻近的诸侯都不归服，霸王的功名无法建立，这中间没有别的缘故，完全是因为秦国谋臣都没有尽忠。

【原典】

臣敢言之：往者齐南破荆，东破宋，西服秦，北破燕，中使韩、魏，土地广而兵强，战克攻取，诏令天下。齐之清济浊河①，足以为限；长城巨防②，足以为塞。齐，五战之国也，一战不克而无齐③。由此观之，夫战者，万乘之存亡也。且闻之曰："削株无遗根，无与祸邻，祸乃不存。"秦与荆人战，大破荆，袭郢④，取洞庭、五湖、江南⑤，荆王君臣亡走，东服于陈⑥。当此时也，随荆以兵，则荆可举；荆可举，则其民足贪也，地足利也，东以弱齐、燕，中以凌三晋⑦。然则是一举而霸王之名可成也，四邻诸侯可朝也，而谋臣不为，引军而退，复与荆人为和。令荆人得收亡国，聚散民，立社稷主，置宗庙，令率天下西面以与秦为难。此固以失霸王之道一矣。天下又比周而军华下，大王以诏破之，兵至梁郭下。围梁数旬，则梁可拔；拔梁，则魏可举；举魏，则荆、赵之意绝；荆、赵之意绝，则赵危；赵危而荆狐疑；东以弱齐、燕，中以凌三晋。然则是一举而霸王之名可成也，四邻诸侯可朝也，而谋臣不为，引军而退，复与魏氏为和。令魏氏反收亡国，聚散民，立社稷主，置宗庙，令率天下西面以与秦为难。此固以失霸王之道二矣。前者穰侯之治秦也，用一国之兵而欲以成两国之功，是故兵终身暴露于外，士民疲病于内，霸王之名不成。此固以失霸王之道三矣。

【注释】

①清济浊河：济：济水。河：黄河。②巨防：防门，齐国长城西段的一个要塞，位于平阴城（今山东平阴东北）南。③一战不克而无齐：指齐湣王十七年（公元前284年）燕、秦等五国联军在济西打败齐军一事。④郢（yǐng）：楚国的都城，在今湖北江陵。⑤五湖：位于汉水流域，具体所在地不详。⑥服：保，防守。⑦三晋：指取代晋国而建立的韩、赵、魏三国。

【译文】

我冒昧地述说以下的事实：从前齐国南面打败楚军，东面打败了宋国，西面迫使秦国顺服，北面击败燕国，在中部调遣韩、魏两国，领土广阔而兵力强大，战则胜，攻则取，号令天下。齐国境内的济水、黄河，足以用作防线；长城、防门，足以作为要塞。齐国是打了五次胜仗的国家，但在后来由于一次战斗失利便几近灭亡了。从这种情况来看，战争关系到大国的存亡。况且我听说过这样的话："砍树不要留根，做事不要接近祸害，祸害就不会发生。"从前，秦、楚两国的军队作战，秦军打破楚军，攻取了郢都，占领洞庭湖、五湖、江南一带，楚国的国君和群臣都逃跑了，在东面的陈城苟且设防。当此之时，如果带领军队追歼楚军，就可以占领楚国；占领楚国，楚国的百姓就能够全部归我所有，楚国的土地就能够全部归我所用，向东面可进而削弱齐、燕两国，在中原可进而侵凌韩、赵、魏三国。这样就可以一举而成就霸王的功名，可使四方的诸侯齐来朝拜。然而谋臣不这样做，却率领军队撤退，重新与楚人讲和，让楚人可以收复失去的领土，聚集逃散的百姓，重立社稷坛上的神主，设置宗庙，让他们统率东方各国向西来和秦国作对。这是已经失去了一次称霸天下的机会了。天下各国又相互勾结驻兵于魏国的华阳城境内，大王下令将他们击败了，兵临大梁城下。只要将大梁包围数十天，就可攻克大梁；攻克大梁，就可占领魏国；占领魏国，楚、赵两国联合抗击秦国的意图就无法实现了；楚、赵两国联合抗击秦国的意图无法实现，赵国就危险了；赵国危险，楚国就会犹豫不决。大王向东面可进而削弱齐、燕，在中原可进而侵凌韩、赵、魏。这样就可以一举而成就霸王的功名，可使四方的诸侯齐来朝拜。然而秦国出谋划策的臣子们不这样做，却率领军队撤退，重新与魏人讲和，使魏国回过头来收复已经失去的领土，聚集逃散的百姓。重立社稷坛上的神主，设置宗庙，让他们统率东方各国向西来和秦国作对。这的确是秦国第二次失去称霸天下的机会了。先前穰侯治理秦国时，想用秦国一个国家的兵力来成就两个国家的功业，因此士兵终身在野外艰苦作战，百姓在国内疲惫不堪，称霸称王的功名不能成就，这的确是秦国第三次失去称霸天下的机会了。

【原典】

赵氏，中央之国也，杂民所居也，其民轻而难用也。号令不治，赏罚不信，地形不便，下不能尽其民力。彼固亡国之形也，而不忧民萌①，悉其士民军于长平之下②，以争韩上党③。大王以诏破之，拔武安④。当是时也，赵氏上下不相亲也，贵贱不相信也。然则邯郸不守。拔邯郸，管山东河间⑤，引军而去，西攻修武⑥，逾羊肠⑦，降代、上党⑧。代三十六县，上党十七县，不用一领甲，不苦一士民，此皆秦有也。代、上党不战而毕为秦矣，东阳、河外不战而毕反为齐矣，中山、呼沲以北不战而毕为燕矣⑨。然则是赵举，赵举则韩亡，韩亡则荆、魏不能独立，荆、魏不能独立，则是一举而坏韩、蠹魏、拔荆，东以弱齐、燕，决白马之口以沃魏氏⑩，是一举而三晋亡，从者败也。大王垂拱以须之，天下编随而服矣，霸王之名可成。而谋臣不为，引军而退，复与赵氏为和。夫以大王之明，秦兵之强，弃霸王之业，地曾不可得，乃取欺于亡国。是谋臣之拙也。且夫赵当亡而不亡，秦当霸而不霸，天下固以量秦之谋臣一矣。乃复悉士卒以攻邯郸，不能拔也，弃甲兵弩，战竦而却，天下固已量秦力二矣。军乃引而复，并于李下⑪，大王又并军而至，与战不能克之也，又不能反，军罢而去，天下固以量秦力三矣。内者量吾谋臣，外者极吾兵力。由是观之，臣以为天下之从，几不难

矣。内者，吾甲兵顿，士民病，蓄积索，田畴荒，囷仓虚；外者，天下皆比意甚固。愿大王有以虑之也。

【注释】

①民萌：泛指民众。萌：通"氓"。②长平：赵国的地名，在今山西高平西北。③上党：赵国的地名，在今河北武安西南。④武安：赵国的地名，在今河北武安西南。⑤管：包抄，控制。山东：崤山以东一带。河间：战国时赵国领土，位于黄河与永定河之间，今属河北省。⑥修武：赵国的地名，在今河南获嘉。⑦羊肠：要塞名，在今山西壶关东南。⑧代：赵国郡名，在今山西东北和河北蔚县一带。上党：韩国郡名，在今山西东南。⑨中山：春秋战国时国名，在今河北中部灵寿与唐县一带。呼沱：即滹沱河，在今河北境内。⑩白马之口：古代黄河白马渡口，在今河南滑县东北。⑪李下：赵国的地名，在今河南温县境内。

【译文】

赵国是地处神州中央的国家，

是工、商游食之民居住的地方，国内百姓轻率而难以使用。赵国的法令制度还没有确立，赏罚不分明，地势不利于防守，不能使下面的百姓尽心竭力。它本就处在亡国的形势之下，却又不体恤百姓，将全部的士兵、百姓都征调驻扎在长平城下，来争夺韩国的上党郡。大王下令击败他们，攻取了赵国的武安城。在这个时候，赵国君臣上下不能团结一致，贵族与平民之间相互不能信任。这样，邯郸就会失守。秦军攻取邯郸，包抄崤山以东、黄河与永定河之间的地域，再率领军队离开那里，向西攻打修武城，越过要塞羊肠，降服代、上党两郡。代郡四十六县，上党郡七十县，不用一兵一甲，不辛苦一个士民，这些都归秦国所有了。代、上党两郡不经战斗而全归秦国所有，东阳、滹沱河外的地区未经战斗就全归齐国所有了，中山、滹沱河以北的地区不经战斗就全归燕国所有了。这样一来，赵国就被占领了；赵国被占领，韩国就灭亡了；韩国灭亡，楚、魏两国就不能独自存在；楚、魏两国不能独自存在，就是一举而摧毁了韩国、破坏了魏国，同时又挟制了楚国，向东面因此而削弱了齐、燕两国；打开白马渡口来淹魏国，这是一举而消灭韩、赵、魏三国，和它们合纵的盟国也遭到了失败。大王本可安闲地等待着，天下诸侯一个个都跟着臣服了，霸王之名也就可以成就了。然而秦国出谋划策的臣子们不这样做，他们率领军队撤退，又和赵人讲和。凭大王的英明，秦国军队的强大，舍弃大王的霸业，土地居然还没有得到，还被即将灭亡的赵国所欺骗，这是谋臣的笨拙所致。再说赵国应当灭亡而未能灭亡，秦国应当称霸而未能称霸，天下一定依此估测到秦国谋臣的笨拙，这是其一。接着秦国又征调全部兵力去攻打邯郸，不但没能攻下，还丢掉盔甲、兵器，战栗地退却，天下一定依此估测到秦国武力不强，这是其二。于是秦国的军队又被带了回来，在李下一带会合，大王又派来了援军，参与战斗而不能打败敌人，又不能撤回，军队疲困而退兵，天下一定依此估测到秦国的实力，这是其三。内部估测到我国的谋臣，外部耗尽了我国的兵力。由此，我认为崤山以东六国的合纵，差不多没有什么困难了。在国内，士兵困顿，百姓疲弊，积蓄用尽，田地荒芜，谷仓空虚；在国外，天下各相国互勾结的意愿更坚固了。希望大王切实考虑一下上述形势。

【原典】

且臣闻之曰："战战栗栗，日慎一日，苟慎其道，天下可有。"何以知其然也？昔者纣为天子，将率天下甲兵百万，左饮于淇溪①，右饮于洹溪②，淇水竭而洹水不流，以与周武王为难。武王将素甲三千，战一日，而破纣之国，禽其身③，据其地而有其民，天下莫伤。知伯率三国之众以攻赵襄主于晋阳，决水而灌之三月，城且拔矣，襄主钻龟筮占兆，以视利害，何国可降。乃使其臣张孟谈。于是乃潜行而出，反知伯之约，得两国之众，以攻知伯，禽其身，以复襄主之初。今秦地折长补短，方数千里，名师数十百万。秦国之号令赏罚，地形利害，天下莫如也。以此与天下，可兼而有也。臣昧死愿望见大王，言所以破天下之从，举赵，亡韩，臣荆、魏，亲齐、燕，以成霸王之名，朝四邻诸侯之道。大王诚听其说，一举而天下之从不破，赵不举，韩不亡，荆、魏不臣，齐、燕不亲，霸王之名不成，四邻诸侯不朝，大王斩臣以徇国，以为王谋不忠者戒也。

【注释】

①淇溪：即淇水，在今河南东北。②洹（huán）溪：即安阳河，卫水的支流之一，在今河南北部。③禽：通"擒"。

【译文】

况且我还听说："畏惧戒备，一天比一天谨慎，如能谨慎地遵循治理的原则，那么就能够占有天下了。"凭什么知道会这样呢？过去殷纣做天子，率领天下百万大军，左饮淇水，右饮洹水，淇水因此而干枯了，洹水因此而断流了，用如此浩大的阵容来和周武王作战。武王率领穿着为周文王服丧的白色铠甲的士兵三千人，开战一天，就灭掉了殷纣的国家，活捉了纣王本人，占有了他的国土拥有了他的百姓，天下没有谁同情他。智伯统率智氏、韩氏、魏氏三国大军攻打位于晋阳城的赵襄子，掘开晋水河堤来淹灌晋阳城达三个月之久，城快要攻破了，襄子通过卜筮占卦来推测利害吉凶，看哪一家军队可以投降。然后派出他的臣子张孟谈。这时，张孟谈偷偷溜出了晋阳城，使韩魏背弃了智伯的三家盟约。赵氏争取到韩氏、魏氏两家的军队来一同反攻智伯，活捉了智伯本人，恢复了襄子原来的地位。如今秦国领土截长补短，方圆有几千里，威名远扬精锐部队有几十上百万。秦国的法令赏罚严明，地理位置有利，天下没有一个国家比得上。凭这些去攻取天下，天下就可以兼并而占有了。我冒着死罪盼望能够拜见大王，论说用来破坏天下合纵，攻取赵国，灭掉韩国，使楚、魏两国前来臣服，让齐、燕两国前来投靠，进而成就霸王的名声、叫四周的诸侯向秦朝拜的策略。大王果真听取我的策略，采取了这一行动而崤山以东六国的合纵联盟不能破坏，赵国不能攻取，韩国不能灭亡，楚、魏两国不能臣服，齐、燕两国不来投靠，霸王之名不能成就，四周的诸侯不来朝拜的话，大王杀了我向全国巡行示众，以此作为替大王出谋划策而不能尽忠之人的前诫。

存韩

【原典】

韩事秦三十余年，出则为扞蔽①，入则为席荐。秦特出锐师取地而韩随之，怨悬于天下，功归于强秦。且夫韩入贡职，与郡县无异也。今日臣窃闻贵臣之计，举兵将伐韩。夫赵氏聚士卒，养从徒②，欲赘天下之兵，明秦不弱则诸侯必灭宗庙，欲西面行其意，非一日之计也。今释赵之患，而攘内臣之韩，则天下明赵氏之计矣。

【注释】

①扞（hàn）蔽：屏障。②从徒：主张合纵抗秦的一伙人。从：通"纵"，合纵。

【译文】

韩国侍奉秦国三十多年了，在外，它就如同屏障一样庇护着秦国；在内，它如同坐席一般供秦国使用。秦国只要派出精兵攻取别国，韩国总是追随它，韩国和天下各诸侯国都结下了仇怨，而利益却归于强盛的秦国。而且韩国向秦国进贡尽职，与秦国的郡县没有不同。如今我听说秦国尊贵的大臣们商议，即将发兵去

征伐韩国。赵国聚集士兵，豢养了一批鼓吹合纵抗秦的游士，准备联合各国军队，宣称不削弱秦国则诸侯必定灭亡，打算向西攻打秦国来实现自己的意图，这已不是一朝一夕的计划了。如今秦国要放下赵国这样的祸患，而要除掉像内臣一般的韩国，那么各国就明白赵国计谋的不错了。

【原典】

夫韩，小国也，而以应天下四击，主辱臣苦，上下相与同忧久矣。修守备，戒强敌，有蓄积，筑城池以守固。今伐韩，未可一年而灭，拔一城而退，则权轻于天下，天下摧我兵矣。韩叛，则魏应之，赵据齐以为原，如此，则以韩、魏资赵假齐以固其从，而以与争强，赵之福而秦之祸也。夫进而击赵不能取，退而攻韩弗能拔，则陷锐之卒勤于野战，负任之旅罢于内攻①，则合群苦弱以敌而共二万乘，非所以亡赵之心也。均如贵臣之计，则秦必为天下兵质矣②。陛下虽以金石相弊③，则兼天下之日未也。

【注释】

①罢：通"疲"。②质：射箭的靶子，此处比喻攻击的目标。③以：与。

【译文】

韩国，是一个小国，而要用来对付四面八方的攻击，因此，韩国的君主受辱而臣子劳苦，君臣上下同忧共患已经很久了。于是，韩国修筑防御工事，对强大的敌人严加防备，积极储备物资，筑城墙，挖城河以便固守。现在如果征伐韩国，一年之内灭掉它是不可能的。如果攻下了一座城池便撤军，那么秦国的力量就被天下各国看轻，天下各国就将打垮我们秦国的军队了。韩国一旦背叛了秦国，魏国就会响应，赵国依靠齐国并将其作为自己的后盾，如果这样，就是依靠韩、魏两国去救助赵国，赵国再凭借齐国来巩固他的合纵联盟，进而与秦国来决一胜负，这是赵国的福气，秦国的祸害啊。如果秦国向前进攻赵国而不能取胜，退回来进攻韩国不能攻克，那么冲锋陷阵的士兵疲于在野外交战，运输队伍疲于军内消耗，那就是集合困苦疲劳的军队来对付赵、齐两个大国，这不是用来消灭赵国的主意啊。如果完全按照权贵大臣的计策行事，那秦国必定成为天下各国的攻击目标了。大王即使同金石一般的长寿，那兼并天下的日子也不会到来的。

【原典】

今贱臣之愚计：使人使荆，重币用事之臣，明赵之所以欺秦者；与魏质以安其心，从韩而伐赵①，赵虽与齐为一，不足患也。二国事毕，则韩可以移书定也②。是我一举二国有亡形，则荆、魏又必自服矣。故曰："兵者，凶器也。"不可不审用也。以秦与赵敌衡，加以齐，今又背韩，而未有以坚荆、魏之心。夫一战而不胜，则祸构矣。计者，所以定事也，不可不察也。韩、秦强弱③，在今年耳。且赵与诸侯阴谋久矣。夫一动而弱于诸侯，危事也；为计而使诸侯有意伐之心，至殆也。见二疏④，非所以强于诸侯也。臣窃愿陛下之幸熟图之！攻伐而使从者间焉，不可悔也。

【注释】

①从：使……跟从，引申为率领。②移：檄文。③韩：当作"赵"。④见：

同"现"。

【译文】

现在我这个卑贱之臣的计策是：派人出使楚国，用重金贿赂楚国当权的大臣，宣扬赵国欺骗秦国的伎俩；派人去魏国做人质以使魏国安心，与韩国一同去攻打赵国。即使赵国与齐国联合，也是不值得担忧的。攻打赵、齐两国之事完成以后，韩国发一封书信就把它平定了。这样，秦国一举就可以使赵、齐两国有了灭亡的形势，而楚、魏两国也就自然顺服了。所以古人说："武器是凶残的东西"，是不可不慎用的。秦国和赵国相比力量差不多，加上齐国为敌，现在又排斥韩国，而没有有效的措施来坚定楚、魏两国联合秦国的决心，这一仗如果打不胜，就会酿成大祸了。计谋是用来决定事情的，是不可不慎重考虑的。究竟赵、秦谁强谁弱，不出今年就分明了。更何况赵国和其他各诸侯国暗地里谋划已经很久了。秦国一次进攻未能得胜就向别的诸侯示弱，这是件很危险的事情啊；使用计谋而使诸侯产生算计秦国的念头，则是最大的危险。出现两种漏洞，不是强过诸侯的办法。我希望大王周密考虑这种情形！攻伐韩国而使合纵的国家钻了空子，后悔可就来不及了。

【原典】

诏以韩客之所上书①，书言韩子之未可举②，下臣斯。甚以为不然。秦之有韩，若人之有腹心之病也，虚处则恘然③，若居湿地，著而不去④，以极走，则发矣。夫韩虽臣于秦，未尝不为秦病，今若有卒报之事，韩不可信也。秦与赵为难。荆苏使齐，未知何如。以臣观之，则齐、赵之交未必以荆苏绝也；若不绝，是悉秦而应二万乘也。夫韩不服秦之义而服于强也。今专于齐、赵，则韩必为腹心之病而发矣。韩与荆有谋，诸侯应之，则秦必复见崤塞之患⑤。

【注释】

①韩客：即韩非子。②韩子：韩国的君主，此处代指韩国。③恘（hài）：痛苦，愁苦。④著：同"着"，留，粘着。⑤崤塞之患：指魏国的信陵君率领五国的军队打败秦国将领蒙骜，追击至函谷关一事。

【译文】

大王下令把韩国客人韩非子的上书——上书中说韩国不可攻取——下达给臣子李斯，臣李斯认为韩非的说法是非常不对的。秦国的身边有韩国存在，就如同人患有心腹之病一样，平时无事的时候就已经很难受了，这就好比是住在潮湿地方，总觉得身上黏滞不舒服，而突然快跑起来，这病就发作了。韩国虽然已经臣服于秦国，未必不是秦国的心病，一旦有突然上报的事，韩国是不可信的。秦国与赵国敌对，荆苏出使齐国，不知结果如何。在我看来，齐、赵两国的联盟不一定会因为荆苏的劝说而断绝；如不绝交，这就要倾动秦国全部的兵力来对付两个万乘大国。韩国并非顺服秦国的道义，而是屈服于秦国的强大的，现在集中对付齐国、赵国，韩国就一定会成为心腹之病而发作起来。韩国与楚国如果合谋来攻打秦国，其他诸侯国就会纷纷响应，那么秦国必定要再次看到类似兵败崤塞的祸患了。

【原典】

非之来也，未必不以其能存韩也为重于韩也。辩说属辞①，饰非诈谋，以钓利于秦，而以韩利窥陛下。夫秦、韩之交亲，则非重矣，此自便之计也。

【注释】

①属：连缀。

【译文】

韩非子的到来，未必不是想用他能使韩国保存下来而求得韩国的重用。韩非子巧语连篇，用文辞来掩饰自己欺诈的计谋，借助这种方式来从秦国捞取好处，为了韩国的利益来窥探大王。秦、韩两国关系亲密，韩非子就重要起来了，这是便利他自己的计谋。

【原典】

臣视非之言，文其淫说靡辩，才甚。臣恐陛下淫非之辩而听其盗心，因不详察事情。今以臣愚议：秦发兵而未名所伐，则韩之用事者以事秦为计矣。臣斯请往见韩王，使来入见，大王见，因内其身而勿遣①，稍召其社稷之臣，以与韩人

为市，则韩可深割也。因令象武发东郡之卒②，窥兵于境上而未名所之，则齐人惧而从苏之计，是我兵未出而劲韩以威擒，强齐以义从矣。闻于诸侯也，赵氏破胆，荆人狐疑，必有忠计。荆人不动，魏不足患也，则诸侯可蚕食而尽，赵氏可得与敌矣。愿陛下幸察愚臣之计，无忽。

【注释】

①内：通"纳"，扣留。②象：当作"蒙"。蒙武：秦国将领蒙恬的父亲。东郡：秦国郡名，在今河南北部。

【译文】

我仔细看了韩非子的上书，他文饰那些惑乱人心的说法，用华丽的辞藻来辩说，才华横溢。我担心陛下受韩非子辩说的迷惑而听从他的野心，因而不详察事务的实情。现在依我愚蠢的想法建议大王：秦国发兵但不说明讨伐对象，那么韩国的执政者将会采取侍奉秦国的计策。请允许我前去拜见韩王，让他来晋见，大王接见时，便可趁机将他扣留下来而不让他走，随后召见韩国大臣，用韩王和韩人做交易，韩国的大量领土就可以被我们割取了。接着命令蒙武征发东郡的部队，让他们在国境上窥测而不说明到什么地方去。齐人就会害怕而听从荆苏的主张，这样，秦国的部队还没有出境，强劲的韩国就会被我们的威势震慑住而就范，强大的齐国就会由于道义而服从了。其他各诸侯国听说后，赵人胆战心惊，楚人犹豫不决，他们必定会产生忠于秦国的打算。楚人按兵不动，魏国就不值得忧虑了，诸侯各国就可逐渐被秦国侵占，也就可以和赵国较量了。希望大王仔细考虑我的计谋，不可疏忽啊。

【原典】

秦遂遣斯使韩也。

【译文】

于是秦国派遣李斯出使韩国。

【原典】

李斯往诏韩王，未得见，因上书曰："昔秦、韩戮力一意，以不相侵，天下莫敢犯，如此者数世矣。前时五诸侯尝相与共伐韩，秦发兵以救之。韩居中国[1]，地不能满千里，而所以得与诸侯班位于天下，君臣相保者，以世世相教事秦之力也。先时五诸侯共伐秦，韩反与诸侯先为雁行以向秦军于关下矣。诸侯兵困力极，无奈何，诸侯兵罢。杜仓相秦，起兵发将以报天下之怨而先攻荆。荆令尹患之[2]，曰：'夫韩以秦为不义，而与秦兄弟共苦天下。已又背秦，先为雁行以攻关。韩则居中国，展转不可知。'天下共割韩上地十城以谢秦[3]，解其兵。夫韩尝一背秦而国迫地侵，兵弱至今，所以然者，听奸臣之浮说，不权事实，故虽杀戮奸臣，不能使韩复强。"

【注释】

[1]中国：当时指中原地区。[2]令尹：楚国的行政长官，相当于其他诸侯国的相。[3]上地：上党地区，在今山西东南部。

【译文】

李斯前往告谕韩王，没能见到，就上书说："过去秦、韩两国同心协力，因此互不侵扰，天下没有一个国家敢来进犯，像这样平安度过了很长的时间。前些年五个诸侯国曾联合来共同攻打韩国，秦国出兵前来解救。韩国位于中原地区，领土还不足一千里，它之所以能与其他诸侯国并列于天下，君臣上下得以保全，是因为代代相传侍奉秦国的结果。先前魏、赵、韩、宋、齐五国诸侯共同讨伐秦国，韩国反而如同雁阵的头雁一样充当先锋，在函谷关下来和秦国的军队对阵。各诸侯的士兵困乏，力量耗尽，只好无可奈何地选择退兵。此时正值杜仓担任秦国的相国，派兵遣将，来向诸侯报仇，并先攻打楚国。楚国令尹对此深感忧虑，说：'韩国认为秦国不义，却与秦国结成兄弟共同荼毒天下。后来又背叛了秦国，充当先锋去攻打函谷关。韩国地处中原，反复无常让人难以捉摸。'诸侯各国共同迫使韩国割取上党地区的十座城池去向秦国谢罪，解除了秦国军队的威胁。韩国一次背叛秦国便使国家困窘土地被占，至今仍旧兵力衰弱，之所以会这样，是因为听从奸臣的浮夸之言，不权衡事实，所以即使杀掉奸臣，也不能使韩国重新强大。"

【原典】

"今赵欲聚兵士，卒以秦为事，使人来借道，言欲伐秦，其势必先韩而后秦。且臣闻之：'唇亡则齿寒。'夫秦、韩不得无同忧，其形可见。魏欲发兵以攻韩，秦使人将使者于韩。今秦王使臣斯来而不得见，恐左右袭囊奸臣之计①，使韩复有亡地之患。臣斯不得见，请归报，秦韩之交必绝矣。斯之来使，以奉秦王之欢心，愿效便计，岂陛下所以逆贱臣者邪？臣斯愿得一见，前进道愚计，退就菹戮②，愿陛下有意焉。今杀臣于韩，则大王不足以强，若不听臣之计，则祸必构矣。秦发兵不留行，而韩之社稷忧矣。臣斯暴身于韩之市，则虽欲察贱臣愚忠之计，不可得已。过鄢残，国固守，鼓铎之声于耳，而乃用臣斯之计，晚矣。且夫韩之兵于天下可知也，今又背强秦。夫弃城而败军，则反掖之寇必袭城矣。城尽则聚散，则无军矣。城固守，则秦必兴兵而围王一都，道不通，则难必谋，其势不救，左右计之者不用，愿陛下熟图之。若臣斯之所言有不应事实者，愿大王幸使得毕辞于前，乃就吏诛不晚也。秦王饮食不甘，游观不乐，意专在图赵，使臣斯来言，愿得身见，因急于陛下有计也。今使臣不通，则韩之信未可知也。夫秦必释赵之患而移兵于韩，愿陛下幸复察图之，而赐臣报决。"

【注释】

①曩（nǎng）：从前。②菹（zū）戮：碎尸。

【译文】

"如今赵国想集合士兵，突然进攻秦国，派人来韩国借路，说是想要攻打秦国。它势必会先夺取韩国而后才攻打秦国。况且我听说：'唇亡则齿寒。'秦、韩两国不能没有共同的忧患，这种情形显而易见。魏国想发兵来攻打韩国，秦国派人把魏国使者带到了韩国。如今大王派我李斯来韩国却得不到召见，我怕大王您身边的大臣又要沿袭过去奸臣的计策，使韩国再次产生丧失领土的忧患。我李斯如果得不到召见，请让我回国报告，那么秦国和韩国的关系势必就要断绝了。我李斯出使到韩国来，是奉着秦王使两国交欢的心意，希望进献有利于韩国的计谋，难道大王您就这样来接待我吗？我希望见大王一面，到您面前陈说一下我愚拙的计谋，然后退出来接受碎尸的惩罚，恳请大王留意我的这番话！现在即使把我杀死在韩国，大王也不足以强大；但如果不听取我的计策，那必将构成灾祸。秦国如果出兵而不再停止前进，那么韩国的政权就令人担心了。假如我在韩国暴尸街市，那么大王即使想考虑我这贱臣愚拙忠诚的计策，也不可能了。边境残破，国都死守，杀声震耳，到那时才想到用我李斯的计策，就晚了。况且韩国的兵力，在天下也早已被看透了，如今韩国又背叛了强大的秦国。韩国如果城失兵败，那么内部造反的叛军一定会袭取城邑了；城邑丢弃了，那么民众也就就流散了；民众流散了，军队也就没有了。要是死守都城，秦国必将兴兵把大王包围在孤城之中，使它的道路不能通行，那么它的苦难就是必然的了，即使出谋划策，这种形势也无法挽救，左右近臣的计策也派不上用场，希望大王好好考虑一下这种情况。假如我所说有不符合事实的，也希望大王能允许我在您面前把话说完，再受刑杀也不迟。秦王饮食不甘，游玩不乐，心意全在谋取赵国，派我前来通知，希望能见到大王您，为的是急于和大王商量计策。现在我这出使的大臣都不能和大王对话，韩国的诚信就不得而知了。秦国必将放弃赵国的祸患而移兵到韩国，希望大王您能再次认真考虑一下这种情形，赐给我您的答复。"

爱臣

【原典】

　　爱臣太亲，必危其身；人臣太贵，必易主位；主妾无等①，必危嫡子；兄弟不服，必危社稷。臣闻千乘之君无备，必有百乘之臣在其侧，以徙其民而倾其国；万乘之君无备，必有千乘之家在其侧，以徙其威而倾其国。是以奸臣蕃息，主道衰亡。是故诸侯之博大，天子之害也；群臣之太富，君主之败也。将相之管主而隆家，此君人者所外也。万物莫如身之至贵也，位之至尊也，主威之重，主势之隆也。此四美者，不求诸外，不请于人，议之而得之矣②。故曰：人主不能用其富，则终于外也。此君人者之所识也③。

【注释】

　　①主：正妻。②议：通"义"，指符合一定的规矩。③识：记住。

【译文】

　　宠臣过于亲近，一定危及君

主本身；大臣的地位太过尊贵，一定会改变君主的地位；妻妾不分等级，一定危及正妻所生的儿子；弟弟不服从兄长，一定会危及国家的安定。我听说中等国家的君主没有戒备，一定有中等国家的大臣在他旁边窥视，准备夺取他的百姓，颠覆他的国家；大国的君主没有戒备，必定有大国的大夫在他旁边窥视，准备夺取他的权势，颠覆他的国家。因此奸臣势力扩张，君主的统治就会衰亡。因此诸侯强大是天子的祸害；群臣过于富有是君主的失败；将相控制君主使私家兴盛，这是君主所要加以排斥的。万事万物中，没有比君主自身更高贵、比君位更尊崇、比君威更强大、比君权更隆盛的了。这四种美好的东西，不需要向外面去寻求，不用向他人请求赐予，处理恰当就都得到了。所以说：君主不能使用他的财富，最终将会被排斥在外，这是统治者要牢记的。

【原典】

昔者纣之亡，周之卑，皆从诸侯之博大也①；晋之分也②，齐之夺也③，皆以群臣之太富也。夫燕、宋之所以弑其君者，皆此类也。故上比之殷、周，中比之燕、宋，莫不从此术也。是故明君之蓄其臣也④，尽之以法，质之以备。故不赦死，不宥刑；赦死宥刑，是谓威淫。社稷将危，国家偏威。是故大臣之禄虽大，不得藉威城市；党与虽众，不得臣士卒。故人臣处国无私朝，居军无私交，其府库不得私贷于家。此明君之所以禁其邪。是故不得四从⑤，不载奇兵，非传非遽⑥，载奇兵革，罪死不赦。此明君之所以备不虞者也⑦。

【注释】

①从：由。②晋之分：指前403年晋国的卿韩氏、赵氏、魏氏三家瓜分了晋国，建立了三个封建国家一事。③齐之夺：指前481年齐国当权的大臣田成子发动政变，杀死齐简公，控制政权一事。④蓄：蓄养。⑤四：通"驷"，由四匹马拉的车子。⑥传：驿站或驿站车马的泛称。遽：送信的快车或快马。⑦虞：意料。

【译文】

过去商纣的灭亡，周朝的衰微，都因诸侯的强大；晋国被晋卿韩氏、赵氏、魏氏三家瓜分，齐国被当权的大臣田成子篡夺，都因群臣太富有。燕、宋两国的君主之所以被劫杀，都是因为这个缘故。所以在上对照商、周两国，中间对照燕、宋两国，没有一个臣子不是依靠这种手段来篡夺君主权位的。因此高明的君主蓄养他的臣下，用法律来规范他们的一切，用各种措施来防备他们，所以不赦免死囚，不宽宥罪犯。赦免死囚，宽宥罪犯，这叫作散失威势。在这种情况下，国家的政权将遭到危害，国家的辅佐大臣从旁取得威势。因此大臣的俸禄即使非常丰厚，也不能凭借威势在城中炫耀；党羽即使很多，也不能拥有私人武装。所以臣子在国内不准有私人朝会，在军中不准有私人外交，个人的财物不能私自借给私家。这是明智的君主用来禁止大臣犯上作恶的办法。因此大臣出外不得有四匹马拉的车子相随，不得在车上携带任何兵器；如果不是传递紧急文件，车上带有一件兵器的，就判处死刑而决不赦免。这是明智的君主用来防备意外的办法。

主道

【原典】

道者，万物之始，是非之纪也。是以明君守始以知万物之源，治纪以知善败之端。故虚静以待，令名自命也，令事自定也。虚则知实之情，静则知动者正①。有言者自为名，有事者自为形，形名参同，君乃无事焉，归之其情。故曰：君无见其所欲②，君见其所欲，臣自将雕琢③；君无见其意，君见其意，臣将自表异④。故曰：去好去恶，臣乃见素⑤；去旧去智，臣乃自备。故有智而不以虑，使万物知其处；有贤而不以行，观臣下之所因；有勇而不以怒，使群臣尽其武。是故去智而有明，去贤而有功，去勇而有强。群臣守职，百官有常，因能而使之，是谓习常。故曰：寂乎其无位而处，漻乎莫得其所⑥。明君无为于上，群臣竦惧乎下⑦。明君之道，使智者尽其虑，而君因以断事，故君不穷于智；贤者敕其材⑧，君因而任之，故君不穷于能；有功则君有其贤，有过则臣任其罪，故君不穷于名。是故不贤而为贤者师，不智而为智者正。臣有其劳，君有其成功，此之谓贤主之经也。

【注释】

①者：通"诸"，之。②见：通"现"，下文"君见其所欲""君无见其意""君见其意"与此同。③雕琢：此处指精心粉饰自己的言行。④表异：伪装。⑤素：本色，此处指实情。⑥漻：通"寥"，寥廓，高远。⑦竦：通"悚"，害怕，恐惧。⑧敕：勉励，鼓励。材：通"才"，才能。

【译文】

道，是万物的本原，是判定是非的准则。因此英明的君主把握本原来了解万物的起源，研究这个准则以明白事情成败的缘由。所以君主要以虚无安静的态度来应对万物，让事物以它反映的内容来确定名称，让事情以它自身的性质去形成。内心清虚的人，就可以知道事物的真实情况；行为清静的人就可以了解别人的行为是否正确。进言的人自会形成主张，君主不要事先规定言路；办事的人自会形成效果，君主不要事先规定他怎么做。效果和主张验证相合，君主也就不用多事，而使事物呈现出各自的真相。所以说：君主不要显露自己的欲望，如果君主显露出自己的欲望，臣下就会粉饰自己的言行去迎合君主的欲望；君主不要显露出意图，如果君主显露自己的意图，臣下就会伪装自己来迎合君主的意图。所以说：君主不流露出自己的爱好，不显现出自己的厌恶，臣下就会表现出实情；君主不动用自己的心机，不动用自己的智慧，臣下就会自我完备。所以君主虽然有智慧也不思考具体事物，而是一切依法办事，使万物处在它们适当的位置上；君主虽然有才能而不表现在行为上，以便察看臣下依据的是什么；君主虽然有勇气而不表现在威怒上，使臣下充分发挥他们的勇武。所以君主不使用自己的智慧却表现得非常明智，不使用自己的贤能却能够建功立业，不使用自己的勇力却可以变得十分强大。群臣恪守职责，百官都有常法，君主根据才能使用他们，这叫作掌握了治国的原则。所以说：是多么的寂静啊！君主好像没有处在君位上；是多么地廖廓啊！臣下不知道君主在哪里。明智的君主在上面无为而治，群臣在下面诚惶诚恐。明智的君主治国的原则是，使有智慧的臣下竭尽全力地为国出谋划策，君主据此决断事情，所以君主的智力不会穷尽；让有才能的臣下勤奋地献出

自己的才能，君主据此任用他们，所以君主的能力不会穷尽；治国获得成功而君主也就获得贤能的名声，治国有了过失那么大臣就会承担罪责，所以君主的名声不会穷尽。因此比表现自己贤能反而可以成为臣下的老师，不使用自己的智慧的君主反而可以成为有智慧之臣下的主人。臣下承担劳苦，君主享受成功，这就是明智的君主治国的原则。

【原典】

道在不可见，用在不可知；虚静无事，以暗见疵①。见而不见，闻而不闻，知而不知。知其言以往，勿变勿更，以参合阅焉。官有一人，勿令通言，则万物皆尽。函掩其迹②，匿有端，下不能原；去其智，绝其能，下不能意。保吾所以往而稽同之，谨执其柄而固握之。绝其望，破其意，毋使人欲之。不谨其闭，不固其门，虎乃将存。不慎其事，不掩其情，贼乃将生。弑其主，代其所，人莫不与，故谓之虎。处其主之侧为奸臣，闻其主之忒，故谓之贼。散其党，收其余，闭其门，夺其辅，国乃无虎。大不可量，深不可测，同合刑名③，审验法式，擅为者诛，国乃无贼。是故人主有五壅：臣闭其主曰壅，臣制财利曰壅，臣擅行令曰壅，臣得行义曰壅，臣得树人曰壅。臣闭其主，则主失位；臣制财利，则主失德；臣擅行令，则主失制；臣得行义，则主失明；臣得树人，则主失党。此人主之所以独擅也，非人臣之所以得操也。

【注释】

①疵：过失。②函掩：包含，涵盖。③刑：通"形"，行为的表现。

【译文】

做君主的原则在于不能让臣下看出自己的意向，这个原则的运用在于不能让臣下了解自己的想法；君主虚静无为，在暗中观察臣下的过失。看见了就好像没看见，听到了就好像没听到，知道了就好像不知道。君主知晓了臣下的主张之后，不要变更它，用验证的办法来考察他的言行是否一致。每个官职都只配置一个人，不要让他们相互通气，那么万事万物的真相都会显露出来。君主严密地包藏起自己的行迹，隐藏自己的念头，臣下就无法探测；君主排除自己的智慧，抛却自己的才能，臣下就无法揣度。保守自我意图而验证臣下是否与自己相同，谨慎地抓住权柄而牢固地掌握它。杜绝臣下的窥探，破除臣下的揣测，不要让人贪求君位。不能谨慎地插好门栓，不牢固地守好门户，那么阴谋篡权的臣下就会如同老虎一般闯进来。不慎重处理政事，不掩盖隐藏自己的真情，贼子的企图就将产生。杀死自己的君主，篡夺君位，人们没有不归附的，所以称这样的臣子为老虎。在君主身边做奸臣，知晓君主的过失，所以称这样的臣子为贼子。君主应解散他的朋党，收拾他的余孽，封闭他的门户，铲除他的帮凶，国家就没有老虎了。君主的意图决策显得广大无边，深不可测，对臣下的言行加以审核，要求达到完全一致，擅自胡作非为的要给予严惩，国家就没有贼子了。因此君主有五种受蒙蔽的情况：臣下使君主的耳目闭塞是一种蒙蔽，臣下控制君主的财利是一种蒙蔽，臣下擅自发号施令是一种蒙蔽，臣下私自给人好处是一种蒙蔽，臣下得以扶植党羽是一种蒙蔽。臣下使君主的耳目闭塞，君主就失去君位；臣下控制君主的财利，君主就失去恩德；臣下擅自发号施令，君主就失去控制权；臣下私自给人好处，君主就失去英明；臣下得以扶植党羽，君主就失去支持者。这些方面本来是君主应当独自掌握的，不是臣下所能操纵的。

【原典】

人主之道，静退以为宝①。不自操事而知拙与巧，不自计虑而知福与咎。是以不言而善应②，不约而善增③。言已应，则执其契④；事已增，则操其符⑤。符契之所合，赏罚之所生也。故群臣陈其言，君以其主授其事，事以责其功。功当其事，事当其言，则赏；功不当其事，事不当其言，则诛。明君之道，臣不得陈言而不当。是故明君之行赏也，暖乎如时雨⑥，百姓利其泽；其行罚也，畏乎如雷霆，神圣不能解也。故明君无偷赏，无赦罚。赏偷，则功臣堕其业⑦；赦罚，则奸臣易为非。是故诚有功，则虽疏贱必赏；诚有过，则虽近爱必诛。疏贱必赏，近爱必诛，则疏贱者不怠，而近爱者不骄也。

【注释】

①退：此处指不露锋芒、不为人先之意。②善应：善于提出自己的主张。③善增：善于提高功效。④契：古代一种凭证。在竹简机或木片上刻字，分为两半。双方各执一半，验证的时候将两半相合。⑤符：古代调兵遣将用的一种凭证。用竹子、木头、铜或玉制成。中分为二，双方各执一半，验证的时候将两半相合。⑥暖：温润。⑦堕：通"惰"，懈怠。

【译文】

君主的原则，以静退为贵。君主不亲自操持事务而知道臣下事情办得笨拙还是巧妙，不亲自考虑事情而知道臣下谋事是得福还是得祸。因此，君主虽然不说话，而臣下就能很好地谋事；君主虽然不做规定，而臣下就能用很好的技能来增加做事的功效。臣下已经提出主张，君主就应当拿出符来检查；臣下增加了做事的功效，君主就应当拿出契来兑现。符、契对合验证的结果，就是赏罚产生的根据。所以群臣陈述他们的主张，君主根据他们的主张授予他们职事，然后依照他们的职事来责求他们的成绩。成绩与职事相吻合，职事与主张相吻合，就给予奖赏；成绩与职事不相吻合，职事与主张不相吻合，就予以惩罚。明智君主统治的原则，要求臣下不可以陈述了自己的意见而做不到。因此明智的君主行赏，就如同及时雨一样温润，百姓都能受到他的恩惠；君主行罚，就如同雷霆一样威严，就是神圣也不能解脱。因此明智的君主不会随便去赏赐，也绝不赦免惩罚。赏赐随便了，功臣就懈怠他的事业；惩罚赦免了，奸臣就容易干坏事。所以，如果确实有功劳，即使疏远卑贱的人也一定赏赐；如果确实有过错，即使亲近喜爱的人也一定惩罚。君主对疏远卑鄙的人也一定给予奖赏，对亲近喜爱的人也一定予以惩罚，那么疏远卑贱的人就不会懈怠，而亲近喜爱的人就不会骄横了。

有度

【原典】

国无常强，无常弱。奉法者强，则国强；奉法者弱，则国弱。荆庄王并国二十六，开地三千里；庄王之氓社稷也①，而荆以亡②。齐桓公并国三十，启地三千里；桓公之氓社稷也，而齐以亡。燕襄王以河为境，以蓟为国③，袭涿、方城④，残齐⑤，平中山⑥，有燕者重，无燕者轻；襄王之氓社稷也，而燕以亡。魏安釐王攻燕救赵⑦，取地河东，攻尽陶、魏之地⑧；加兵于齐，私平陆之都⑨；攻韩拔管⑩，胜于淇下⑪；睢阳之事⑫，荆军老而走；蔡、召陵之事⑬，荆军破；兵四布于天下，威行于冠带之国；安釐王死而魏以亡。故有荆庄、齐桓公，则荆、齐可以霸；有燕襄、魏安釐，则燕、魏可以强。今皆亡国者，其群臣官吏皆务所以乱而不务所以治也。其国乱弱矣，又皆释国法而私其外，则是负薪而救火也，乱弱甚矣！

【注释】

①氓：通"泯"，灭，死。②亡：此处实际指衰落。以下各国的情况与此类似。③蓟：燕国的都城，在今北京西南。④涿：燕国地名，在今河北涿州。方城：燕国地名，在今河北固安西南。⑤残齐：攻破齐国。燕昭王二十八年（前284年），燕国联合秦国、赵国、韩国、魏国等诸侯国攻打齐国，攻占了齐国七十多座城池。⑥平中山：指燕昭王十七年（前295年），燕国帮助赵国消灭中山国一事。⑦魏安釐王攻燕救赵：指魏安釐王五年（前272年）魏国攻打燕国和魏安釐王二十年（前257年）援救赵国一事。⑧陶：定陶，在今山东定陶县北。

魏：指卫国。战国后期，卫国的疆域仅仅剩下今河南濮阳一带，和定陶相接壤，卫国长期依附于魏国，后来被魏国消灭。因此此处以"魏"代"卫"。⑨平陆：战国时期齐国的五个都城之一，在今山东汶上西北。⑩攻韩拔管：指魏公子无忌兴兵攻打韩国管地一事。⑪淇：淇水，卫河的支流，在今河南东北部。⑫睢阳：宋国的地名，在今河南商丘南。⑬蔡：指上蔡，楚国的地名，在今河南上蔡西南。召陵：楚国的地名，在今河南郾城东。

【译文】

一个国家不可能永久强盛，也不可能永久衰弱。奉行法度的君主坚决实行法治，国家就强盛；奉行法度的君主软弱无力，国家就衰弱。楚庄王吞并国家二十六个，开拓疆土三千里，但当楚庄王丢下国家身亡之后，楚国也就衰弱了。齐桓公吞并国家三十个，开辟疆土三千里，但当齐桓公去世之后，齐国也就衰弱了。燕昭襄王把黄河作为国界，把蓟城作为国都，又把涿和方城作为国都外围的屏障，攻破了齐国，平定了中山国，在当时，燕国支持的国家就会受到人们的重视，而没有得到燕国支持的国家就会被人们所看不起；但当燕昭襄王丢下自己的国家去世之后，燕国也就衰弱了。魏安釐王攻打燕国，救援赵国，夺取河东地，攻占定陶、卫国的全部土地；对齐国用兵，占领齐国的都城平陆；进攻韩国，拿下管地，一直打到淇水岸边；在睢阳发生的魏、楚两国战事之中，楚国的军队被击溃而逃；上蔡、召陵之战，楚国的军队被魏国摧毁了；当时，魏国的军队遍布天下，威震中原各国；可等到魏安釐王去世之后，魏国随即衰弱。所以有楚庄王、齐桓公在，楚、齐两国就可以称霸；有燕昭襄王、魏安釐王在，燕、魏两国就可以强盛。如今这些国家都衰弱了，是因为它们的群臣百官都一心去干那些使国家混乱之事了，而不致力于使国家安稳的事务。这些国家混乱衰弱了，又都丢掉国法去营私舞弊，这就好比是背着干柴去救火，国家混乱、衰弱的程度只会进一步加剧罢了。

【原典】

故当今之时，能去私曲就公法者，民安而国治；能去私行行公法者，则兵强而敌弱。故审得失有法度之制者，加以群臣之上，则主不可欺以诈伪；审得失有权衡之称者，以听远事，则主不可欺以天下之轻重。今若以誉进能，则臣离上而下比周；若以党举官，则民务交而不求用于法。故官之失能者其国乱。以誉为赏，以毁为罚也，则好赏恶罚之人，释公行，行私术，比周以相为也。忘主外交，以进其与，则其下所以为上者薄矣。交众、与多，外内朋党，虽有大过，其蔽多矣。故忠臣危死于非罪，奸邪之臣安利于无功。忠臣之所以危死而不以其罪，则良臣伏矣；奸邪之臣安利不以功，则奸臣进矣；此亡之本也。若是，则群臣废法而行私重，轻公法矣。数至能人之门，不一至主之廷；百虑私家之便，不一图主之国。属数虽多，非所尊君也；百官虽具，非所以任国也。然则主有人主之名，而实托于群臣之家也，故臣曰：亡国之廷无人焉。廷无人者，非朝廷之衰也。家务相益，不务厚国；大臣务相尊，而不务尊君；小臣奉禄养交，不以官为事。此其所以然者，由主之不上断于法，而信下为之也。故明主使法择人，不自举也；使法量功，不自度也。能者不可弊①，败者不可饰，誉者不能进，非者弗能退，则君臣之间明辩而易治②，故主雠法则可也。

【注释】

①弊：通"蔽"，引申为埋没。②辩：通"辨"。

【译文】

所以在当今这个时代，能排除私欲而遵守公正法令的国家，百姓就可安宁而社会就会稳定；能够排除图谋私利而推行公正法令的国家，就会兵力强大而使敌人衰弱。所以可以明察得失、推行法律制度的君主，就能够凌驾于群臣之上，君主就不会被臣下狡诈虚伪的手段所欺骗；可以明察得失而又以推行法律制度为准则的君主，在听取、处理远方事情时，就不可能被臣下将天下大事轻重颠倒的手段所欺骗。现在若按声誉选用人才，臣下就会背离君主而在下面相互勾结；若凭朋党关系举用官吏，百姓就会致力于社交而不必再依法办事以求得任用。所以官吏不称职的，国家就会混乱。凭好名声行赏，凭坏名声处罚，那么好赏恶罚的人，就会丢掉国家法定的指责，玩弄个人手段，紧密勾结来互相包庇利用；臣下就会抛弃正直的行为而在朝廷外忙于私交，利用机会引进他的党羽，那么这些人中为君主出力的就少了。交情广，党羽多，内外结成死党，那么他们即使犯了大罪，为他掩饰的人却很多。因此忠臣在无罪的情况下，却会遭难而死，奸臣无功却安然得利。忠臣遭难而死，并不是因为有罪，那么贤臣就会隐退不出；奸臣安然得利并不是因为有功，那么奸臣就会得寸进尺。这是国家衰亡的根源。如果是这样的话，群臣就会废弃法治而注重私利、轻视国法了。他们频繁地登门拜访奸佞的权臣，一次也不到君主的朝堂上；他们千方百计考虑私家的利益，一点也不为君主的国家着想。君主的大臣虽然很多，但都不是尊重君主的大臣；各种官员虽然一应俱全，却不能用来担当国事。这样，君主就徒有其虚名，而实际上是依附于群臣的私家。所以我说：衰弱国家的朝廷中没有臣子。朝廷中没有臣子，并非指朝廷中臣子少。私家致力于互谋私利，不致力于富强国家；大臣致力于互相推崇，不致力于尊奉君主；小臣拿俸禄来供养私下结交的党徒，不把自己的官职当回事。造成这种情况的原因，是由于君主在上面不能够依法决断政事，而听凭臣下胡作非为。所以贤明的君主选拔人才，不凭借自己的意愿来任用他们；一定会按照法度来考核臣下的功劳，而不凭借自己的感觉随便估量。有才能的人不可能被埋没，有错误的人不可能得到掩饰，徒有虚名的人不能进用，遭受诽谤的人不能被免职，仅受非议的人不可能被斥退，那么君主对臣下就辨得清楚而易于控制了，所以君主依法办事就可以了。

【原典】

贤者之为人臣，北面委质①，无有二心。朝廷不敢辞贱，军旅不敢辞难；顺上之为，从主之法，虚心以待令，而无是非也。故有口不以私言，有目不以私视，而上尽制之。为人臣者，譬之若手，上以修头，下以修足；清暖寒热，不得不救；镆铘傅体②，不敢弗搏，无私贤哲之臣③，无私事能之士。故民不越乡而交，无百里之感。贵贱不相逾，愚智提衡而立，治之至也。今夫轻爵禄，易去亡，以择其主，臣不谓廉。诈说逆法，倍主强谏④，臣不谓忠。行惠施利，收下为名，臣不谓仁。离俗隐居，而以诈非上，臣不谓义。外使诸侯，内耗其国，伺其危崄之陂⑤，以恐其主曰"交非我不亲，怨非我不解"，而主乃信之，以国听之，卑主之名以显其身，毁国之厚以利其家，臣不谓智。此数物者，险世之说也，而先王之法所简也。先王之法曰："臣毋或作威，毋或作利，从王之指⑥；无或作恶，从王之路。"古者世治之民，奉公法，废私术，专意一行，具以待任⑦。

【注释】

①委质：初次见面向尊长献礼。质：通"贽"，礼物。一说"质"为身体之意，"委质"即委身于地，即人臣拜见君主时屈膝下跪、五体投地，来表示俯首听命。②镆铘：古代宝剑的名称。傅：通"附"，逼近。体：身体。③无：通"毋"，不要。④倍：通"背"，违背。⑤崄：通"险"。⑥指：通"旨"，旨意。⑦具：通"俱"，完全，全部。

【译文】

德才兼备的人做臣子，向北面朝向君主行礼，效忠君主，没有二心。在朝廷不敢推辞贱事，在军队不敢推辞卑贱的官职；顺从君主的行为，遵从君主的法令，虚心等待命令，而没有个人的是非之见。因此臣子有了嘴巴而不为私家辩说，有了眼睛而不为私家察看，君主控制着他们的一切。做臣子的，就好比是人的双手一样，上用来修饰头，下用来修饰脚；遇到寒冷的侵袭，不能不依靠双手来护卫身体；那锋利的宝剑逼近身体，不能不搏斗。不私心偏袒贤明的臣子，不偏爱有才能而为君主卖力的人士。所以百姓不离开家乡到别的地方去郊游，没有百里以外的亲戚。尊贵的人和贫贱的人不超越各自的名分界限，愚笨的人和聪明的人都依法受赏受罚而相互平等地生活着，这是政治的最高境界啊。现在那些人轻视朝廷的厚官爵禄，随便就离开自己的君主而去另外选择主人，我不认为这是廉。进言欺诈、违背君主的意愿而强行进谏，我不认为这是忠。施行恩惠，收买人心来抬高自己的声望，我不认为这是仁。避世隐居，而用谎言非议君主，我不认为这是义。出使他国，损害自己的国家，趁着自己的国家陷入危境，便恐吓自己的君主说，"和外国结交没有我就不能够靠近，与其他国家结下的仇怨没有我就不能够解除"，而君主也便相信他，把国家托付给他；这样，他便以贬低君主名声的方式来抬高自己，以损害国家利益的方式来便利私家，我不认为是智。这几种行为，是流行于乱世的说法，是古代圣明帝王的法令所急慢摒弃的。先王法令说："臣下不要逞威，不要牟利，顺从君主旨意；不要作恶，跟随君主的脚步。"古代太平社会的百姓，奉行公法，废止私术，一心一意地为君主办事，一切等待君主的任用。

【原典】

夫为人主而身察百官，则日不足，力不给。且上用目，则下饰观；上用耳，则下饰声；上用虑，则下繁辞。先王以三者为不足，故舍己能而因法数，审赏罚。先王之所守要，故法省而不侵。独制四海之内，聪智不得用其诈，险躁不得关其佞，奸邪无所依。远在千里外，不敢易其辞；势在郎中，不敢蔽善饰非；朝廷群下，直凑单微，不敢相逾越。故治不足而日有余，上之任势使然也。

【译文】

做君主的，如果亲自去考察百官，就会时间不够，精力不足。况且君主用眼睛去看，臣子就修饰自己的外在表现；如果君主用耳朵去听，臣子就修饰自己的言语；如果君主用心去思考，臣子就使用繁琐的文辞。先王认为用目、耳、心这三种器官是不够的，因此放弃自己的这些能力而使用法度，严明赏罚。先王掌握着这个关键，所以法令简明而君权不受侵害。君主能独自控制整个天下，聪明多智的人不能使用欺诈手段，阴险浮躁的人不能使用花言巧语，奸邪的人也就失去了他们的依靠。即使远在千里之外，臣子也不敢改变君主的口令；即使处在郎中的位置，也不敢隐藏好事掩饰坏事；朝廷的群臣，集中的或单独的，不敢相互逾越职守。所以政事不多而时间有余，是君主运用权势所得来的。

【原典】

夫人臣之侵其主也，如地形焉，即渐以往，使人主失端①，东西易面而不自知。故先王立司南以端朝夕②。故明主使其群臣不游意于法之外，不为惠于法之内，动无非法。峻法，所以禁过外私也；严刑，所以遂令惩下也。威不贰错③，制不共门。威、制共，则众邪彰矣；法不信，则君行危矣；刑不断，则邪不胜矣。故曰：巧匠目意中绳，然必先以规矩为度；上智捷举中事，必以先王之法为比。故绳直而枉木斫，准夷而高科削，权衡县而重益轻④，斗石设而多益少。故以法治国，举措而已矣。法不阿贵，绳不挠曲。法之所加，智者弗能辞，勇者弗敢争。刑过不避大臣，赏善不遗匹夫。故矫上之失，诘下之邪，治乱决缪⑤，绌羡齐非⑥，一民之轨，莫如法。厉官威名，退淫殆⑦，止诈伪，莫如刑。刑重，则不敢以贵易贱；法审，则上尊而不侵。上尊而不侵，则主强而守要，故先王贵

之而传之。人主释法用私,则上下不别矣。

【注释】

①端:头绪,方向。②司南:指南,相当于今天所说的指南针。朝夕:早晨与傍晚,借指东面与西面。③错:通"措",置,引申为树立。④县:通"悬"。⑤缪:通"谬",错误。⑥绌:通"黜",削减。⑦殆:通"怠",懈怠。

【译文】

臣子侵害他的君主,就像行路时的地形一样,由近及远,地形渐变,使君主失去方向,东方与西方的位置颠倒了,而君主自身却没能觉察到。所以先王设置指南仪器来判断东西方向。所以明智的君主要让他们的大臣不得在法度规定的范围之外动用心思,也不允许在法度规定的范围之内私下施行恩惠去收买民心,举止行为没有不合法的。法度是用来禁止犯罪、排除私欲的,严厉的刑罚是用来贯彻法令、惩办臣下的。威势不能让君主和臣下共同使用,权力不能让君主和臣下共同享用。如果威势、权力君主和臣下共同掌控,那么奸臣就会明目张胆地活动了;法度就无法坚决实行,君主的行为就危险了;刑罚不果断,就无法战胜奸邪之人。所以说：巧妙的工匠目测合乎墨线，但一定先要用圆规和角尺作为标准；智商高的人办事敏捷合乎要求，但一定要以先王的法度作为依据。所以墨线直了，弯曲的木材就要被砍削；水准仪放平了，凹凸的部分就可以被削平；用悬挂的秤称量后，就可以减少多的东西而加给少的东西；设置斗石来量多少，那么多的就要减些给少的。所以用法令治国，不过是合法的就推行、不合法的就弃置不做罢了。法令不偏袒权贵，法律的准绳不屈从于邪恶，就如同墨绳不迁就弯曲的木材一样。法令该制裁的，智者不能逃避，勇者不敢抗争。惩罚罪过不回避大臣，奖赏善行不遗漏百姓。所以矫正上面的过失，追究下面的奸邪，治理纷乱，判断谬误，削减多余，纠正错误，统一民众的规范，没有什么方法能够比得上法度的。整治官吏，威慑民众，杜绝过分懈怠的行为，禁止欺诈虚伪，没有什么措施能够比得上刑罚的。刑罚重了，人们就不敢因地位高而轻视地位低的人；法令严明了，君主就尊贵而不会受到侵害。尊贵而不会受到侵害，君主就强劲而掌握要害。所以先王重视法度并传授下来。如果君主抛弃法度而依据自己的意愿办事，君臣之间就没有区别了。

扬权

【原典】

天有大命，人有大命。夫香美脆味，厚酒肥肉，甘口而疾形；曼理皓齿，说情而捐精①。故去甚去泰②，身乃无害。权不欲见，素无为也。事在四方，要在中央。圣人执要，四方来效。虚而待之，彼自以之。四海既藏，道阴见阳。左右既立，开门而当③。勿变勿易，与二俱行。行之不已，是谓履理也。

【注释】

①捐：耗费，丢弃。②泰：通"太"，过分。③开门：指打开耳目等感觉

器官。

【译文】

自然界有它的客观规律，人类也有它的客观规律。美妙香脆的味道，醇厚的酒，肥嫩的肉，虽然吃起来甜适可口，但如果食用不当，就会损害身体；肌肤细嫩、牙齿洁白的美女，虽然令人性情畅快，却要耗费你的精气。因此去掉太过分的吃喝玩乐，身体才不会受到损害。君主治理臣下的权谋不要显露出来，而应任其自然，清静无为。具体的事务分配给四方各地的官员去处理，而核心的权力却要掌握在中央君主的手中。圣明的君主只要掌握着治国的主要原则，四面八方的臣民就都来效劳了。君主只要以虚静的心态对待臣民，他们自会使出自己的才能。天下既已平安无事，君主就可以从静态中观察动态。文武官员既经设置，君主就可以广开言路接待他们。不要经常地去改变政令，按照自然和人类的客观规律去行事，坚持这样做不要停止，这就叫遵循事理。

【原典】

夫物者有所宜，材者有所施，各处其宜，故上下无为。使鸡司夜，令狸执鼠，皆用其能，上乃无事。上有所长，事乃不方①。矜而好能，下之所欺；辩惠好生②，下因其材。上下易用，国故不治。

【注释】

①方：法，得法。②惠：通"慧"。

【译文】

事物都有它适宜的用处，才能都有它施展的地方，如果它们各自都处在自己适宜的位置上，因此君主与臣民都可以做到顺其天性而行事了。让公鸡掌夜报晓，让猫来捕捉老鼠，君主如果能够像这样让自己的臣民各展其才，就能够无为而治了。如果君主在某一方面显示自己的特长，那么整个政事就不能处理得当。君主喜欢自夸逞能，正是臣下进行欺骗的凭借；君主喜欢惹是生非，卖弄口才和小聪明，正是臣下加以利用的依托。君主与臣下的作用颠倒了，那么国家就因此得不到治理了。

【原典】

用一之道，以名为首，名正物定，名倚物徙。故圣人执一以静，使名自命，令事自定。不见其采，下故素正。因而任之，使自事之；因而予之，彼将自举之；正与处之，使皆自定之。上以名举之，不知其名，复修其形。形名参同，用其所生。二者诚信，下乃贡情。

【译文】

以道的原则治理国家，要把确定客观事物的名称放在首位，名称恰当，那么它所反映的事物内容也就确定了；名称有所偏差，那么它所反映的事物也就游移不定了。所以圣人采取虚静的态度来掌握道，使名称依据它所反映的内容自己确定，使事物的内容按照它所具有的性质自己确定。君主不表现出自己的智能，臣子就会显现出自己真正的本色。据此加以任用，使他们自行办事；据此给予任务，他们将会自行完成；正确地运用这种原则来安排臣下，使他们都能自动地尽职尽责。君主根据臣下的主张用人来举用他，如果不清楚臣下的主张是否恰当，那就去考察臣下付诸行动后的效果。言行既经综合审定，然后酌情给予赏罚。赏罚确实可信，臣下就会献出真诚。

【原典】

谨修所事，待命于天，毋失其要，乃为圣人。圣人之道，去智与巧。智巧不去，难以为常。民人用之，其身多殃；主上用之，其国危亡。因天之道，反形之理，督参鞠之①，终则有始。虚以静后，未尝用己。凡上之患，必同其端；信而勿同，万民一从。

【注释】

①鞠：通"鞫"，寻根究底。

【译文】

谨慎地处理政事，等待自然规律去起作用。不要丧失治国纲领，才有可能成为圣人。圣人的治理原则，是排除智谋和巧诈；如果智谋和巧诈不能排除，就难以维持正常秩序。老百姓如果使用智谋和巧诈，那么他们本身就会多有灾殃；君主如果使用智谋和巧诈，那么他的国家就会危险和灭亡。君主治国，遵循自然的

普遍规律，返回到事物的具体道理，深入观察，交互验证，寻根究底，反复无穷。虚静之后，不会再用到主观意愿。凡是君主的祸患，一定是片面地赞同某一方面的意见；如果任凭臣下发表言论而不去赞同它，那么全国民众就会一致服从他们的君主了。

【原典】

夫道者，弘大而无形；德者，核理而普至。至于群生，斟酌用之，万物皆盛①，而不与其宁。道者，下周于事，因稽而命②，与时生死。参名异事，通一同情。故曰：道不同于万物，德不同于阴阳，衡不同于轻重，绳不同于出入，和不同于燥湿，君不同于群臣。——凡此六者，道之出也。道无双，故曰一。是故明君贵独道之容。君臣不同道，下以名祷。君操其名，臣效其形，形名参同，上下和调也。

【注释】

①盛：通"成"。②稽：合，相当。而：其。命：此处指规律。

【译文】

道，是弘博广大而没有形状的；德，是内含道理而普遍存在的。至于万事万物，都是自然汲取道和德的内在之理而形成，可是并不随万事万物的止息而止息。道普遍存在于事物之中，它根据对事物的考核而给予它们不同的名称，让它随着时间的推移产生和死亡。用名称来考察，事物各异，但从道的角度看，各种事物的实质都是相同的。所以说：道和它所生成的万物不相同，德和它所包含的阴阳不相同，衡器和它所测量的轻重不相同，墨线和它所矫正的凹凸不平的部分不相同，定音器与影响声音的干湿不相同，君主和他所任用的臣子不相同。所有这六种情况都是道衍化出来的。道是独一无二的，因此叫作"一"。所以，英明的君主崇尚道那独一无二的样子。君主和臣下的办事原则是不相同的，臣下用主张向君主祈求。君主执掌着臣下的主张，臣下贡献出一定的事功。事功和主张交验相符，君臣上下的关系就和谐了。

【原典】

凡听之道，以其所出，反以为之入。故审名以定位，明分以辩类①。听言之道，溶若甚醉②。唇乎齿乎，吾不为始乎；齿乎唇乎，愈惛惛乎③。彼自离之，吾因以知之；是非辐凑④，上不与构。虚静无为，道之情也；参伍比物，事之形也。参之以比物，伍之以合虚。根干不革，则动泄不失矣。动之溶也，无为而攻之。喜之，则多事；恶之，则生怨。故去喜去恶，虚心以为道舍。上不与共之，民乃宠之；上不与义之⑤，使独为之。上固闭内扃⑥，从室视庭，咫尺已具，皆之其处。以赏者赏，以刑者刑，因其所为，各以自成。善恶必及，孰敢不信？规矩既设，三隅乃列。

【注释】

①分：界限。②溶：通"容"，容貌。③惛惛：糊涂。④辐凑：通"辐辏"，指车轮上的辐条聚集在车毂上。此处比喻聚集，集中。⑤义：通"议"，议论。⑥内：同"纳"。

【译文】

大凡听取臣下言论的方法是，根据臣下发表的言论，反过来将其作为检验他们实绩的标准。所以君主要审察臣下的言论来确定他们的职位，明确臣下的职责来区别他们所要做的事情。听察言论的一般原则，就像喝醉酒时的状态。群臣纷纷动嘴动舌，君主我却一言不发；群臣纷纷动嘴动舌，君主我越发装成糊涂的样子，臣下自己去分析他们的意见，我从而对他们的意图加以了解；错误和正确的意见都集中到君主的手里，但君主却不与他们讨论。虚无安静无所作为，是道本来的面貌；验证和连接事物，是由事物的实际情形决定的。从联系中检验事物，从联系中发现规律。根本规律不加变更的话，任凭事物怎样运动也不会出现失误。尽管臣下动摇和扰乱君主，君主仍旧要用无为原则加以处理。君主表现出喜悦，就会惹事；表现出厌恶，就会生怨。所以要排除爱憎，使内心虚空成为容纳道的处所。君主不和臣民共事，臣民才会尊敬君主；君主不和臣民议事，要让他们自己去干。君主要像紧紧地关闭内室的门似的深藏心机，要像从室内窥视庭院那样从暗处来观察明处，如同咫尺一样的法度已经具备，那么是非长短等就都呈现在君主的眼前了。该赏的赏，该罚的罚，根据他们的所作所为，各自受到相应的处置。他们做的好事和坏事一定会得到相应的赏罚，谁还敢不诚实？规章制度既经设置，其他方面就可以端正了。

【原典】

主上不神，下将有因；其事不当，下考其常。若天若地，是谓累解；若地若天，孰疏孰亲？能象天地，是谓圣人。欲治其内，置而勿亲；欲治其外，官置一人；不使自恣，安得移并？大臣之门，唯恐多人。凡治之极，下不能得。周合刑名①，民乃守职；去此更求，是谓大惑。猾民愈众，奸邪满侧。故曰：毋富人而贷焉，毋贵人而逼焉；毋专信一人而失其都国焉；腓大于股②，难以趣走③。主失其神，虎随其后。主上不知，虎将为狗。主不蚤止④，狗益无已。虎成其群，以弑其母。为主而无臣，奚国之有？主施其法，大虎将怯；主施其刑，大虎自宁。法刑苟信，虎化为人，复反其真⑤。

【注释】

①刑：通"形"。②腓（féi）：腿肚子。③趣：通"趋"，急匆匆地小跑。④蚤：通"早"。⑤反：通"返"，恢复。

【译文】

君主不能做到神秘莫测，臣下就会有机可乘；君主行事不能得当，臣下就会作为常例来援引。君主像天和地那样虚静无为，这才叫真正做到了公平端正；像地和天那样无私，哪有什么亲近和疏远？能像天地一样行事，才能称为圣人。要想治理好宫中，就必须设置左右近臣而不去亲近他们；要想治理好宫外，就必须每个官职只设置一个官员；不让他们肆意妄为，越职侵权之事又怎么可能发生呢？大臣的门下，最怕的就是有很多人投奔。凡是极佳的治理状态，臣下就不能结党营私；规定人臣的主张和事功必须相吻合，臣民才会安守本分。舍弃这种办法而去寻求别的途径，就是最大的迷惑；刁民就会越来越多，奸臣就会遍布君侧。所以说：不可使别人太过富裕而反使自己要向他借贷；不可使他人太尊贵而反使自己受到逼迫；不要专门信任一个人自己反而丧失国家。小腿若比大腿粗，就难以小步快跑。如果君主不能够做到神秘莫测，阴谋篡权的大臣会跟随其后。君主仍不察觉，这些阴谋篡权的大臣就会伪装成狗一样忠诚。君主不能及早制止，狗就会不断增加。等到这些阴谋篡权的大臣成了群，他们就会共同杀掉君主。做君主的没有忠臣，还有什么国家可言？君主施行他的法令，这些阴谋篡权的大臣就会害怕；君主施行他的刑罚，这些阴谋篡权的大臣自会服帖。法令刑罚如果坚决执行，这些阴谋篡权的大臣就会重新变成人，恢复他的本来面目。

【原典】

欲为其国，必伐其聚①；不伐其聚，彼将聚众。欲为其地，必适其赐；不适其赐，乱人求益。彼求我予，假仇人斧；假之不可，彼将用之以伐我。黄帝有言曰："上下一日百战。"下匿其私，用试其上；上操度量，以割其下。故度量之立，主之宝也；党与之具，臣之宝也。臣之所不弑其君者，党与不具也。故上失扶寸②，下得寻常③。有国之君，不大其都；有道之臣，不贵其家。有道之君，不贵其臣；贵之富之，彼将代之。备危恐殆，急置太子，祸乃无从起。内索出圉④，必身自执其度量。厚者亏之，薄者靡之。亏靡有量，毋使民比周，同欺其上。亏之若月，靡之若热。简令谨诛，必尽其罚。

【注释】

①聚：通"丛"，此处用来比作朋党。②扶寸：我国古代长度的计量单位，四指的宽度为一扶，一指的宽度为一寸。形容甚小。③寻常：我国古代长度的计量单位，八尺为一寻；一丈六尺为一常。喻短或小。④圉：通"御"，防御，

抵御。

【译文】

　　君主要想治理好自己的国家，必须除掉朋党；不除掉朋党，他们就会越聚越多。君主要想保有自己的地位，必须赏赐适当；赏赐不当，乱臣就会要求更多。他们一来求取而君主就慷慨给予，就好比是借给仇人斧头；把斧子借给仇人是不可以的，他将用斧头来砍杀君主。黄帝说过这样的话："君臣之间一天之内就有上百次的斗争。"臣下隐藏私情，用来试探君主；君主掌握法度，用来制裁臣下。因此健全法度，是君主的法宝；结成朋党，是臣子的法宝。臣下不杀君主的原因，是朋党还未形成。因此如果君主出现一点儿失误，那么臣下就会获取大量的私利。统治国家的君主，不使封出去的城邑扩大；服从法治的大臣，不使属下的私家显贵。懂得治国之道的君主，不使他的臣下过于尊贵过于富有；臣下过于尊贵过于富有，他们就会取君主而代之。君主防备危险发生的办法，就是要设立继位的太子，如此灾祸就不会发生了。无论是在宫内搜索坏人，还是在宫外防备奸臣，君主必须亲自掌握法度。对爵高禄厚的人要加以削减，对爵低禄薄的人要予以增加；无论是削弱还是加强都要适度。不要使臣民紧密勾结，共同欺侮君主。减少爵禄像月亮般逐渐亏蚀，增加爵禄像物体受热般逐渐增大。法令要简明，诛杀要谨慎，惩罚时一定要坚决彻底。

【原典】

毋弛而弓，一栖两雄。一栖两雄，其斗噛噛①。豺狼在牢，其羊不繁。一家二贵，事乃无功。夫妻持政，子无适从。

【注释】

①噛噛（yán yán）：形容鸟争斗时鸣叫的声音。

【译文】

君主不要放松自己的弓箭，防止一个窝里有两只雄鸟。如果一棵树上栖息两只雄鸟，必然大事争斗。如果把豺狼养在羊圈里面，羊就不会增多。一个家庭如果有两人当家，事情就会没有成效。如果夫妻两人共同执掌家政，孩子就无所适从。

【原典】

为人君者，数披其木，毋使木枝扶疏；木枝扶疏，将塞公闾，私门将实，公庭将虚，主将壅围。数披其木，无使木枝外拒；木枝外拒，将逼主处。数披其木，毋使枝大本小；枝大本小，将不胜春风；不胜春风，枝将害心。公子既众，宗室忧吟。止之之道，数披其木，毋使枝茂。木数披，党与乃离。掘其根本，木乃不神。填其汹渊①，毋使水清。探其怀，夺之威。主上用之，若电若雷。

【注释】

①汹渊：汹涌的深潭，比喻奸党势力雄厚。

【译文】

作为君主，要像经常劈削树木一样整治臣下，不要使树木枝叶茂盛；树木枝叶茂盛，就会堵塞住君主的大门；大臣的私人家庭就会变得强盛富裕，朝廷的衙门就会变得衰弱空虚，君主将受到蒙蔽。经常劈削树木，不要使树枝向外伸展；树枝向外伸展，将会威逼君位。经常劈削树木，不要让它的枝叶茂盛而主干弱小；枝叶茂盛而主干弱小，将会经不住春风的吹拂；经不住春风的吹拂，树枝将会损害树心。太子以外的公子太多，嫡长子一系就要担忧而哀吟了。制止这些灾祸发生的办法，就是经常劈削树木，不要使枝叶茂盛。树木经常劈削，朋党才会离散。掘掉树根，树木就没有生气了。将奸党势力雄厚的深潭填塞起来，不要让水奔腾。探测公子和臣下心中的阴谋，剥夺臣下的威势。君主使用这些权力时，要像雷电那样迅疾果断。

八奸

【原典】

　　凡人臣之所道成奸者有八术：一曰在同床。何谓同床？曰：贵夫人，爱孺子，便僻好色①，此人主之所惑也。托于燕处之虞②，乘醉饱之时，而求其所欲，此必听之术也。为人臣者内事之以金玉，使惑其主，此之谓"同床"。二曰在旁。何谓在旁？曰：优笑侏儒，左右近习，此人主未命而唯唯，未使而诺诺，先意承旨，观貌察色以先主心者也。此皆俱进俱退，皆应皆对，一辞同轨以移主心者也。为人臣者内事之以金玉玩好，外为之行不法，使之化其主，此之谓"在旁"。三曰父兄。何谓父兄？曰：侧室公子，人主之所亲爱也；大臣廷吏，人主之所与度计也。此皆尽力毕议，人主之所必听也。为人臣者事公子侧室以音声子女，收大臣廷吏以辞言，处约言事，事成则进爵益禄，以劝其心，使犯其主，此之谓"父兄"。四曰养殃。何谓养殃？曰：人主乐美宫室台池，好饰子女狗马以娱其心，此人主之殃也。为人臣者尽民力以美宫室台池，重赋敛以饰子女狗马，以娱其主而乱其心，从其所欲，而树私利其间，此谓"养殃"。五曰民萌。何谓民萌？曰：为人臣者散公财以说民人，行小惠以取百姓，使朝廷市井皆劝誉己，以塞其主而成其所欲，此之谓"民萌"。六曰流行。何谓流行？曰：人主者，固壅其言谈，希于听论议，易移以辩说。为人臣者求诸侯之辩士，养国中之能说者，使之以语其私。为巧文之言，流行之辞，示之以利势，惧之以患害，施属虚辞以坏其主，此之谓"流行"。七曰威强。何谓威强？曰：君人者，以群臣百姓为威强者也。群臣百姓之所善之，则君善之；非群臣百姓之所善，则君不善之。为人臣者，聚带剑之客，养必死之士，以彰其威，明为己者必利，不为己者必死，以恐其群臣百姓而行其私，此之谓"威强"。八曰四方。何谓四方？曰：君人者，国小则事大国，兵弱则畏强兵。大国之所索，小国必听；强兵之所加，弱兵必服。为人臣者，重赋敛，尽府库，虚其国以事大国，而用其威求诱其君；甚者举兵以聚边境而制敛于内，薄者数内大使以震其君③，使之恐惧，此之谓"四方"。凡此八者，人臣之所以道成奸，世主所以壅劫，失其所有也，不可不察焉。

【注释】

①便僻：善于逢迎谄媚。②燕：通"宴"，安闲。虞：通"娱"，快乐。③数内：屡次引进。内：通"纳"。

【译文】

大凡臣子用来使他们的罪恶阴谋得逞的有八种手段：第一种叫"同床"。什么叫"同床"？就是：高贵的皇后夫人，得宠的姬妾妃子，谄媚便巧，姿色美丽，正是君主所迷恋的。她们在君主退朝后和自己同居享乐的时候，趁着君主酒醉饭饱的机会，来求取她们想要的东西，这是让君主一定听从的手段。做臣子的在内中用金银玉器、珍贵的玩物奉承贿赂她们，让她们迷惑君主而答应臣子请托的事情，这就叫"同床"。第二种叫"在旁"。什么叫在旁？就是：供君主取乐能使人发笑的滑稽演员和矮人，君主身边的侍从和亲信，这些人在君主还没有下达命令之时就唯唯诺诺，还没有支使他们去做事时就点头哈腰，事先领会君主的意图，能通过察言观色来事先揣测到君主的心思。这些人都是一致行动、一个腔调，统一口径和行动来改变君主心意的人。做臣子的在内中用金银玉器、珍贵的玩物奉承贿赂他们，在外帮他们干不法之事，叫他们影响君主，这就叫"在旁"。第三种叫"父兄"。什么叫父兄？就是：叔伯、兄弟，是君主所亲近宠爱的人；权贵大臣、朝廷上的官吏，是君主咨议谋划的人。这些都是竭尽全力一起议论而君主一定能听从的人。做臣子的用音乐和美女来侍奉君主的叔伯、兄弟，用花言巧语来笼络收买权贵大臣和朝廷上的官吏，让他们在关键时刻能够为自己的事情游说，事情如果成功，就答应给他们晋级加薪，这样来怂恿他们，使他们干扰君主，这就叫"父兄"。第四种叫"养殃"。什么叫"养殃"？就是：君主喜欢修筑美化宫殿房屋、亭台楼阁、池塘园林，喜欢打扮美女狗马来使自己赏心悦目，这是君主的灾殃。做臣子的用尽民力来修筑美化宫殿房屋、亭台楼阁、池塘园林，重征赋税来打扮美女狗马，这样来娱乐君主而扰乱他的心事，顺从了君主的欲望而在修饰亭台楼阁和美女狗马的过程中牟取私利，这就叫"养殃"。第五种叫"民萌"。什么叫民萌？就是：做臣子的挥霍公家的财物来讨好民众，行小恩小惠来赢得百姓，使朝廷和城市乡村的人都称赞他自己，这样来蒙蔽君主而达到他的欲望，这就叫"民萌"。第六种叫"流行"。什么叫流行？就是：君主本来就不畅通他的言路，很少听到臣下议论，容易被花言巧语打动。做臣子的就搜罗各国能言善辩的说客，供养国内能说会道的人，让他们来为自己的私利游说。说出华美的言语，流利的词句，用有利的形势来启发君主，用灾难祸害来恐吓君主，编造虚假的言辞来损害君主，这就叫"流行"。第七种叫"威强"。什么叫威强？就是：统治者是靠群臣百姓来形成强大威势的。群臣百姓认为好的，君主就认为它好；群臣百姓认为不好的，君主也就认为它不好。做臣子的收罗带剑的侠客，供养亡命之徒，用来耀武扬威，说明帮他的一定会有好处，不帮他的一定要死，这样来恐吓群臣百姓从而实现个人意图，这就叫"威强"。第八种叫"四方"。什么叫四方？就是：做国君的，自己国家小就去侍奉大国，兵力弱小就害怕强大的军队。大国勒索的，小国一定听从；强兵压境的，弱小的军队一定会屈服。做臣子的，加重赋敛，耗尽钱粮，削弱自己国家去侍奉大国，而利用大国的威势来勾引诱惑自己的君主；严重的，招引大国军队压境来挟制国内，轻一点的，便屡次招引大国的使者来恐吓自己国家的君主，使他害怕，这就叫"四方"。大凡这八种方法，是臣子实现奸谋的途径，是当代君主受到蒙蔽挟制以至失掉权势的原因，这是君主不可不仔细审察的啊。

【原典】

明君之于内也，娱其色而不行其谒，不使私请。其于左右也，使其身必责其言，不使益辞。其于父兄大臣也，听其言也必使以罚任于后，不令妄举。其于观乐玩好也，必令之有所出，不使擅进擅退，不使群臣虞其意。其于德施也，纵禁财，发坟仓①，利于民者，必出于君，不使人臣私其德。其于说议也，称誉者所善，毁疵者所恶，必实其能，察其过，不使群臣相为语。其于勇力之士也，军旅之功无逾赏，邑斗之勇无赦罪，不使群臣行私财。其于诸侯之求索也，法则听之，不法则距之②。所谓亡君者，非莫有其国也，而有之者皆非己有也。令臣以外为制于内，则是君人者亡也。听大国为救亡也，而亡亟于不听，故不听。群臣知不听，则不外诸侯，诸侯知不听，则不受臣之诬其君矣③。

【注释】

①坅仓：指国家粮仓。②距：通"拒"，拒绝。③诬：欺骗。

【译文】

英明的君主对于宫内的皇后爱妃，欣赏她们的美色而对她们的禀告不予理睬，不让她们私下里说情请求。对于左右近侍，使用他们但一定要严格考察他们的话，不准夸大其词。对于父兄和大臣，听取他们的意见一定使他们对于后果承担法律责任，不要让他们随意胡乱举荐。对于观赏玩乐的东西，一定要在法令上有依据，不让大臣们擅自进献，擅自裁减，不让群臣百官猜度到君主的心意。英明的君主对于恩惠的施行，凡是发放国库的财物和官仓的粮食，有利于民众的事，一定出自君主的决定，不要让臣下将恩德归于自己。对于辩说议论，不论是赞誉别人优点的人所赞美的人，还是诋毁别人缺点的人所丑化的人，一定要对他们的真实才能进行核实，查明他们的过失，不允许群臣百官中存在相

互吹捧或诽谤的情况。对于有勇力的人，作战立功不破格行赏，私斗犯法不赦免罪过，不允许群臣百官用个人财富收买勇士来谋求私利。英明的君主对于诸侯各国的要求与勒索，合法的就听从，不合法的就拒绝。被称为亡国之君的，并非没了这个国家，而是这个国家的存在全然不归自己所有。让臣下利用外国的势力对国内实行控制，就使统治者丧失自己的国家了。听从大国来挽救自己的灭亡，这比不听从亡得更快，所以不去听从。群臣百官知道君主不会听从大国，就不去同国外诸侯勾结；国外诸侯知道君主不听从，就不会把那些听从大国能救亡的邪说授予臣子来欺骗他们的国君了。

【原典】

明主之为官职爵禄也，所以进贤材劝有功也①。故曰：贤材者处厚禄，任大官；功大者有尊爵，受重赏。官贤者量其能，赋禄者称其功。是以贤者不诬能以事其主，有功者乐进其业，故事成功立。今则不然，不课贤不肖，不论有功劳，用诸侯之重，听左右之谒，父兄大臣上请爵禄于上，而下卖之以收财利及以树私党。故财利多者买官以为贵，有左右之交者请谒以成重。功劳之臣不论，官职之迁失谬。是以吏偷官而外交，弃事而亲财。是以贤者懈怠而不劝，有功者隳而简其业，此亡国之风也。

【注释】

①材：通"才"。

【译文】

英明的君主设置官职、爵位、俸禄，是为了用来提拔有道德、有才能的人，同时奖励有功劳的人。所以说，有才能的人就得到丰厚的俸禄，担任很高的官职；功劳大的人就拥有尊贵的爵位，享有丰厚的赏赐。任用贤能的人当官时一定衡量他的才能，授予俸禄根据他的功劳。因此，有才能的人不去追求与自己的才能不相匹配的高官要职来为他的君主服务，有功劳的人乐于进献功业，所以事情能够办成，功名可以成就。现在却不是这样，君主不去考核官吏是否有德才，不去评定这些人是否有功劳，任用各诸侯国所器重的人，听从左右近侍的请求，父兄大臣在上面向君主请求爵禄，而在下面又出卖它来搜刮钱财货物并靠它来培植私党。因此钱财多的就买官而成为尊贵的人，同君主近侍有交往的靠托人请求而成为有权势的人。有功劳的臣子得不到应有的评定，官职的变动颠倒错乱。因此官吏都敷衍塞责而与国外诸侯结交，抛弃事务而贪图财利。因此有才能的人便变得松懈懒惰而不肯卖力，有功劳的人堕落而轻慢职务，这是亡国的风气啊！

孤愤

【原典】

智术之士①，必远见而明察，不明察，不能烛私②；能法之士，必强毅而劲直，不劲直，不能矫奸。人臣循令而从事，案法而治官③，非谓重人也。重人也者，无令而擅为，亏法以利私，耗国以便家，力能得其君，此所为重人为④。智术之士明察，听用，且烛重人之阴情；能法之士劲直，听用，且矫重人之奸行。故智术能法之士用，则贵重之臣必在绳之外矣。是智法之士与当涂之人⑤，不可两存之仇也。

【注释】

①智：通"知"，懂得。②烛：洞察。③案：同"按"，按照。④为：通"谓"。⑤涂：通"途"。

【译文】

懂得治国之术的人，必然见识高远并明察秋毫；不明察秋毫，就无法洞察隐私。能够推行法治的人，必须坚决果断并刚强正直；不刚强正直，就无法纠察和惩治奸邪。臣子遵循法令办理公事，按照法律履行职责，不能称之为控制大权的人。所谓控制大权的人，就是无视法令而独断专行，破坏国家法律来牟取私利，耗费国家的财富以使自家富有，势力能够控制君主，这才叫作控制大权的人。懂得治国之术的人明察秋毫，他们的主张如果被采纳，自身如果被任用，他们将洞

47

察那些控制国家大权之人的阴谋奸术；能够推行法治的人刚强正直，他们的主张如果被采纳，自身如果被任用，他们就能够纠正弄权谋私之人的奸邪行为。因此，懂得治国之术和善用法治的人如果被任用，那么弄权谋私的权贵重臣肯定会按照法律而被铲除了。这样说来，通晓法术的人与当道掌权者，是不可并存的仇敌。

【原典】

当涂之人擅事要，则外内为之用矣。是以诸侯不因①，则事不应，故敌国为之讼；百官不因，则业不进，故群臣为之用；郎中不因②，则不得近主，故左右为之匿；学士不因，则养禄薄礼卑，故学士为之谈也。此四助者，邪臣之所以自饰也。重人不能忠主而进其仇，人主不能越四助而烛察其臣，故人主愈弊而大臣愈重③。

【注释】

①因：通过，依靠。②郎中：帝王侍从官的通称，负责通报警卫。③弊：通"蔽"，蒙蔽。下文"弊主"中的"弊"与此相同。

【译文】

当权的重臣独揽国家大权，那么外交和内政就要被他利用了。正因如此，如果列国诸侯不依靠他，那么事情就无法办理成功，所以实力相当的国家会给他唱颂歌；朝中百官不凭借他们，那么自己的功业就无法上报给君主，所以群臣人人都要为他们所使用；君主的侍从官员不依靠他们，就不能接近君主，所以这些官员都得为他们隐瞒罪行；从事学术的人如果不依靠他们，就会俸禄薄而待遇低，所以从事学术的人为他们吹捧。这四种帮凶是奸邪之臣用以粉饰自己的手段。重臣不能忠于君主而推荐自己的政敌，君主不能越过四种帮凶来洞察他的臣下，因此君主就越来越被蒙蔽而大臣就日益控制住国家的大权。

【原典】

凡当涂者之于人主也，希不信爱也①，又且习故②。若夫即主心③，同乎好恶，固其所自进也。官爵贵重，朋党又众，而一国为之讼。则法术之士欲干上者④，非有所信爱之亲、习故之泽也，又将以法术之言矫人主阿辟之心⑤，是与人主相反也。处势卑贱，无党孤特⑥。夫以疏远与近爱信争，其数不胜也⑦；以新旅与习故争，其数不胜也；以反主意与同好恶争，其数不胜也；以轻贱与贵重争，其数不胜也；以一口与一国争，其数不胜也。法术之士操五不胜之势，以岁数而又不得见；当涂之人乘五胜之资，而旦暮独说于前。故法术之士奚道得进，而人主奚时得悟乎？故资必不胜而势不两存，法术之士焉得不危？其可以罪过诬者，以公法而诛之；其不可被以罪过者，以私剑而穷之⑧。是明法术而逆主上者，不僇于吏诛⑨，必死于私剑矣。朋党比周以弊主，言曲以便私者⑩，必信于重人矣。故其可以攻伐借者，以官爵贵之；其不可借以美名者，以外权重之。是以弊主上而趋于私门者，不显于官爵，必重于外权矣。今人主不合参验而行诛，不待见功而爵禄，故法术之士安能蒙死亡而进其说？奸邪之臣安肯乘利而退其身？故主上愈卑，私门益尊。

【注释】

①希：通"稀"，稀少。②习故：亲昵熟悉。③即：接近，投合。

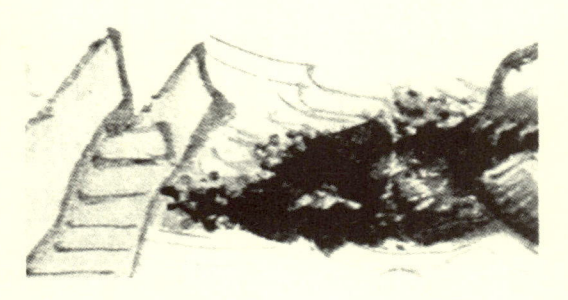

④干：求得任用。⑤阿辟：邪恶。⑥孤特：孤独。⑦数：规律，必然性。此处指必然发生的结果。⑧私剑：私家养的剑客。⑨僇：通"戮"，杀戮。⑩言曲：说话颠倒是非。

【译文】

凡是当权的重臣对于他们的君主，很少有不被信任和宠爱的，而且又是君主所亲昵熟悉的人。至于迎合君主的心理，投合君主的好恶，这本来就是他们能够得到晋升的手段。他们官职大，爵位高，党羽又多，全国都为他们唱赞歌。那么那些懂得治国法术的人想要求得君主的任用，他们与君主既没有信任和宠爱这样亲近的关系，也没有亲昵和熟悉所获得的恩泽，还要用法术言论矫正君主的偏邪之心，这些就和君主的心意相违背。法术之士所处地位低下，没有党羽而孤独无助。拿关系疏远的和关系亲近、受到宠信的相争，其情势必然是无法取胜的；凭着新来旅客的身份与君主所熟悉亲昵的人相争，其情势必然是无法取胜的；拿违背君主心意和投合君主好恶相争，其情势必然是无法取胜的；拿地位低贱的和位尊权重的相争，其情势必然是无法取胜的；拿一个人和一国的人相争，其情势必然是无法取胜的。法术之士处在上述五种不利的情形下，又加上常年不能晋见君主；当权者凭借五种有利条件，且能随时在君主面前单独诉说。因此，那些懂得治国法术的人通过什么途径才能够得到重用，而君主到什么时候才能醒悟呢？因此，处于肯定无法取胜的情势，又与当权者势不两立，那些懂得治国法术的人怎会不陷入危险的境地呢？如果当权者能用罪名诬陷，就会动用国家法律来对他们进行诛杀；对那些不能强加罪名的，就用私家的剑客来暗杀他们。这样说来，精通法术而违背君主的人，不为官吏所诛杀，也必定死在私家的剑客手里了。而结党拉派串通一气来蒙蔽君主、花言巧语歪曲事实来便利私家的人，必然会取信于弄权谋私的大臣。所以对那些可以用功劳做借口的，就封官赐爵使他们显贵；对那些不可用好名声做借口的，就可以利用外国势力来使他们显贵。因此，蒙蔽君主而投奔私人门下的，不在官爵级别上显赫，必然会凭借着外国势力而显贵。如今君主不考核实际情况就实行刑罚，不等建立功劳就授予爵禄，因此法术之士怎能冒着生命危险去陈述自己的主张？奸邪之臣又怎么肯当着有利时机而自动引退？因此，君主的地位就会变得越来越低下，而当权者的权势就会越来越大。

【原典】

夫越虽国富兵强，中国之主皆知无益于己也，曰："非吾所得制也。"今有国者虽地广人众，然而人主壅蔽，大臣专权，是国为越也。智不类越①，而不智不类其国，不察其类者也。人之所以谓齐亡者，非地与城亡也，吕氏弗制而田氏用之②；所以谓晋亡者，亦非地与城亡也，姬氏不制而六卿专之也。今大臣执柄独断，而上弗知收，是人主不明也。与死人同病者，不可生也；与亡国同事者，不可存也。今袭迹于齐、晋，欲国安存，不可得也。

【注释】

①智：同"知"，知道。下句"不智"中的"智"于此同。②吕氏：齐在周朝初期为吕尚的封国，后由他的子孙世袭，故有此称。

【译文】

越国虽然国富兵强，但中原各国的君主都知道越国对自己没有什么益处，说："它不是我所能控制得了的。"现在一个国家虽然土地广阔，人口众多，然而君主受到蒙蔽，大臣专擅朝政，那这个国家也就变得和越国一样无法控制了。知道自己的国家与越国不同，却不知道现在连自己的国家也变了样，这就是不懂得事物的类似性啊。人们之所以说齐国亡了，并不是说它的土地和城市不存在，而是指吕氏不能控制它而为田氏所占有；人们之所以说晋国灭亡了，也并不是说晋国的土地和城市不存在了，而是指姬氏不能控制它而被六卿所把持。如今的大臣执掌权柄而独断专行，而君主不知收回，这是君主不明智。与病死的人患上了同样的疾病，不可救药；与灭亡的国家干同样的事情，无法久存。如今沿袭齐国、晋国亡国的故事，想要国家安然存在，是不可能的。

【原典】

凡法术之难行也，不独万乘①，千乘亦然。人主之左右不必智也，人主于人有所智而听之，因与左右论其言，是与愚人论智也；人主之左右不必贤也，人主于人有所贤而礼之，因与左右论其行，是与不肖论贤也。智者决策于愚人，贤士程行于不肖②，则贤智之士羞而人主之论悖矣。人臣之欲得官者，其修士且以精洁固身③，其智士且以治辩进业④。其修士不能以货赂事人，恃其精洁而更不能以枉法为治，则修智之士不事左右、不听请谒矣。人主之左右，行非伯夷也，求索不得，货赂不至，则精辩之功息，而毁诬之言起矣。治辩之功制于近习，精洁之行决于毁誉，则修智之吏废，则人主之明塞矣。不以功伐决智行，不以参伍审罪过，而听左右近习之言，则无能之士在廷，而愚污之吏处官矣。

【注释】

①万乘：拥有万辆战车的大国。下句"千乘"指拥有千辆战车的中等国家。②程：估量，衡量。③固身：严格要求自我。④治辩：办事；治理。辩：通"办"，办事。

【译文】

大凡法术难以推行，不仅是大国是这样，中小国家也是这样。君主的近臣不一定有才智。君主认为某人有才智而听取他的意见，接着却与身边的近臣来评论这个人的言论，这是和愚蠢的人讨论才智。君主身边的近臣不一定都贤良。君主认为某人有美德而礼遇他，然后又与身边的近臣评论这个人的品行，这是和品德不好的人讨论美德。智者的决策是否施行最终要听从愚蠢人的决断，贤者的品德由不贤的人来衡量，那么贤良而有智慧的人就会感到羞耻，而君主的论断必然也会与事实不符。想谋得官职的臣子当中，其中那些善于修养自身的人就会用高洁的品德严格约束自己，那些才智高的人将用办好政事来推进事业。那些善于修养自身人不会用财物去贿赂别人，凭借精纯廉洁更不可能违法办事，那么那些善于修养自身、才智高的人也就不会奉承君主近侍，不会接受别人的私下请托了。君主的近臣，不具有伯夷那样高洁的品行，索求的东西得不到，财物贿赂不上门，那么具有办事能力者所建立的功业就会被他们埋没，而诬陷诋毁的言论也就会随之而起了。办事的才能和功绩受制于君主身边的近侍，精纯廉洁的品行取决于近侍的毁誉，那么那些善于修养自身、才智高的官吏就要被废黜，君主的明察也就被阻塞了。不按功劳裁决人的才智和品德，不进行多方面的比较检验来审查臣下的罪行过错，而听信君主身边近侍的言辞，那么没有才能的人就会在朝廷中当政，愚蠢腐败的官吏就会窃居职位了。

【原典】

万乘之患，大臣太重；千乘之患，左右太信：此人主之所公患也。且人臣有大罪，人主有大失，臣主之利与相异者也。何以明之哉？曰：主利在有能而任官，臣利在无能而得事；主利在有劳而爵禄，臣利在无功而富贵；主利在豪杰使能，臣利在朋党用私。是以国地削而私家富，主上卑而大臣重。故主失势而臣得国，主更称蕃臣①，而相室剖符②。此人臣之所以谲主便私也③。故当世之重臣，主变势而得固宠者，十无二三。是其故何也？人臣之罪大也。臣有大罪者，其行欺主也，其罪当死亡也。智士者远见而畏于死亡，必不从重人矣；贤士者修廉而羞与奸臣欺其主，必不从重臣矣，是当涂者之徒属，非愚而不知患者，必污而不避奸者也。大臣挟愚污之人，上与之欺主，下与之收利侵渔，朋党比周，相与一口，惑主败法，以乱士民，使国家危削，主上劳辱，此大罪也。臣有大罪而主弗禁，此大失也。使其主有大失于上，臣有大罪于下，索国之不亡者，不可得也。

【注释】

①蕃臣：领有封地的臣下。蕃：通"藩"。②相室：丞相；辅佐大臣。③谲（jué）：欺骗。

【译文】

大国的祸害在于大臣权势太重，中

小国家的祸害在于近臣太受宠信：这是君主共同的祸患。再说臣下犯了大罪恶，就等于君主有大的过失，因为臣下和君主的利益是不一致的。凭什么这样说呢？是因为：君主的利益在于为具有才能的人任以官职，臣下的利益在于自己没有才能还能够执掌政事；君主的利益在于为具有功劳的人授以爵禄，臣子的利益在于自己没有功劳还能够获得富贵；君主的利益在于让豪杰之士发挥才能，臣下的利益在于结党营私。因此国家的土地被侵占而大臣的财富却在增加，君主地位卑下了而大臣的权势加重了。所以君主失去权势而大臣控制国家，君主改称藩臣，而执政的相国却掌管了剖符的权力。这就是大臣欺骗君主牟取私利的情形。因此当代的那些掌权大臣，在君主改变政治情势而仍能保持宠信的，十个中还不到两三个。这是什么缘故呢？是这些臣下的罪行太大了。这些犯下大罪的大臣，他们的行为欺骗君主，他们的罪行应该处以死刑。有智慧的人目光远大而畏惧死亡，肯定不会跟随那些位高权重的大臣；品德好的人洁身自爱，耻于和奸臣共同欺骗君主，必然也不会依附于那些位高权重的大臣。这些当权者的门徒党羽，不是愚蠢而不知祸害的人，就一定是品行污浊而不怕行为奸邪的坏人了。大臣挟持着一班愚蠢而污浊的人，对上和他们一起欺骗君主，对下和他们一起掠夺财物、侵害民利，他们相互勾结，串通一气，惑乱君主败坏法制，以此扰乱百姓，让国家处于危险削弱的境地，使君主受尽了劳苦屈辱，这是他们的重大罪恶。臣下有了大罪而君主却不加以禁止，这就是君主的大过失啊。假如君主在上面有大过失，臣子在下面有大罪行，还想求得国家不灭亡，那是不可能的。

说难

【原典】

凡说之难：非吾知之有以说之之难也①，又非吾辩之能明吾意之难也，又非吾敢横失而能尽之难也②。凡说之难：在知所说之心，可以吾说当之。所说出于为名高者也，而说之以厚利，则见下节而遇卑贱，必弃远矣。所说出于厚利者也，而说之以名高，则见无心而远事情，必不收矣。所说阴为厚利而显为名高者也，而说之以名高，则阳收其身而实疏之；说之以厚利，则阴用其言显弃其身矣。此不可不察也。

【注释】

①知：通"智"。②横失：即横佚，指进言无所顾忌。

【译文】

大凡游说的难处，不是我的才智难以说服君王，也不是我的口才难以阐明我的意见，也不是我不敢于纵横捭阖、挥洒自如地把道理全部讲出来。大凡游说的难处，在于了解进说对象的心理，以便用适当的游说内容去应对他。假如进说对象想要追求美名的，却用厚利去说服他，那么就会被视为品德低下而受到卑贱的待遇，必然受到抛弃和疏远。假如进说对象想要追求厚利的，却用美名去说服他，那么就会被视为没有头脑而不切实际，必定不会被接受和录用。假如进说对象暗地里追求厚利而表面追求美名的，用美名向他进说，那么他表面上会接受游说者而实际上却会疏远游说者；用厚利向他进说，他就会暗地里采纳进说者的主张而表面疏远进说者。这些情况不可不仔细考察啊。

【原典】

夫事以密成，语以泄败。未必其身泄之也，而语及所匿之事，如此者身危。彼显有所出事，而乃以成他故，说者不徒知所出而已矣，又知其所以为，如此者身危。规异事而当，知者揣之外而得之，事泄于外，必以为己也，如此者身危。周泽未渥也，而语极知，说行而有功，则德忘；说不行而有败，则见疑，如此者身危。贵人有过端①，而说者明言礼义以挑其恶，如此者身危。贵人或得计而欲自以为功，说者与知焉，如此者身危。强以其所不能为，止以其所不能已，如此者身危。故与之论大人②，则以为间己矣；与之论细人③，则以为卖重。论其所爱，则以为借资；论其所憎，则以为尝己也。径省其说，则以为不智而拙之；米盐博辩，则以为多而久之。略事陈意，则曰怯懦而不尽；虑事广肆，则曰草野而倨侮。此说之难，不可不知也。

【注释】

①贵人：此处指君主。②大人：指大臣。③细人：指小人，君主的近侍。

【译文】

事情因保密而成功，谈话因泄密而失败。不一定是进言者自己有意地泄露秘密，而是他的话触及了君主心中所隐匿的事，如此进言者就会身遭危险。君主表面上在做一些事情，心里却想借此办成别的事，进言者不但知道君主表面上所做的事，而且还知道君主这样做的真实目的，如此进言者就会身遭危险。君主正在暗中规划一些非同寻常的事情并且符合君主的心意，其他的智者从外表也猜测到了这些事情，事情在外面泄露出来，君主一定认为是进言者泄露的，如此进言者就会身遭危险。君主对进言者的恩德还不够深厚，而进言者却把自己的想法全部讲出来，如果主张得以实行并获得成功，功德就会被君主忘记；如果主张行不通而遭到失败，就会被君主怀疑，如此进言者就会身遭危险。君主有过错，进言者大谈礼义并且明确指责君主的错误，如此进言者就会身遭危险。君主有时计谋得当而想以此作为自己的功劳，进言者同样知道此计并参与其中，如此进言者就会身遭危险。勉强君主去做他不能做的事，强迫君主去做他所不能停下来的事情，如此进言者就会身遭危险。所以进言者如果和君主议论大臣，君主就会认为进言者是在离间自己和大臣的关系；和君主谈论近侍小臣，君主就会认为进言者是在卖弄自己的身价；谈论君主喜爱的人，君主就会认为进言者是在拉拢关系；谈论君主憎恶的人，君主就会认为进言者是在试探他；说话直截了当，君主就会认为进言者不聪明而将他视为笨拙之人；游说的内容广博而又细微，君主就会认为是啰唆而冗长；简单扼要地陈说意见，君主就认为进言者是因为怯懦而不敢把话说完；把事情考虑得广泛而不受约束地谈出来，君主就会认为进言者是粗野而不懂礼貌。这些进说的困难，不能不了解啊。

【原典】

凡说之务，在知饰所说之所矜而灭其所耻。彼有私急也，必以公义示而强之。其意有下也，然而不能已，说者因为之饰其美而少其不为也。其心有高也，而实不能及，说者为之举其过而见其恶①，而多其不行也。有欲矜以智能，则为之举异事之同类者，多为之地，使之资说于我，而佯不知也以资其智。欲内相存之言②，则必以美名明之，而微见其合于私利也。欲陈危害之事，则显其毁诽而微见其合于私患也。誉异人与同行者，规异事与同计者。有与同污者，则必以大饰其无伤也；有与同败者，则必以明饰其无失也。彼自多其力，则毋以其难概之也③；自勇其断，则无以其谪怒之④；自智其计，则毋以其败穷之。大意无所拂悟⑤，辞言无所系縻⑥，然后极骋智辩焉。此道所得，亲近不疑而得尽辞也。伊尹为宰，百里奚为虏，皆所以干其上也。此二人者，皆圣人也；然犹不能无役身以进，如此其污也！今以吾言为宰虏，而可以听用而振世，此非能仕之所耻也。夫旷日离久，而周泽既渥，深计而不疑，引争而不罪，则明割利害以致其功，直指是非以饰其身，以此相持，此说之成也。

【注释】

①见：同"现"，此处指揭示的意思。②内：同"纳"，进言。③概：古时量米的时候用来刮平斗斛的木板。此处用作动词，刮平斗斛而不使过满，引申为压制、打击。④谪：指责。此处引申为过失。⑤拂悟：悖逆，也即违背君主的意愿。悟：通"忤"，违背。⑥系縻：抵触。

【译文】

大凡进说的要领，在于懂得粉饰进说对象所感到自豪的事情而设法掩盖他认为羞耻的事情。君主有私人的急事，进言者一定要指明这合乎公义而鼓励他去做。君主有卑下的念头，然而又无法克制，进言者就应把它粉饰成美好的而抱怨他不去干。君主心中有过高的期望，而实际不能达到，就应该为他列举这种念头的缺点并揭示它的坏处，而称赞他不去做。君主想夸耀自己的智慧和能力，进言者就替他举出别的事情中的同类情况，尽量多为他提供这方面的例证，使他从我处借用说法，而我却假装不知道，通过这种方式来帮助他显示自己的聪明才智。进言者想向君主进献与人相安的话，就一定要用美好的名义来阐明，而且还要暗示这样做符合君主的私利。进言者想要陈述有危害的事，就明言此事会遭到的毁谤，而且还要暗示此人的行为会为君主带来祸患。进言者称赞另一个与君主行为相同的人，要规划另外一件与君主思路相同的事。有与君主同样卑污的人，就必

须对它大加粉饰，说它没有害处；有和君主同样遭受失败的人，就必须尽量粉饰这些污点以表明他没有过失。君主自夸力量强大时，就不要拿他难办的事去压制他。君主自以为决断勇敢时，就不要用他的过失去激怒他；君主自认为有智谋，就不要用他的败绩使其陷入尴尬难堪的境地。进说的主旨没有什么违逆，言辞没有什么抵触，然后进言者就可以尽情地施展自己的智慧和辩才了。由这条途径得到的，是君主能够对进言者亲近不疑而又能畅所欲言。伊尹做过厨师，百里奚做过奴隶，都是为了求得君主的重用。这两个人，都是圣人啊，但还是不得不通过做低贱的事来求得任用，他们显得是如此的卑贱啊！假如把我的话看成像厨师和奴隶所讲的一样，而可以被采纳来拯救天下，这就不是智能之士感到耻辱的了。如果与君主在一起的时间久了，君主的恩泽已经很深厚，做出一些深入的计划而不会被君主怀疑，据理力争不再会获罪，那么就可以清楚明白地为君主决断事情的利害得失以建功立业，直接指明是非来端正君主的言行，能这样相互对待，是进说成功了。

【原典】

昔者郑武公欲伐胡，故先以其女妻胡君以娱其意。因问于群臣："吾欲用兵，谁可伐者？"大夫关其思对曰①："胡可伐。"武公怒而戮之，曰："胡，兄弟之国也。子言伐之，何也？"胡君闻之，以郑为亲己，遂不备郑。郑人袭胡，取之。宋有富人，天雨墙坏。其子曰："不筑，必将有盗。"其邻人之父亦云。暮而果大亡其财。其家甚智其子，而疑邻人之父。此二人说者皆当矣，厚者为戮，薄者见疑，则非知之难也，处知则难也。故绕朝之言当矣②，其为圣人于晋，而为戮于秦也，此不可不察。

【注释】

①关其思：春秋时郑国大夫。②绕朝：春秋时秦国大夫。

【译文】

曾经郑武公想要征伐胡国，就故意先把自己的女儿嫁给胡国君主来讨他的欢心。然后问群臣："我想用兵，哪一个国家可以征伐？"大夫关其思回答说："胡国可以征伐。"郑武公发怒而杀了他，说："胡国，是我的兄弟之国。如今你却建议说征伐它，是何道理？"胡国君主听说了，以为郑国与自己的关系十分亲密，于是不再防备郑国。后来郑国偷袭了胡国，并占领了它。宋国有个富人，下雨把墙淋塌了，他儿子说："墙如果不赶快修好，必将有盗贼来偷。"邻居的老人也这么说。当天晚上果然丢失了许多财物。这家富人认为儿子很聪明，却对邻居老人起了疑心。关其思与邻居老人这两个人提出的建议都是非常得当的，然而重者被杀害，轻者遭受到怀疑；那么，不是了解情况有困难，而是处理所了解的情况很困难。所以，绕朝劝说秦康公的言论是得当的。但他在晋国被看成是圣人，然而在秦国却被杀掉，这些情况不可不仔细考察啊。

【原典】

昔者弥子瑕有宠于卫君①。卫国之法：窃驾君车者罪刖②。弥子瑕母病，人间往夜告弥子，弥子矫驾君车以出。君闻而贤之，曰："孝哉！为母之故，亡其刖罪。"异日，与君游于果园，食桃而甘，不尽，以其半啖君。君曰："爱我哉！

忘其口味以啖寡人。"及弥子色衰爱弛，得罪于君，君曰："是固尝矫驾吾车，又尝啖我以余桃。"故弥子之行未变于初也，而以前之所以见贤而后获罪者，爱憎之变也。故有爱于主，则智当而加亲；有憎于主，则智不当见罪而加疏。故谏说谈论之士，不可不察爱憎之主而后说焉。

【注释】

①弥子瑕：春秋时卫灵公宠臣。②刖：古代一种砍掉脚或脚趾的酷刑。

【译文】

从前弥子瑕深得卫灵公的宠爱。卫国法令规定：私自驾驭国君车子的，要受到砍脚的处罚。弥子瑕的母亲生病了，有人抄近路连夜通知弥子瑕，弥子瑕假借卫灵公的命令而擅自驾驶着君主的车辆出宫回家。卫灵公听说后，却认为他品行良好，说："真孝顺啊！为了母亲的缘故，竟然忘记了自己会遭受被砍脚的刑罚。"另一天，他和卫灵公在果园游览，他吃一个桃子时觉得很甜，没有吃完，就把剩下的半个给卫灵公吃。卫灵公说："多么爱我啊！忘了这是他所喜爱的东西而拿来给我吃。"到了弥子瑕容颜衰老宠爱减退时，得罪了卫灵公，卫灵公说："这人本来就曾假托君命私自驾驭我的车子，又曾经把他吃剩的桃子给我吃。"因此，弥子瑕后来的行为与从前的行为并没有什么变化，但之前被看作是贤良、而后来获罪的原因，是卫灵公的爱憎态度有所变化啊。所以被君主宠爱时，才智就显得恰当而越来越被君主所亲近；被君主憎恶时，才智就显得不恰当并被治罪，而越来越被君主所疏远。所以谏说谈论的人不可不察看君主的爱憎再去进行游说啊。

【原典】

夫龙之为虫也，柔可狎而骑也；然其喉下有逆鳞径尺，若人有婴之者①，则必杀人。人主亦有逆鳞，说者能无婴人主之逆鳞，则几矣。

【注释】

①婴：通"撄"，触动。下文"无婴"中的"婴"与此同。

【译文】

龙作为一种动物，驯服时可以亲近而且可以骑在它的身上；但它喉下有一尺来长的倒着生长的鳞片，假使有人动它的话，那么龙就一定会杀死这个人。君主也有倒着生长的鳞片，如果进说者能不触动君主这些倒着生长的鳞片，那就差不多了。

和氏

【原典】

楚人和氏得玉璞楚山中，奉而献之厉王。厉王使玉人相之。玉人曰："石也。"王以和为诳，而刖其左足。及厉王薨，武王即位。和又奉其璞而献之武王。武王使玉人相之。又曰："石也。"王又以和为诳，而刖其右足。武王薨，文王即位。和乃抱其璞而哭于楚山之下，三日三夜，泪尽而继之以血。王闻之，使人问其故，曰："天下之刖者多矣，子奚哭之悲也？"和曰："吾非悲刖也，悲夫宝玉而题之以石，贞士而名之以诳，此吾所以悲也。"王乃使玉人理其璞而得宝焉，遂命曰："和氏之璧。"

【译文】

楚国人卞和在荆山中得到一块玉璞，捧着进献给楚厉王。楚厉王派玉工去鉴定，玉匠说："是块石头。"楚厉王认为卞和欺骗了自己，就砍掉了他的左脚。到了楚厉王去世之后，武王继位。卞和又捧着那块玉璞去献给武王。武王让玉匠鉴定，玉匠又说："是块石头。"武王也认为认为卞和欺骗了自己，就砍掉了他的右脚。武王去世之后，文王登基。卞和就抱着那块玉璞在荆山下哭，哭了三天三夜，眼泪干了，接着流出血来。楚文王听说这件事情后，派人去了解他哭的原因，问道："天下被砍掉脚的人有很多啊，你为什么哭得这么悲伤？"卞和说："我不是悲伤脚被砍掉，而是悲伤把宝玉称作石头、把诚实的人被说成骗子。这才是我悲伤的原因。"文王就让玉匠加工这块玉璞并得到了宝玉，于是就把这块

宝玉命名为"和氏之璧"。

【原典】

夫珠玉，人主之所急也。和虽献璞而未美，未为主之害也，然犹两足斩而宝乃论，论宝若此其难也。今人主之于法术也，未必和璧之急也；而禁群臣士民之私邪。然则有道者之不僇也，特帝王之璞未献耳。主用术，则大臣不得擅断，近习不敢卖重；官行法，则浮萌趋于耕农①，而游士危于战陈②；则法术者乃群臣士民之所祸也。人主非能倍大臣之议③，越民萌之诽，独周乎道言也，则法术之士虽至死亡，道必不论矣。

【注释】

①浮萌：游民。萌：通"氓"，民。②陈：通"阵"，军阵。③倍：通"悖"，违背。

【译文】

珍珠宝玉是君主急需的，卞和献上美玉虽然没有得到君主的肯定与赞美，也并不会成为君主的危害，但还是在双脚被砍后宝玉才得以论定，鉴定珍宝竟然是如此困难啊！如今君主对于法术，未必像对和氏璧那样急需，而法术却只能用来禁止群臣、百姓的自私和邪恶行为。既然这样，那么法术之士还没被杀戮的原因，只是他们那块成就帝王业的玉璞尚未献上去罢了。君主如果能够使用治国法术，大臣就不能擅权独断，左右近侍就不敢卖弄权势；如果官员们执行法律，游民就得从事农耕，而四处游荡的士人也就必须去冒着危险冲锋陷阵，那么法术就被群臣百姓看成是祸害了；君主如果不能违背大臣的意见，摆脱黎民百姓的诽谤，单要完全采纳法术之言，那么法术之士即使一直到死，他们的学说也一定不会被认可。

【原典】

昔者吴起教楚悼王以楚国之俗曰①："大臣太重，封君太众②；若此，则上偪主而下虐民③，此贫国弱兵之道也。不如使封君之子孙三世而收爵禄，绝减百吏之禄秩④，损不急之枝官⑤，以奉选练之士。"悼王行之期年而薨矣，吴起枝解于楚⑥。商君教秦孝公以连什伍，设告坐之过⑦，燔诗书而明法令⑧，塞私门之请而遂公家之劳⑨，禁游宦之民而显耕战之士⑩。孝公行之，主以尊安，国以富强。八年而薨⑪，商君车裂于秦⑫。楚不用吴起而削乱⑬，秦行商君法而富强，二子之言也已当矣，然而枝解吴起而车裂商君者，何也？大臣苦法而细民恶治也。当今之世，大臣贪重，细民安乱⑭，甚于秦、楚之俗，而人主无悼王、孝公之听，则法术之士，安能蒙二子之危也而明己之法术哉！此世所以乱无霸王也。

【注释】

①吴起：卫国人，著名军事家，早期法家，曾任楚令尹。②封君：受封邑的贵族。③偪：同"逼"，逼迫、威胁之意。④秩：官职的品级。⑤枝官：闲冗官员。⑥枝解：同"肢解"，古代分解四肢的一种酷刑。⑦设告坐之过：使什伍互相监视，一家犯法，其余九家均要揭发，如隐瞒不报，则十家同罪（连坐）。告：告发。过：责。⑧燔（fan）：烧。⑨塞：杜绝。私门：豪门个人。⑩游宦之民：不守本业钻营求官的人。⑪八年而薨：商鞅变法施行八年而秦孝公卒。孝公三年（前359年）商鞅变法，孝公二十四年（前338年）秦孝公死后商鞅被杀，商鞅变法实际被秦孝公实行二十一年，此作八年，疑有错误。⑫车裂：古代以车拖裂人体的一种酷刑。⑬削乱：地削政乱。削：被割削。⑭安乱：安于混乱。

【译文】

从前吴起向楚悼王指出楚国的风气说:"楚国的大臣权势太重,分封的贵族太多。像这种情形,他们就会向上威胁到君主而向下虐待百姓,这是造成国贫兵弱的原因。不如规定让那些有封邑的贵族只传到子孙三代就收回他们的封邑,取消或减少百官的俸禄,裁减多余的官吏,把节省下来的费用拿去供养经过选拔和训练的士兵。"楚悼王施行此法一年就去世了,吴起在楚国惨遭被肢解的酷刑。商君教秦孝公建立什伍组织,设立不告发奸邪的株连罪责,焚烧儒家的诗书,以彰明法令,堵塞私人的请托而进用对国家有功的人,约束靠游说谋取官职的人而使从事农耕和作战有功的人显贵。秦孝公实行这些主张,君主因此尊贵安稳,国家因此而变得富强。过了二十一年秦孝公去世了,商鞅便在秦国被处以车裂的酷刑。楚国不用吴起变法而削弱混乱,秦国因为实行商鞅之法变得富裕强大。二人的主张已够正确的了,但是肢解吴起,车裂商鞅,是什么原因呢?就是因为大臣们苦于吴起与商鞅的法令而百姓们讨厌他们的法治啊。当今之世,大臣贪婪鄙俗而权势重,小民安于动乱,比秦、楚两国的坏风气还要严重,而君主们又没有人能够像楚悼王、秦孝公那样愿意听从大臣的建议,那么法术之士又怎能冒吴起、商鞅的危险来阐明自己的法术主张呢?这就是当今社会之所以混乱不堪而没有君主能够成为霸王的原因啊。

亡征

【原典】

凡人主之国小而家大①,权轻而臣重者,可亡也。简法禁而务谋虑,荒封内而恃交援者,可亡也。群臣为学,门子好辩②,商贾外积,小民右仗者③,可亡也。好宫室台榭陂池,事车服器玩,好罢露百姓④,煎靡货财者,可亡也。用时日,事鬼神,信卜筮,而好祭祀者,可亡也。听以爵不待参验,用一人为门户

者，可亡也。官职可以重求，爵禄可以货得者，可亡也。缓心而无成，柔茹而寡断⑤，好恶无决而无所定立者，可亡也。饕贪而无餍，近利而好得者，可亡也。喜淫辞而不周于法，好辩说而不求其用，滥于文丽而不顾其功者，可亡也。浅薄而易见，漏泄而无藏，不能周密而通群臣之语者，可亡也。很刚而不和⑥，愎谏而好胜，不顾社稷而轻为自信者，可亡也。恃交援而简近邻，怙强大之救而侮所迫之国者，可亡也。羁旅侨士，重帑在外⑦，上间谋计，下与民事者，可亡也。民信其相，下不能其上，主爱信之而弗能废者，可亡也。境内之杰不事，而求封外之士，不以功伐课试，而好以名问举错⑧，羁旅起贵以陵故常者⑨，可亡也。轻其适正⑩，庶子称衡，太子未定而主即世者，可亡也。大心而无悔，国乱而自多，不料境内之资而易其邻敌者，可亡也。国小而不处卑，力少而不畏强，无礼而侮大邻，贪愎而拙交者，可亡也。太子已置，而娶于强敌以为后妻，则太子危，如是则群臣易虑；群臣易虑者，可亡也。怯慑而弱守，蚤见而心柔懦，知有谓可，断而弗敢行者，可亡也。出君在外而国更置，质太子未反而君易子，如是则国携⑪；国携者，可亡也。挫辱大臣而狎其身，刑戮小民而逆其使，怀怨思耻而专习则贼生；贼生者，可亡也。大臣两重，父兄众强，内党外援以争事势者，可亡也。婢妾之言听，爱玩之智用，外内悲惋而数行不法者，可亡也。简侮大臣，无礼父兄，劳苦百姓，杀戮不辜者，可亡也。好以智矫法，时以行杂公，法禁变易，号令数下者，可亡也。无地固，城郭恶，无畜积⑫，财物寡，无守战之备而轻攻伐者，可亡也。种类不寿，主数即世，婴儿为君，大臣专制，树羁旅以为党，数割地以待交者，可亡也。太子尊显，徒属众强，多大国之交，而威势蚤具者，可亡也。变褊而心急，轻疾而易动发，心悁忿而不訾前后者，可亡也。主多怒而好用兵，简本教而轻战攻者，可亡也。贵臣相妒，大臣隆盛，外借敌国，内困百姓，以攻怨仇，而人主弗诛者，可亡也。君不肖而侧室贤，太子轻而庶子伉，官吏弱而人民桀，如此则国躁；国躁者，可亡也。藏怒而弗发，悬罪而弗诛，使群臣阴憎而愈忧惧，而久未可知者，可亡也。出军命将太重，边地任守太尊，专制擅命，径为而无所请者，可亡也。后妻淫乱，主母畜秽，外内混通，男女无别，是谓两主⑬；两主者，可亡也。后妻贱而婢妾贵，太子卑而庶子尊，相室轻而典谒重，如此则内外乖；内外乖者，可亡也。大臣甚贵，偏党众强，壅塞

主断而重擅国者，可亡也。私门之官用，马府之世绌⑭，乡曲之善举，官职之劳废，贵私行而贱公功者，可亡也。公家虚而大臣实，正户贫而寄寓富，耕战之士困，末作之民利者，可亡也。见大利而不趋，闻祸端而不备，浅薄于争守之事，而务以仁义自饰者，可亡也。不为人主之孝，而慕匹夫之孝，不顾社稷之利，而听主母之令，女子用国，刑余用事者⑮，可亡也。辞辩而不法，心智而无术，主多能而不以法度从事者，可亡也。亲臣进而故人退，不肖用事而贤良伏，无功贵而劳苦贱，如是则下怨；下怨者，可亡也。父兄大臣禄秩过功，章服侵等，宫室供养大侈，而人主弗禁，则臣心无穷；臣心无穷者，可亡也。公胥公孙与民同门，暴傲其邻者，可亡也。

【注释】

①国：诸侯的封地。家：卿大夫的封地。②门子：卿大夫正妻所生的儿子，泛指贵族。③右：崇尚。仗：泛指兵器。④罢：通"疲"。⑤茹：胆怯。⑥很：通"狠"。⑦帑：钱财。⑧问：通"闻"，举措。错：通"措"，安置。⑨陵：通"凌"，超越。⑩适：通"嫡"。⑪国携：国人有二心。⑫畜：通"蓄"。⑬两主：指由妻后、太后的势力分别与君主的势力形成的两大权力中心。⑭绌：通"黜"，废弃。⑮刑余：宦官。

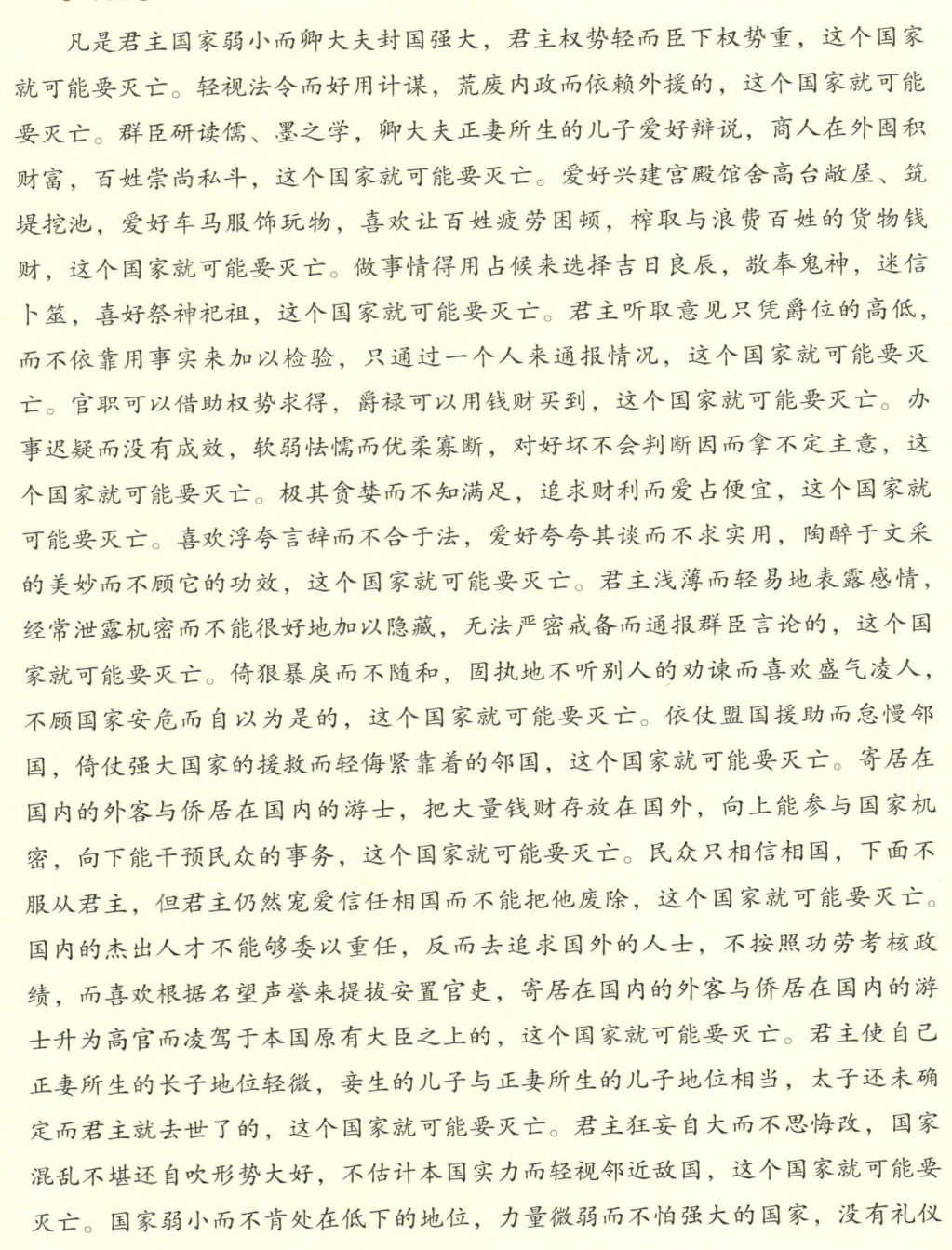

【译文】

　　凡是君主国家弱小而卿大夫封国强大，君主权势轻而臣下权势重，这个国家就可能要灭亡。轻视法令而好用计谋，荒废内政而依赖外援的，这个国家就可能要灭亡。群臣研读儒、墨之学，卿大夫正妻所生的儿子爱好辩说，商人在外国积财富，百姓崇尚私斗，这个国家就可能要灭亡。爱好兴建宫殿馆舍高台敞屋、筑堤挖池，爱好车马服饰玩物，喜欢让百姓疲劳困顿，榨取与浪费百姓的货物钱财，这个国家就可能要灭亡。做事情得用占候来选择吉日良辰，敬奉鬼神，迷信卜筮，喜好祭神祀祖，这个国家就可能要灭亡。君主听取意见只凭爵位的高低，而不依靠用事实来加以检验，只通过一个人来通报情况，这个国家就可能要灭亡。官职可以借助权势求得，爵禄可以用钱财买到，这个国家就可能要灭亡。办事迟疑而没有成效，软弱怯懦而优柔寡断，对好坏不会判断因而拿不定主意，这个国家就可能要灭亡。极其贪婪而不知满足，追求财利而爱占便宜，这个国家就可能要灭亡。喜欢浮夸言辞而不合于法，爱好夸夸其谈而不求实用，陶醉于文采的美妙而不顾它的功效，这个国家就可能要灭亡。君主浅薄而轻易地表露感情，经常泄露机密而不能很好地加以隐藏，无法严密戒备而通报群臣言论的，这个国家就可能要灭亡。倚狠暴戾而不随和，固执地不听别人的劝谏而喜欢盛气凌人，不顾国家安危而自以为是的，这个国家就可能要灭亡。依仗盟国援助而怠慢邻国，倚仗强大国家的援救而轻侮紧靠着的邻国，这个国家就可能要灭亡。寄居在国内的外客与侨居在国内的游士，把大量钱财存放在国外，向上能参与国家机密，向下能干预民众的事务，这个国家就可能要灭亡。民众只相信相国，下面不服从君主，但君主仍然宠爱信任相国而不能把他废除，这个国家就可能要灭亡。国内的杰出人才不能够委以重任，反而去追求国外的人士，不按照功劳考核政绩，而喜欢根据名望声誉来提拔安置官吏，寄居在国内的外客与侨居在国内的游士升为高官而凌驾于本国原有大臣之上的，这个国家就可能要灭亡。君主使自己正妻所生的长子地位轻微，妾生的儿子与正妻所生的儿子地位相当，太子还未确定而君主就去世了的，这个国家就可能要灭亡。君主狂妄自大而不思悔改，国家混乱不堪还自吹形势大好，不估计本国实力而轻视邻近敌国，这个国家就可能要灭亡。国家弱小而不肯处在低下的地位，力量微弱而不怕强大的国家，没有礼仪而侮辱邻近大国，贪婪固执而不懂外交，这个国家就可能要灭亡。太子已经确立，君主却又娶强大敌国的女子作为正妻，那么太子就危险了，这样一来，群臣就会变心；群臣变心，这个国家就可能要灭亡。胆小怕事而不敢坚持己见，问题早已发现而心肠软弱不敢去解决，明明知道可以怎样做，但决定了又不敢去做的，这个国家就可能要灭亡。君主出国在外而国内另立君主，在国外当人质的太子还没有回国而君主另立了太子，这样国人就有二心；国人有二心，这个国家就可能要灭亡。折磨污辱了大臣而又亲近他，处罚了平民百姓而又违反情理去使用他们，这些人心怀不满，无法忘记他们所遭受的，而君主又和他们特别亲近，那么就会发生劫杀事件，发生劫杀事件，这个国家就可能要灭亡。大臣中有两个同时被重用，君主亲戚人多势强，内结党羽外借交援来争权势的，这个国家就可能要灭亡。听信婢妾的谗言，使用近臣的计谋，朝廷内外都为此悲痛惋惜而君主还是屡次干不合法度之事，这个国家就可能要灭亡。简慢凌侮大臣，对叔伯、兄弟没有礼貌，劳累百姓，杀戮无辜的，这个国家就可能要灭亡。君主喜欢凭自己的聪明才智去改变法制，常用私行扰乱公事，法令不断改变，号召命令屡次下达，这个国家就可能要灭亡。没有险要易守的地形，城墙不坚固，国家没有积蓄，财物贫乏，没有防守和打仗的准备却轻易地去进攻别国，这个国家就可能要灭亡。国君的种族寿命不长，君主接连去世，婴儿当国君，大臣专权，扶植外来游士作为党羽，并屡次割让领土去款待盟国，这个国家就可能要灭亡。太子尊贵显赫，党徒人多势强，又与很多大国都有结交，而个人威势过早具备的，这个国家就可能要灭亡。君主内心忧郁、胸襟狭窄而性情急躁，轻率而容易冲动，心里有了愤怒就无法思前顾后，这个国家就可能要灭亡。君主容易发怒而喜欢打仗，忽视务农练兵而轻易地发动战争，这个国家就可能要灭亡。贵臣互相嫉妒，大臣兴旺强盛，在外凭借敌国，在内困扰百姓，以便攻击冤家对头，而君主却不能惩处他们，这个国家就可能要灭亡。君主没有德才而他的兄弟却很贤能，太子微弱而其他的儿子强盛，官吏软弱而百姓不服管教，这样的话国家就会动荡不安；国家动荡不安，国家就可能要灭亡。君主心里对臣子怀有怨恨而不发出来，搁置罪犯而迟迟不动用刑罚，使群臣暗中憎恨君主而更加担心害怕，因而长期不知结局会怎样，这个国家就可能要灭亡。带兵在外的统帅权势太大，任命边疆地区的郡守时给他们的地位太高，独断专行，直接处事而不请示报告，这个国家就可能要灭亡。皇后正妻淫乱，太后畜养淫乱的娇夫，内外混杂串通，男女之间没有尊卑之分，这样就形成了两个权力中心；形成两个权力中心，这个国家就可能要灭亡。皇后正妻地位低下而婢女小妾地位高贵，太子被贬抑而其他的儿子反而受到尊重，执政大臣轻而通报官吏重，这样就会内外乖戾；内外乖戾，这个国家就可能要灭亡。大臣非常显贵，他的党羽人数众多而势力强大，封锁君主决定而又独揽国政，这个国家就可能要灭亡。大臣门下的家臣被任用，历代从军的功臣却被排斥，偏僻乡村中的那些有好名声的隐士被提拔，在职官员的功劳反被抹杀，尊重牟取私利的行为而鄙视为国家立功的劳作，这个国家就可能要灭亡。国家空虚而大臣殷实，有正式常住户口的人家贫穷而没有固定户籍来寄居的人却很富裕，农民战士困顿，而工商业者得利，这个国家就可能要灭亡。看到根本利益不去追求，知道祸乱的苗头不加戒备，对于战争攻守的事情见识十分浅薄，而致力于用仁义粉饰自己，这个国家就可能要灭亡。不奉行君主的孝道去致力于保住自己的尊贵地位，而仰慕一般人的孝道，不顾国家利益，而听从太后的命令，让女人当道治国，宦官掌权，这个国家就可能要灭亡。夸夸其谈而不合法令，头脑聪明而缺乏策略，君主很有才能但不按照法度来办事，这个国家就可能要灭亡。亲近的臣子被任用而原来的臣子被辞退，无能得以重用而贤良却被埋没，没有功劳的人地位显贵而为国家辛苦劳动的人地位却很卑贱。这样臣民就要怨恨；臣民怨恨，这个国家就可能要灭亡。叔伯、兄弟、大臣的俸禄等级超过了他们的功劳所应该得到的标准，旗帜车服超过规定的等级，他们的住房、给养都太过奢侈，而君主不加禁止，臣下的欲望就没有止境；臣下欲望没有止境，这个国家就可能要灭亡。王亲国戚和普通百姓同里居住，对他们的邻居横行霸道，这个国家就可能要灭亡。

【原典】

亡征者，非曰必亡，言其可亡也。夫两尧不能相王，两桀不能相亡；亡、王之机，必其治乱、其强弱相踦者也①。木之折也必通蠹，墙之坏也必通隙。然木虽蠹，无疾风不折；墙虽隙，无大雨不坏。万乘之主，有能服术行法以为亡征之君风雨者，其兼天下不难矣！

【注释】

①踦（qī）：不平衡。

【译文】

有了亡国征兆的君主，不是说国家一定灭亡，而是说它可能灭亡。两个像尧一样的贤明君主不可能互相统治对方，两个像桀一样的暴君不可能互相消灭对方；灭亡或称王的关键，必定取决于双方治乱强弱的不平衡。树木的折断一定是因为被蛀虫蛀通了，墙壁的倒塌一定由于裂缝。然而树木虽然被蛀蚀了，没有疾风是不会折断的；墙壁虽然有了裂缝，没有暴雨是不会倒塌的。大国的君主，如能运用法术作为暴风骤雨去摧毁那些已有亡国征兆的国君，那么他兼并天下也就很容易了！

三守

【原典】

人主有三守①。三守完，则国安身荣；三守不完，则国危身殆。何谓三守？人臣有议当途之失、用事之过、举臣之情，人主不心藏而漏之近习能人，使人臣之欲有言者，不敢不下适近习能人之心，而乃上以闻人主，然则端言直道之人不得见，而忠直日疏。爱人，不独利也，待誉而后利之；憎人，不独害也，待非而后害之。然则人主无威而重在左右矣。恶自治之劳惮，使群臣辐凑之变②，因传柄移藉，使杀生之机、夺予之要在大臣，如是者侵。此谓三守不完。三守不完，则劫杀之征也。

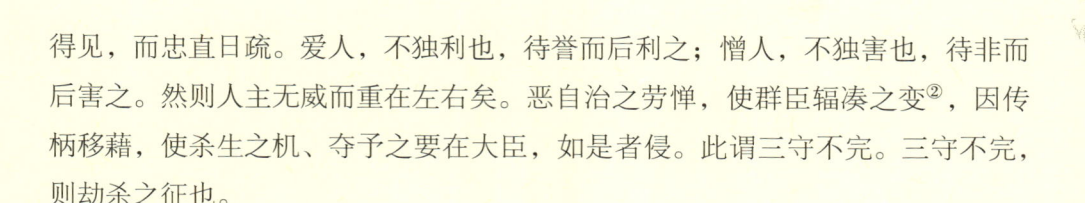

【注释】

①守：掌握，掌控。②辐凑：车轮上的辐条集中于车毂，比喻向中心归聚。

【译文】

君主有三条应该遵守的原则。这三条原则使用得很好，就会国家安定而自身荣贵；这三条原则使用得不好，就会国家危亡而自身危险。什么叫君主应该掌握的三条原则？这三条原则是：第一，臣子中有议论当权者的过失、执政者的错误以及揭发一般臣子的隐情，君主不将上述言语隐藏在心中而泄露给身边的亲信和善于钻营而受欢迎的人，使臣子中想向君主进言的人不得不先屈从于亲信权贵的心意，然后才向上把这些话说给君主听。这样，讲话正直、办事诚实的人就不能见到君主，而忠诚耿直的人就逐渐被疏远了。第二，君主喜欢某一个人，不独自奖赏他，等到有人赞誉他后才加以奖赏；君主憎恨某一个人，不独自处罚他，等到有人反对他后才加以处罚。如此，君主就没有威势，而权势全落在身边的人手里了。第三，君主厌恶亲理政事的劳累，使群臣像车辐条聚集于车毂似的归聚中心发生了变化，从而权柄和势位发生转移，使生杀、赏罚的机要大权都握在大臣手中，这样的话，君主就要受到侵害。以上所说就是君主应该掌握的三条原则。君主应该掌握的三条原则使用得不好，就出现了劫杀君主、篡夺君位的征兆。

【原典】

凡劫有三：有明劫，有事劫，有刑劫。人臣有大臣之尊，外操国要以资群臣，使外内之事非己不得行。虽有贤良，逆者必有祸，而顺者必有福。然则群臣直莫敢忠主忧国以争社稷之利害。人主虽贤，不能独计，而人臣有不敢忠主①，则国为亡国矣。此谓国无臣。国无臣者，岂郎中虚而朝臣少哉②？群臣持禄养交，行私道而不效公忠，此谓明劫。鬻宠擅权，矫外以胜内，险言祸福得失之形，以阿主之好恶。人主听之，卑身轻国以资之，事败与主分其祸，而功成则臣独专之。诸用事之人，一心同辞以语其美，则主言恶者必不信矣。此谓事劫。至于守司囹圄，禁制刑罚，人臣擅之，此谓刑劫。三守不完，则三劫者起；三守完，则三劫者止。三劫止塞，则王矣。

【注释】

①有：通"又"。②郎中：官名，君主的侍从，主要负责通报和警卫的工作。

【译文】

大凡篡夺君主权势有三种情形：有公开篡夺君主权势的，有通过政事篡夺君主权势的，有专擅刑罚篡夺君主权势的。臣子拥有了大臣的尊贵地位，在朝廷外通过操控国家大权来笼络群臣百官，使朝廷内外的事情不通过自己就无法得到办理。虽有贤能正直的人，反对他的也一定会遭殃，顺从他的一定会得福。这样一来，群臣中几乎就没有敢于忠君忧国而为国家利益抗争的人了。君主即使贤能，但不能独自决策，而臣子又不敢忠于君主，那么这个国家就成为君主丧失权势的国家了。这叫国家没有臣子。国家没有臣子，难道是君主侍从的职位空缺而朝臣太少了吗？群臣拿了俸禄去豢养同党，营私谋利而不尽忠报国，这叫公开篡权。炫耀君主对自己的宠幸，独揽大权，假托外部势力来制服内部，危言耸听地渲染祸福得失的情形来迎合君主的爱憎。君主听了，就是降低身份轻视国家来资助他们。事情落空了，他就和君主平分那造成祸害的责任；事情办成了，臣子就独占功劳。因而所有处理政事的人，众口同声地说他好，那么，带头说他不好的人也就必然不被君主相信了。这叫通过政事篡权。至于掌管监狱、禁令、刑罚，臣子独揽了这些权力，就成为专擅刑罚来篡权的了。三条应该遵守的政治原则使用得不好，那么这三种篡夺君主权势的情况就会出现；三条守则遵守得好，那么这三种篡夺君主权势的情况就会得到制止。这三种篡夺君主权势的情况得到制止，那么君主就能称王天下了。

备内

【原典】

人主之患在于信人。信人，则制于人。人臣之于其君，非有骨肉之亲也，缚于势而不得不事也。故为人臣者，窥觇其君心也无须臾之休①，而人主怠傲处其上，此世所以有劫君弑主也。为人主而大信其子，则奸臣得乘于子以成其私，故李兑傅赵王而饿主父②。为人主而大信其妻，则奸臣得乘于妻以成其私，故优施傅丽姬杀申生而立奚齐③。夫以妻之近与子之亲而犹不可信，则其余无可信者矣。

【注释】

①觇（chān）：此处指暗中察看之意。②李兑：战国时赵国人，曾任赵国司寇。主父：即赵武灵王，战国时赵国君主，公元前325～299年在位。公元前299年，赵武灵王将王位传给小儿子何（赵惠文王），自称主父。公元前295年，李兑帮助赵惠文王与赵武灵王长子章争夺君权，与公子成合谋，将赵武灵王围困在沙丘宫长达三个月，活活饿死。③优施：春秋时期晋献公跟前的一个艺人。丽姬：或作"骊姬"。春秋时期晋献公的妾。申生：春秋时期晋献公的太子。奚齐：丽姬的儿子。

【译文】

君主的祸患在于相信别人。相信别人，就受到别人控制。臣子对于君主，没有骨肉亲情，大臣仅仅是因为受到形势的约束而不得不去侍奉君主。所以做臣子的，窥探他君主的心思没有一会儿停止过，而君主却往往会懈怠傲慢地生活在朝堂之上，这就是世上出现劫持杀害君主事件的原因。做君主的如果太相信自己的儿子，奸臣就能利用他的儿子来实现自己的私利，因此李兑能够辅佐赵惠文王而

把赵武灵王饿死。做君主的如果太相信自己的妻子，奸臣就能利用他的妻子来实现自己的私利，因此优施能够辅佐骊姬杀死申生而立奚齐为太子。即使是像妻子和儿子那样亲近的人都不可相信，那么其余的人也就没有一个值得相信的了。

【原典】

且万乘之主、千乘之君，后妃、夫人适子为太子者①，或有欲其君之蚤死者②。何以知其然？夫妻者，非有骨肉之恩也，爱则亲，不爱则疏。语曰："其母好者其子抱。"然则其为之反也，其母恶者其子释。丈夫年五十而好色未解也③，妇人年三十而美色衰矣。以衰美之妇人事好色之丈夫，则身见疏贱，而子疑不为后，此后妃、夫人之所以冀其君之死者也。唯母为后而子为主，则令无不行，禁无不止，男女之乐不减于先君，而擅万乘不疑，此鸩毒扼昧之所以用也。故《桃左春秋》曰："人主之疾死者不能处半。"人主弗知，则乱多资。故曰：利君死者众，则人主危。故王良爱马④，越王勾践爱人，为战与驰。医善吮人之伤，含人之血，非骨肉之亲也，利所加也。故舆人成舆，则欲人之富贵；匠人成棺，则欲人之夭死也。非舆人仁而匠人贼也，人不贵，则舆不售；人不死，则棺不买。情非憎人也，利在人之死也，故后妃、夫人太子之党成而欲君之死也，君不死，则势不重。情非憎君也，利在君之死也。故人主不可以不加心于利己死者。故日月晕围于外，其贼在内，备其所憎，祸在所爱。是故明王不举不参之事，不食非常之食；远听而近视以审内外之失，省同异之言以知朋党之分，偶参伍之验以责陈言之实⑤；执后以应前，按法以治众，众端以参观；士无幸赏，无逾行；杀必当，罪不赦，则奸邪无所容其私。

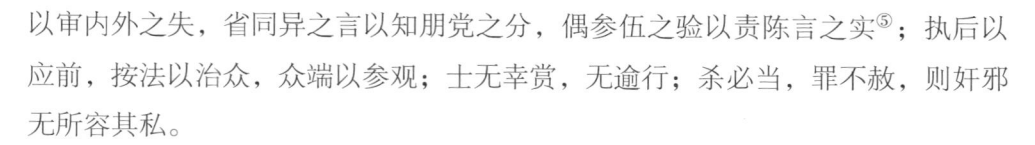

【注释】

①适：通"嫡"。正妻所生长子。②蚤：通"早"。③解：通"懈"。本指松懈、懒散，此处引申为减弱的意思。④王良：春秋末年晋国人，以善于驾驭车马而闻名。⑤偶：此处指配合的意思。

【译文】

况且对于那些大国或者中等国家的君主，他们的后妃、夫人和嫡亲儿子中做太子的，也有盼着自己的父君早死的。凭什么知道他们会这样呢？妻子，与君主没有骨肉的恩情，君主宠爱她就亲近，不宠爱她就疏远。俗话说："如果母亲长得漂亮，那么她的孩子就会受到宠爱。"那么与此相反的话，就是如果母亲长得丑陋，她的孩子就会被疏远。男子五十岁而好色之心不减弱，女子一到三十岁美色就已经衰减了。用容颜衰老的女子侍奉喜好美色的男子，自己就会被疏远鄙视，而她的儿子也就怀疑自己是否还能够成为君主的继承人，这正是后妃夫人盼望君主早死的原因。只有当母亲做了太后而儿子做了君主以后，那么他们就能够做到有令必行，有禁必止，男女乐事不减于先君在时，而独掌国家大权无疑，这就是鸩酒毒死、绞缢扼杀等手段之所以被使用的原因啊。所以《桃左春秋》上说："君主因患疾病而死的还占不到死亡君主总数的一半。"君主不懂得这个道理，奸臣作乱就有了更多的凭借。因此说：认为君主死了对自己有利的人一旦多起来，君主就危险了。因此王良喜欢马，越王勾践喜欢人，就是为了打仗和奔驰。医生善于吸吮病人的伤口，口含病人的污血，不是因为有骨肉之亲，而是因为有利益掺杂在这些行为之中。所以车匠造好车子，就希望别人富贵；棺材匠做好棺材，就希望别人能够早一点死亡。并不是车匠仁慈而棺材匠狠毒。如果别人不富贵，车子就卖不掉；如果别人不早点死亡，棺材就没人买。本意并非憎恨别人，而是利益就在别人的死亡上。因此，后妃、夫人、太子的党羽一旦结成就会希望君主早点死去，如果君主不死，自己的权势就无法扩大。他们的情感并不是本来就憎恨君主，而是利益就在君主的死亡上。因此君主不能不对那些因为自己的死亡而有利可图的人多加小心。所以日月外面有白色光圈环绕，那么就预示着宫内出现了想伤害君主的人；防备自己所憎恨的人，祸害却来自所亲爱的人。因此那些明智的君主不去做那些没有经过查验的事情，不吃不寻常的食物；打听远处的情况，观察身边的事情，以审察朝廷内外的失误；研究相同的和不同的言论，从而了解朋党的区分；对比各种不同的事物并加以检验，从而责求臣下陈言的可靠性；拿事后的结果来对照事先的言行，按照法令来治理民众，根据各种情况来检验观察；让士人不能获取侥幸的奖赏，没有违法行事的；诛杀的一定得当，有罪的不予赦免。那么奸邪之人就没有办法再谋取他们的私利了。

【原典】

徭役多则民苦，民苦则权势起，权势起则复除重，复除重则贵人富①。苦民以富贵人，起势以藉人臣，非天下长利也。故曰：徭役少则民安，民安则下无重权，下无重权则权势灭，权势灭则德在上矣。今夫水之胜火亦明矣，然而釜鬵间之，水煎沸竭尽其上，而火得炽盛焚其下，水失其所以胜者矣。今夫治之禁奸又明于此，然守法之臣为釜鬵之行②，则法独明于胸中，而已失其所以禁奸者矣。上古之传言，《春秋》所记，犯法为逆以成大奸者，未尝不从尊贵之臣也。然而法令之所以备，刑罚之所以诛，常于卑贱，是以其民绝望，无所告愬。大臣比周，蔽上为一，阴相善而阳相恶，以示无私，相为耳目，以候主隙，人主掩蔽，无道得闻，有主名而无实，臣专法而行之，周天子是也。偏借其权势，则上下易位矣，此言人臣之不可借权势也。

【注释】

①复除：免除赋税劳役。②釜：大锅。鬵（qín）：釜一类用于烹煮的器皿。

【译文】

如果统治者摊派下来的劳役太多，那么民众就会感到劳苦；民众感到劳苦，臣下势力就发展起来；臣下势力发展起来，那么免除的赋税劳役就会多了；免除徭役和赋税的人增多了，权贵就富有起来，用使民众劳苦的方式来使权贵富有，就给臣下扩张势力提供了条件，这不符合国家的长远利益。所以说，徭役少了，那么民众就会安定；民众安定，臣下就没有过大的权力；臣下没有过大的权力，他们的势力就消灭了；他们的势力消灭了，恩惠就全归君主了。如今水能胜火的道理是很明白的，然而用锅子把水和火隔开，水在上面沸腾以致烧干，而火却还能够在大锅的下面熊熊燃烧，这是因为水失去了灭火的条件。现在拿治国措施中的禁止奸邪来说，其道理比水能胜火的道理还要明白，但执法大臣起了锅子那样的阻隔作用，那么，法律只在君主心里明白，而法度已经失去了用来禁止奸邪的作用。在上古的传说中，在史书的记载里，那些违反法令大逆不道而成为大奸臣的人，从没有不属于尊贵大臣的。这样一来，刑罚所诛杀的，常常都是一些地位卑贱的百姓，因此百姓感到绝望，无处可去申诉冤屈。大臣相互勾结，串通一气蒙骗君主，他们暗地里亲密友好而表面上却假装着互相憎恶，以便表示没有私情。他们互相作为耳目，等待着钻君主的空子。君主受到他们的蒙蔽，没有办法了解他们的阴谋；有君主之名而无君主之实，大臣垄断法令而独断专行；如今的周天子就是这种情况。君主权势旁落，上下也就换了位置；这就是说君主不可以让臣下借用君主的权势啊。

解老

【原典】

德者，内也。得者，外也。"上德不德"①，言其神不淫于外也②。神不淫于外，则身全。身全之谓德。德者，得身也。凡德者，以无为集，以无欲成，以不思安，以不用固。为之欲之，则德无舍；德无舍，则不全。用之思之，则不固；不固，则无功；无功，则生于德。德则无德，不德则有德。故曰："上德不德，是以有德。"

【注释】

①上德不德：此篇是韩非对《老子》内容的解释。"上德不德"为《老子·

第三十八章》开篇首句。上德：指道德最高尚的人。不德：通常将《老子》中的这个"德"解释为"自以为有德"；韩非将这个"德"理解为"得"，不德即指不求取外界的东西之意，下文"德则无德"中的第一个"德"意思与此同。②淫：游荡。

【译文】

德，是人身内部的东西；得，是从外部获取的东西。《老子》"上德不德"这句话，道德高尚的人不把自己的心思花在追求自身之外的东西上面。不把自己的心思花在追求自身之外的东西上面，自身就能保全。自身能够保全，也就叫作"德"。"德"即得到自身。凡是德，因为无所作为才得以凝聚，因为没有欲望才得以成全，因为没有思虑才得以安定，因为不加使用才得以稳固。倘若有作为，有欲望，德就无所归宿；德无所归宿，那么自身就得不到保全了。倘若使用它，思虑它，德就难以稳固；难以稳固，就没有功效；没有功效是由于求取外界的东西之意。求取外界的东西之意，就没有德；不求取外界的东西，就保全了德。所以《老子》

说："道德高尚的人不去人为地求得，因此有德。"

【原典】

所以贵无为无思为虚者，谓其意无所制也。夫无术者，故以无为无思为虚也。夫故以无为无思为虚者，其意常不忘虚，是制于为虚也。虚者，谓其意无所制也。今制于为虚，是不虚也。虚者之无为也，不以无为为有常。不以无为为有常，则虚；虚，则德盛；德盛之谓上德。故曰①："上德无为而无不为也。"

【译文】

因此推崇那些无所作为、无所思虑而达到了虚无境界的人，是称道这些人的主观意识不再受到什么制约。世上那些没有掌握道术的人，故意用无所作为、无所思虑来表现虚无境界。故意用无所作为、无所思虑来表现虚无境界的人，他们的意念中常常没有忘记那虚无的目标，这就是受到那虚无目标的牵制了。所谓达到了虚无境界的人，是指这些人的主观意识不再受到什么制约。现在受到虚无目标的牵制，就不是什么虚无了。达到了虚无境界的人，在对待无为上，不把无为当作经常要注意的事。不把无为当作经常要注意的事，就达到了虚无境界；达到了虚无境界，德就充足；德充足了，也就叫作上德。所以《老子》说："道德高尚的人无所作为而又不是为了达到什么目的才这样做的。"

【原典】

仁者，谓其中心欣然爱人也；其喜人之有福，而恶人之有祸也；生心之所不能已也，非求其报也。故曰："上仁为之而无以为也。"

【译文】

仁是指内心自发地去爱人；喜欢别人得到幸福而不愿别人遭到祸害；仁是出自内心的不可遏抑的一种自然的情感，并不是为了求得别人的报答。所以说："最高境界的仁没有功利的行为目的。"

【原典】

义者，君臣上下之事，父子贵贱之差也，知交朋友之接也，亲疏内外之分也。臣事君宜，下怀上宜，子事父宜，贱敬贵宜，知交朋友之相助也宜，亲者内而疏者外宜。义者，谓其宜也，宜而为之。故曰："上义为之而有以为也。"

【译文】

义，是君主与臣子、上级和下级之间的一种办事原则，是父亲和儿子、地位高贵的人和地位低下的人之间的一种等级差别，是知己、熟人、同学、朋友之间的一种交往方式，臣子侍奉君主得当，下属依恋上司得当，孩子侍奉父亲得当，卑贱礼敬尊贵得当，知交朋友互助得当，内亲外疏得当。义就是说处理各种关系很得当，得当的才去做。所以说："最高境界的义就是要去做而且要做得非常得当。"

【原典】

礼者，所以貌情也，群义之文章也，君臣父子之交也，贵贱贤不肖之所以别也。中心怀而不谕，故疾趋卑拜而明之；实心爱而不知，故好言繁辞以信之。礼者，外饰之所以谕内也。故曰：礼以貌情也。凡人之为外物动也，不知其为身之礼也。众人之为礼也，以尊他人也，故时劝时衰。君子之为礼，以为其身；以为其身，故神之为上礼；上礼神而众人贰，故不能相应；不能相应，故曰："上礼为之而莫之应。"众人虽贰，圣人之复恭敬尽手足之礼也不衰。故曰："攘臂而仍之。"

【译文】

礼是体现内心感情的，是各种义的有条理的表现，是规定君臣父子之间相处关系的准则，是区别高贵和卑贱、贤能和不肖的方式。内心依恋而不能表达，所以用快速地小步走和下跪叩拜等礼貌动作来表明自己内心的怀念和归顺；心里确实有所爱慕而对方却不了解，所以用美好动听的言辞来加以申述，礼，是用来表明内心思想感情而体现在外表的礼节。所以说：礼是用来体现内心感情的。大凡人被外界的事物感动的时候，并不懂得这种感动就是他自身的礼。一般人的行礼，是用来尊重别人的，所以有时认真，有时马虎。君子讲求礼，是用它来增进他自身的修养；增进自身的修养，所以专心一意地对待它而使它成为最高的礼；君子行最高的礼专心一意而一般人却三心二意，所以两者就不能相应；两者不能相应，所以说："最高的礼实行了却没有人响应。"一般人虽然三心二意圣人却还是毕恭毕敬地遵行所有作揖跪拜的礼而不懈怠。所以说圣人"竭尽全力继续行礼"。

【原典】

道有积而积有功；德者，道之功。功有实而实有光；仁者，德之光。光有泽而泽有事；义者，仁之事也。事有礼而礼有文；礼者，义之文也。故曰："失道而后失德，失德而后失仁，失仁而后失义，失义而后失礼。"

【译文】

道有所积聚，而道的积聚能产生功效；德也就是道的功效。功效有实际表现，有实际表现就有光辉；仁也就是德的光辉。光辉有它的色泽，色泽有表现它的事情；义，就是关于仁的事情。事情有礼的规定，而礼节有一定的制度；礼，就是义的制度。所以说："失去道之后，就失掉了德；失去德之后，就失掉了仁；失去仁之后，就失掉了义；失去义之后，就失掉了礼。"

【原典】

礼为情貌者也，文为质饰者也。夫君子取情而去貌，好质而恶饰。夫恃貌而论情者，其情恶也；须饰而论质者，其质衰也。何以论之？和氏之璧①，不饰以五采②；隋侯之珠③，不饰以银黄。其质至美，物不足以饰之。夫物之待饰而后行者，其质不美也。是以父子之间，其礼朴而不明，故曰礼薄也。凡物不并盛，阴阳是也；理相夺予，威德是

也；实厚者貌薄，父子之礼是也。由是观之，礼繁者，实心衰也。然则为礼者，事通人之朴心者也。众人之为礼也，人应则轻欢，不应则责怨。今为礼者事通人之朴心而资之以相责之分，能毋争乎？有争则乱，故曰："夫礼者，忠信之薄也，而乱之首乎。"

【注释】

①和氏之璧：古代的宝石，相传为楚国卞和进献给楚王的美玉。②五采：指蓝、黄、赤、白、黑五种颜色。③隋侯之珠：古代的名珠。相传隋侯曾经为一条受伤的大蛇疗伤，蛇为报答他的恩情，衔给他一颗大宝珠，后人称其为"隋侯之珠"。

【译文】

礼是内心情感的一种外在表现，文采是内在本质的一种修饰。君子抓住那内在的真情而不去管他外在的表现，喜欢本质而厌恶修饰。那些依靠外在的表现来让人判断自己内心情感的人，那么在他们身上所体现的这种情感就是不好的；那些等外表修饰以后才让人来论断其内在本质的东西，那么它们身上所体现的这种本质就是衰败不堪的。凭什么对它下这样的结论呢？和氏璧，不用赤、黄、蓝、白、黑等种种色彩来修饰；隋侯珠，也不用金银来修饰。它们内在本质美到了极点，别的东西不足以修饰它们，那些要等装饰以后才能流行的东西，它的本质肯定不美。因此父子之间的礼淳朴自然而不拘形式，所以说，礼是淡薄的。大凡事物不能够同时旺盛，阴、阳双方就是这种情形；事理总是正反相互排斥的，刑罚和奖赏二者就是这种情形；实情深厚的外貌就淡薄，父亲与儿子之间的礼就是这种情形。从这种情况来看，礼节繁琐是内心真实感情衰竭的表现。既是如此，那么施行礼，正是为了沟通人们朴实的心意。所以，一般人的行礼，别人还礼就轻快欢乐，别人没有还礼就责怪怨恨。现在行礼的人本想从事于沟通人们朴实的心意，又给众人提供了互相责怪的名目，怎么会不发生争执呢？有了争执就会产生祸乱，所以说："礼是内心的忠诚淡薄的表现，是产生争乱的开端。"

【原典】

先物行先理动之谓前识。前识者，无缘而妄意度也①。何以论之？詹何坐②，弟子侍，牛鸣于门外。弟子曰："是黑牛也而白题③。"詹何曰："然，是黑牛也，而白在其角。"使人视之，果黑牛而以布裹其角。以詹子之术，婴众人之心④，华焉殆矣！故曰："道之华也。"尝试释詹子之察，而使五尺之愚童子视之，亦知其黑牛而以布裹其角也。故以詹子之察，苦心伤神，而后与五尺之愚童子同功，是以曰"愚之首也"。故曰："前识者，道之华也，而愚之首也。"

【注释】

①意度：主观猜测。意：通"臆"。②詹何：战国时楚国隐士，道家人物。③题：额头。④婴：纠缠。

【译文】

在事物没有出现之前和事理没有表现出来之前就行动，这叫作超前意识。这种先于经验的见识，是没有依据而做出的主观猜测。凭什么对它下这样的结论呢？一次，詹何在屋里静坐，他的学生侍候在旁边，有头牛在门外叫着。学生说："正在叫的是一头黑牛而它的额头是白色的。"詹何说："对。这是头黑牛。但白色在它角上。"派人去验看，果然是黑牛而用白布包着它的角。用詹先生的道术来扰乱众人的心，华而不实而且太劳心伤神了！所以说"前识是先于经验的见识，是道的浮华"。不妨放弃詹何的明察，而派一个身长不到一米的傻孩子去看一下那头牛，也知道是黑牛而用白布包着它的角。所以用詹何的明察，劳心伤神，然后才能和不到一米长的蠢孩子取得同样的功效，因此说这是"愚蠢的开端"。所以说："超前意识，是道的浮华，是愚蠢的开端。"

【原典】

所谓"大丈夫"者，谓其智之大也。所谓"处其厚而不处其薄"者①，行情实而去礼貌也。所谓"处其实不处其华"者，必缘理不径绝也。所谓"去彼取此"者，去貌、径绝而取缘理、好情实也。故曰："去彼取此。"

【注释】

①处其厚而不处其薄：立身于淳厚而不立身于淡薄。

【译文】

所谓"大丈夫"，是说他的智慧很高。所谓"立身于淳厚而不立身于淡薄"，

是说表现真情实感而去掉外表的礼貌。所谓"立身于朴实而不立身于浮华",一定根据事理去加以判断而不是超越了事理凭主观意念去判断。所谓"去掉那些,采取这些",去掉外表的礼貌以及不根据事理来判断事物的主观猜测,而致力于遵循事理来判断事物以及注重内在的真情实感。所以说:"去掉那些,采取这些。"

【原典】

人有祸,则心畏恐;心畏恐,则行端直;行端直,则思虑熟;思虑熟,则得事理。行端直,则无祸害;无祸害,则尽天年。得事理,则必成功。尽天年,则全而寿。必成功,则富与贵。全寿富贵之谓福。而福本于有祸。故曰:"祸兮福之所倚。"以成其功也。

【译文】

人有祸害,心里就会恐惧不安;内心恐惧,行为就能正直不邪;行为正直不邪,思虑就成熟;思虑成熟,就能够认识到事物的内在规律。行为正直不邪,就没有祸害;没有祸害,就能尽享天年。得到事理,就一定能成就功业。尽享天年,就能全身而长寿。一定成就功业,就会富裕而且高贵。寿命长而且富贵叫作福。而福本源于有祸。所以说:"祸啊,是福所依存的地方。"这是因为灾祸成就了幸福的功业。

【原典】

人有福,则富贵至;富贵至,则衣食美;衣食美,则骄心生;骄心生,则行邪僻而动弃理。行邪僻，则身死夭；动弃理，则无成功。夫内有死夭之难而外无成功之名者，大祸也。而祸本生于有福。故曰："福兮祸之所伏。"

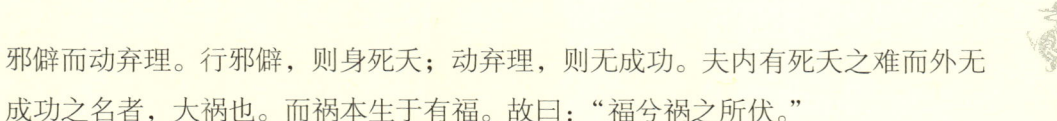

【译文】

人有福，荣华富贵就到来；荣华富贵到来，衣食就美好；衣食美好，骄傲放纵的心理就会产生；骄傲放纵的心理产生，就会行为邪僻而举动悖理；行为邪僻，自身就会死亡夭折；举动悖理，就不会成就功业。本身有死亡夭折的灾难而在外又没有成功的名声，也就成了大祸。而祸根源于有福。所以说："福啊，是祸所潜伏的地方。"

【原典】

夫缘道理以从事者，无不能成。无不能成者，大能成天子之势尊，而小易得卿相将军之赏禄。夫弃道理而妄举动者，虽上有天子诸侯之势尊，而下有猗顿、陶朱、卜祝之富①，犹失其民人而亡其财资也。众人之轻弃道理而易妄举动者，不知其祸福之深大而道阔远若是也，故谕人曰："孰知其极？"

【注释】

①猗顿：春秋时鲁国人，依靠经营盐业和畜牧业而发家致富，财产可与王公贵族相比拟。陶朱：即范蠡，春秋时楚国人，他在帮助越王勾践打败吴国之后，改名换姓来到陶邑（今山东定陶）经商致富。卜祝：占卜吉凶和求神的人，当时有很多人借此致富。

【译文】

遵循事物的规律来办事的人，没有不成功的。没有不成功的，那么功业大的就能够成就天子的权势和尊严，而功业小的也能够轻易地获得卿、宰相、将军等高官厚禄。违背事物法则而轻举妄动的，即使上有天子诸侯的权势和尊严，下有猗顿、陶朱以及卜祝的富有，还是会失去普天下民众的拥护并且丧失他所有的财产。大家之所以轻易地违背事物法则而轻举妄动，是由于不懂得祸福转化的道理广阔深远得像这个样子，所以《老子》明确地告诉人们说："谁知道它的究竟呢？"

【原典】

人莫不欲富贵全寿，而未有能免于贫贱死夭之祸也。心欲富贵全寿，而今贫贱死夭，是不能至于其所欲至也。凡失其所欲之路而妄行者之谓迷，迷则不能至于其所欲至矣。今众人之不能至于其所欲至，故曰："迷。"众人之所不能至于其所欲至也，自天地之剖判以至于今。故曰："人之迷也，其日故以久矣。"

【译文】

人没有不希望富贵长寿的，但却还是没有能避免贫穷、卑贱、死亡、夭折的灾祸。内心希望富贵长寿，而现在却贫穷、卑贱、死亡、夭折，这是没能达到他想达到的目的。凡是失去了他所想走的路而胡乱地行走的，就叫作迷惑；迷惑就不能到达他想到达的地方了，现在人们不能达到他们所想达到的目的，所以叫"迷"。众人不能到达想要到达的地方，从开天辟地一直延续至今，都是这样，所以说："人们陷入迷途的日子本来已经很久了。"

【原典】

所谓方者①，内外相应也，言行相称也。所谓廉者，必生死之命也，轻恬资财也。所谓直者，义必公正，公心不偏党也。所谓光者，官爵尊贵，衣裘壮丽也。今有道之士，虽中外信顺，不以诽谤穷堕；虽死节轻财，不以侮罢羞贪②；虽义端不党，不以去邪罪私；虽势尊衣美，不以夸贱欺贫。其故何也？使失路者而肯听习问知，即不成迷也。今众人之所以欲成功而反为败者，生于不知道理而不肯问知而听能。众人不肯问知听能，而圣人强以其祸败适之③，则怨。众人多而圣人寡，寡之不胜众，数也。今举动而与天下之为仇，非全身长生之道也，是以行轨节而举之也。故曰："方而不割，廉而不刿，直而不肆，光而不耀。"④

【注释】

①方：指品行端正。②罢：通"疲"，软弱无能。③适：通"谪"，责备。④引文见《老子·五十八章》。

【译文】

所谓方正，是指人的内心和外表一致，言与行相吻合。所谓廉正，是指舍生忘死，看轻物质方面的利益。所谓正直，是指在道义上一定公正，出于公心而不偏袒、不结党营私。所谓光耀，是指官爵尊贵，衣着华丽鲜亮。现在掌握了道的人，虽然内心和外表都真诚和顺，也不因此而指责议论那些襟怀不坦白、表里不一致的人；虽然能舍生忘死并看轻物质方面的利益，但并不以此侮辱软弱的人，耻笑贪图财利的人；虽然品行端正而不结党营私，也不因此而弹劾奸邪不正的人，责怪自私的人；虽然地位尊贵而衣着华丽鲜亮，但并不以此来藐视卑贱的人，欺侮贫穷的人。这样做的原因是什么呢？假如迷路的人肯听从熟悉情况的人，或向了解道路的内行请教一下，就不会迷路了。如今一般人之所以希望成功却反而落败，是因为他们通晓事物的内在规律而又不愿意向通晓这个规律的有识之士请教，或者向遵循这个规律办事的能人打听。一般人不肯请教有识之士和听从能干的人，而圣人硬要拿他们惹出的惑乱之事加以责备，就会招致怨恨。一般的人人数众多，而有道德的圣人人数很少，人数少的不能胜过人数多的，这是必然的道理。如果一举一动都和天下的人作对，那就不能保全自身而求得长寿了，因此圣人用遵循法度来引导人们。所以说："方正，但不割伤别人；有棱角，但不刺伤别人；正直，但不肆意指责别人；显贵光荣，但不向别人炫耀。"

【原典】

聪明睿智，天也；动静思虑，人也。人也者，乘于天明以视，寄于天聪以听，托于天智以思虑。故视强，则目不明；听甚，则耳不聪；思虑过度，则智识乱。目不明，则不能决黑白之分；耳不聪，则不能别清浊之声；智识乱，则不能审得失之地。目不能决黑白之色则谓之盲，耳不能别清浊之声则谓之聋，心不能审得失之地则谓之狂。盲则不能避昼日之险，聋则不能知雷霆之害，狂则不能免人间法令之祸。书之所谓"治人"者，适动静之节，省思虑之费也。所谓"事天"者，不极聪明之力，不尽智识之任。苟极尽，则费神多；费神多，则盲聋悖狂之祸至，是以啬之。啬之者，爱其精神，啬其智识也。故曰："治人事天莫如啬。"

【译文】

听力、视力和智力，是自然赋予的；举止、思虑，是人为的。人们要借助自然赋予的视力去观察，借助自然赋予的听力去聆听，借助自然赋予的智力去思考。所以视力用得过度，眼睛的视力就会变差；听力用得过度，耳朵的听力就会衰退；思虑过度，智力的认识功能就混乱。眼睛的视力变差，就不能判断黑白界限；耳朵的听力衰退，就不能区别清浊声音；智力的认识功能混乱，就不能审察成功与失败的根源。眼睛不能判断黑白颜色就叫作盲，耳朵不能区别清浊声音就叫作聋，心智不能审察成功与失败的根源就叫作狂乱。盲就不能躲避白天的危险，聋就不能知道雷霆的危害，狂乱了就不能避免触犯人间法令而带来的祸殃。《老子》所说的"治人"，是指协调举止的节奏，节省脑力的消耗。所说的"事天"，是指不要极度地发挥听力和视力的功能，不要用过智力认识功能的限度。假如毫无保留地使用它们，就会过度费神；过度费神，盲、聋、狂乱的祸害就会到来，因此要节省。节省是指爱惜精神，节省脑力。所以《老子》说："治人事天没有比节省更为重要的了。"

【原典】

众人之用神也躁，躁则多费，多费之谓侈。圣人之用神也静，静则少费，少费之谓啬。啬之谓术也①，生于道理。夫能啬也，是从于道而服于理者也。众人离于患②，陷于祸，犹未知退，而不服从道理。圣人虽未见祸患之形，虚无服从于道理，以称蚤服。故曰："夫谓啬，是以蚤服。"

【注释】

①谓：通"为"，作为。②离：通"罹"，遭受。

【译文】

一般的人用神非常浮躁，浮躁，精神的消耗就多，消耗多就叫作浪费；圣人用神安静，安静，精神的消耗就少，消耗少就叫作节省。节省作为一种方法，产生于事物的内在规律。能够节省，也就是服从于这种内在规律。一般人遭受灾患，陷入祸害，仍然不知道退却，而不服从事物的内在规律。圣人虽然不曾看见祸患的苗头，却早就能毫无成见地服从于事物的内在规律，这叫"早服"。所以说："正因为圣人节省，所以能够早服。"

【原典】

知治人者，其思虑静；知事天者，其孔窍虚。思虑静，故德不去；孔窍虚，则和气日入。故曰："重积德。"夫能令故德不去，新和气日至者，蚤服者也。故曰："蚤服，是谓重积德。"积德而后神静，神静而后和多，和多而后计得，计得而后能御万物，能御万物则战易胜敌，战易胜敌而论必盖世，论必盖世，故曰"无不克。"无不克本于重积德，故曰"重积德，则无不克"。战易胜敌，则兼有天下；论必盖世，则民人从。进兼天下而退从民人，其术远，则众人莫见其端末。莫见其端末，是以莫知其极。故曰："无不克，则莫知其极。"

【译文】

通晓安排人生的人，他的思虑就安静；通晓遵循自然所赋予的视力、听力和智力的人，他的眼、耳、口、鼻等器官就畅通。思虑安静，原有的道德就不会失去；眼、耳、口、鼻等器官畅通安和的精气就会天天进来，所以说："不断积德。"能使原有的道德不失去，新的安和之气天天来到的人，就是"早服"的人，所以说："早服，指的是不断积德。"不断积德，心神便能安静；心神安静以后，安和之气就能增多；安和之气增多，计谋就会得当；计谋得当，然后就可以驾驭万物；可以驾驭万物，打仗就很容易击败敌人；打仗容易击败敌人，理论就必然称雄于世；理论必然称雄于世，所以说"无往而不胜"。无往而不胜根源于不断积德，所以说："不断积德就可以无往而不胜。"打仗容易击败敌人，就会拥有天下；理论必然称雄于世，民众就会服从。进可以拥有天下，退可以使民众服从，他的道术就极其深远了，一般人也就看不到它的首尾；看不到它的首尾，因此没有人能知道它的究竟。所以说："无往而不胜，就没有人能知道它的究竟。"

【原典】

凡有国而后亡之，有身而后殃之，不可谓能有其国、能保其身。夫能有其国，必能安其社稷；能保其身，必能终其天年；而后可谓能有其国、能保其身矣。夫能有其国、保其身者，必且体道。体道，则其智深；其智深，则其会远①；其会远，众人莫能见其所极。唯夫能令人不见其事极，不见其事极者为保其身、有其国。故曰："莫知其极。""莫知其极，则可以有国。"

【注释】

①会（kuài）：计。

【译文】

凡是拥有国家之后又让它灭亡、有了身体以后又使它遭殃的，这样的人不能说是能够拥有国家、能够保全身体。能够拥有国家的人，一定能够安定国家；能够保全身体的人，一定能够享尽自然赋予自己的寿命；然后才好说是能拥有国家、能保全身体了。能拥有国家、保全身体的人，一定能够享尽自然赋予自己的寿命；做到这些之后才能说是能够拥有国家、能够保全身体；能够拥有国家、能够保全身体的人，一定会身体力行地遵行事物的客观规律；遵行客观规律，他的智慧就一定很深；智慧很深，他的计谋就一定很高超；计谋很高超，一般的人就没有谁能看得见他的究竟。只有那种能让人看不到究竟的人，也才能保全身体、拥有国家。所以说："没有人知道他的究竟。""没有人知道他的究竟，就可以拥有国家了。"

【原典】

所谓"有国之母"：母者，道也；道也者，生于所以有国之术；所以有国之术，故谓之"有国之母"。夫道以与世周旋者，其建生也长，持禄也久。故曰：

"有国之母，可以长久。"树木有曼根①，有直根。直根者，书之所谓"柢"也。柢也者，木之所以建生也；曼根者，木之所以持生也。德也者，人之所以建生也；禄也者，人之所以持生也。今建于理者，其持禄也久，故曰："深其根。"体其道者，其生日长，故曰："固其柢。"柢固，则生长；根深，则视久，故曰："深其根，固其柢，长生久视之道也。"

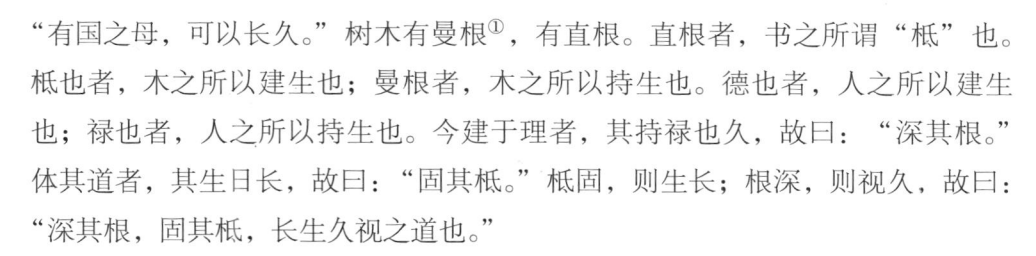

【注释】

①曼：通"蔓"，蔓延。

【译文】

所谓"保有国家的根本"：母，是指治国之道；道，产生于用来保有国家的方法；因为是保有国家的方法，因此称之为"保有国家的根本"。用道来应对世事的人，他的生命就会长久，保持禄位就能久远，所以说："保有国家的根本，可用来使自己长存久安。"树木有横向蔓延出来的须根，有直立向下伸展的主根。主根就是所说的"柢"。柢是树木建立生命的根本，须根是树木用来维持生命的条件。德是人类建立生命的根本，禄是人类用来维持生命的条件。现在立身于遵循事理的人，他的爵禄就能保持长久，所以说"加深它的须根"。能按照根本规律办事，他的生命也就能长久，所以说"巩固它的主根"。主根巩固了，就能生长；须根加深了，就能生活长久，所以说："加深它的须根，巩固它的主根，是延长生命使他长久存活的根本方法。"

【原典】

工人数变业则失其功，作者数摇徙则亡其功。一人之作，日亡半日，十日则亡五人之功矣；万人之作，日亡半日，十日则亡五万人之功矣。然则数变业者，其人弥众，其亏弥大矣。凡法令更则利害易，利害易则民务变，务变之谓变业。故以理观之：事大众而数摇之①，则少成功；藏大器而数徙之，则多败伤；烹小鲜而数挠之，则贼其泽；治大国而数变法，则民苦之。是以有道之君贵静，不重变法。故曰："治大国者若烹小鲜。"

【注释】

①事：通"使"，役使。

韩非子全鉴

【译文】

有技艺的人屡次变更职业就会丧失自己的工作效率，劳作者经常变动他手中的活计就会没有成绩。一个人工作，每天去掉半天时间，十天就损失了五个人工的工作成果；一万个人工作，每天去掉半天时间，十天就损失了五万个人工的工作成果。既然如此，屡次变更职业，人数越多，损失就越大。大凡法令改变了，得利、受害的情况也就跟着改变；得利、受害的情况改变了，民众从事的作业也就跟着变化；从事的作业有了变化，就叫作变更业务。所以按照道理来看，役使广大的民众而屡次变动他们的工作，劳动成果就会减少；珍藏贵重的器物而屡次搬迁它们，损毁就会很大；烹煮小鲜鱼而屡次搅动它，就伤害它的光泽；治理大国而屡次变更法令，百姓就会受到坑害。因此掌握了治国原则的君主将安定看得非常重要，法令确定以后，不再轻易变更。所以说："治理大国就好像烹煮小鲜鱼。"

【原典】

人处疾则贵医，有祸则畏鬼。圣人在上，则民少欲；民少欲，则血气治而举动理；举动理，则少祸害。夫内无痤疽瘅痔之害，而外无刑罚法诛之祸者，其轻恬鬼也甚。故曰："以道莅天下，其鬼不神。"治世之民，不与鬼神相害也。故曰："非其鬼不神也，其神不伤人也。"鬼祟也疾人之谓鬼伤人，人逐除之之谓人伤鬼也。民犯法令之谓民伤上，上刑戮民之谓上伤民。民不犯法，则上亦不行刑；上不行刑之谓上不伤人，故曰："圣人亦不伤民。"上不与民相害，而人不与鬼相伤，故曰："两不相伤。"民不敢犯法，则上内不用刑罚，而外不事利其产业。上内不用刑罚，而外不事利其产业，则民蕃息。民蕃息而畜积盛。民蕃息而畜积盛之谓有德。凡所谓祟者，魂魄去而精神乱，精神乱则无德。鬼不祟人则魂魄不去，魂魄不去而精神不乱，精神不乱之谓有德。上盛畜积而鬼不乱其精神，则德尽在于民矣。故曰："两不相伤，则德交归焉。"言其德上下交盛而俱归于民也。

【译文】

人在生病时就尊重医生，遇有祸患时就害怕鬼神。如果圣人在上面统治，民众欲望就少；民众的欲望少，他们的血气就和顺，举动就合理。举动合理，他们就很少有祸害。那种在身体上没有痈疽、黄疸、痔疮等疾病的危害，而体外又没有按刑惩罚、依法治罪的祸患的人，那么他们就会把鬼神看得很轻淡。所以说："按照法则治理天下，那鬼神就不灵验了。"安定社会里的百姓，不和鬼神相互伤害。所以说："不是说鬼神不灵验了，而是说它们即使灵验也伤害不了人了。"鬼作怪使人生病叫作鬼伤害人，人驱除鬼的作祟叫作人伤害鬼。民众违犯法令叫作民众伤害君主，君主用刑罚来惩处杀戮人民叫作君主伤害民众。民众不违反法令，那么君主也就不对民众动用刑罚；君主不对民众动用刑罚叫作君主不伤害民众。所以说："圣人也不伤害民众。"君主与民众不相互伤害，而人们与鬼神不互相伤害，所以说："两方面都不互相伤害。"民众不敢违反法令，君主对内就不会动用刑罚；对外不致力于贪占他们的财物；君主对内不动用刑罚，对外不致力于贪占他们的财物，民众就生息兴旺。民众生息兴旺，他们的积蓄就多了。民众生息兴旺，积蓄多，也就叫作有德。一般所说的作祟，就是丧魂落魄而精神错乱。精神错乱便属于无德。鬼不对人作祟，人的魂魄不会离开身体；人的魂魄不离开身体精神就不会混乱，精神不乱便属于有德；君主使民众的积蓄很多，鬼也不来扰乱民众精神，那么德都在民众中了。所以说："君主、鬼神不加害于民众，那么德就都归聚到民众那里了。"这也就是说，上下两方面的德一齐兴盛起来而同归于民众。

【原典】

有道之君，外无怨仇于邻敌，而内有德泽于人民。夫外无怨仇于邻敌者，其遇诸侯也外有礼义。内有德泽于人民者，其治人事也务本。遇诸侯有礼义，则役希起①；治民事务本，则淫奢止。凡马之所以大用者，外供甲兵而内给淫奢也。今有道之君，外希用甲兵，而内禁淫奢。上不事马于战斗逐北，而民不以马远通淫物，所积力唯田畴。积力于田畴，必且粪灌。故曰："天下有道，却走马以粪也。"

【注释】

①希：通"稀"，少。下文"希用甲兵"中的"希"与此同。

【译文】

有道的君主，在外与相邻的势均力敌的国家没有什么仇恨，在内对人民有恩德。在外与相邻的势均力敌的国家没有什么仇恨，他对待诸侯就表现出有礼义。在内对人民有恩德，他在管理民众事务时就致力于最根本的农业。对待诸侯有礼义，战争就很少发生；管理民众的事务致力于农业这个根本，过度奢侈的现象就能够得到制止。一般说来，马最大的作用便是，对外满足打仗的需要，对内要供给人们过度奢侈浪费的需要。现在有道的君主，对外很少用兵打仗，对内禁止过度的奢侈。君主不在作战交锋和追击败敌中使用马，民众不用马到处游荡运输货物，所积聚起来的力量只用在农田上。积聚的力量都用在农田上，必将从事施肥、灌溉。所以说："社会政治清明，就会让奔跑的马歇下来从事施肥。"

【原典】

人君无道，则内暴虐其民，而外侵欺其邻国。内暴虐，则民产绝；外侵欺，则兵数起。民产绝，则畜生少；兵数起，则士卒尽。畜生少，则戎马乏；士卒尽，则军危殆。戎马乏，则牸马出①；军危殆，则近臣役。马者，军之大用；郊者，言其近也。今所以给军之具于牸马近臣。故曰："天下无道，戎马生于郊矣。"

【注释】

①牸马：即将出生小驹的母马。

【译文】

君主昏庸无道，在国内就会残暴地虐待他的百姓，在国外就侵略欺骗他的邻国。在国内残暴地虐待他的百姓，就会把百姓的产业糟蹋光；在国外侵略欺负他的邻国，战争就会屡屡发生。百姓的产业被糟蹋光，牲畜就会减少；战争屡屡发生，士卒就会耗尽。牲畜减少，战马就会缺乏；士卒耗尽，军情就会危急。战马缺乏，快生小驹的母马就要出征；军情危急，君主身边的将帅也要派出去参加战斗。马在军事上有巨大作用，郊外是说距离很近。现在用来供给军队的工具和兵源已经轮到了将帅的马和君主身边的将帅身上，所以说："天下不太平，战马就在郊外生产马驹。"

【原典】

人有欲，则计会乱；计会乱，而有欲甚；有欲甚，则邪心胜；邪心胜，则事经绝；事经绝，则祸难生。由是观之，祸难生于邪心，邪心诱于可欲。可欲之类，进则教良民为奸，退则令善人有祸。奸起，则上侵弱君；祸至，则民人多伤。然则可欲之类，上侵弱君而下伤人民。夫上侵弱君而下伤人民者，大罪也。故曰："祸莫大于可欲。"是以圣人不引五色，不淫于声乐；明君贱玩好而去淫丽。

【译文】

人心中产生了欲望，计算谋虑就会错乱；计算谋虑错乱，欲望就会更加强烈；欲望更加强烈，邪恶的念头就会占上风；邪恶的念头占了上风，办事的准则就没有了；办事的准则没有了，祸害灾难就发生了。由此看来，祸患灾难产生于邪恶的念头，邪恶的念头又诱发于可以引起欲望的东西。可引起欲望的那类东西，进一步讲，会使好人做坏事；退一步讲，也会让好人遭到祸害。好人做坏事，那么向上就会侵害和削弱君主；好人遭到祸害，那么百姓就有很多要受到伤害。所以可引起欲望的那类东西，向上侵害削弱君主而向下伤害百姓。向上侵害削弱君主而向下伤害百姓，这是很大的罪过。所以说："罪过没有比可以引起欲

望的东西更大的了。"因此圣人不会受到五彩缤纷的颜色的诱惑，不沉湎于音乐；贤明的君主轻视珍贵的玩物，抛弃过分华丽的东西。

【原典】

人无毛羽，不衣则不犯寒；上不属天而下不著地①，以肠胃为根本，不食则不能活；是以不免于欲利之心。欲利之心不除，其身之忧也。故圣人衣足以犯寒，食足以充虚，则不忧矣。众人则不然，大为诸侯，小余千金之资，其欲得之忧不除也。胥靡有免②，死罪时活，今不知足者之忧终身不解。故曰："祸莫大于不知足。"

【注释】

①著：通"着"，附着。②胥靡：犯有轻罪而被罚做苦役的人。

【译文】

人没有毛羽，不穿衣服就不能战胜寒冷；人在上面不依附于天空而在下面不扎根大地，以肠胃为生存的根本，不吃食物就无法维持生活，因此不能免除贪利之心。贪利之心不除，便成了人生的忧虑。因此圣人穿衣只要能够战胜寒冷就可以，吃食物只要能够充饥就可以，这就没有什么忧虑了。普通人却不这样，大到做了诸侯，小到积存有上千金的钱财，他想要贪求利益的欲望还无法摒除。犯有轻罪而被罚做苦役的人有时可以免去他的罪责，犯死罪的人有时也能遇赦得活，现在不知满足者的忧虑终身不能解脱。所以说："祸害没有比不知足更大的了。"

【原典】

故欲利甚于忧，忧则疾生；疾生而智慧衰；智慧衰，则失度量；失度量，则妄举动；妄举动，则祸害至；祸害至而疾婴内；疾婴内，则痛祸薄外；痛祸薄外，则苦痛杂于肠胃之间；苦痛杂于肠胃之间，则伤人也惨。惨则退而自咎，退而自咎也生于欲利。故曰："咎莫惨于欲利。"

【译文】

因此想要获得利益的欲望，其危害超过了忧虑，忧虑就会生病；生病之后，智力就会减退；智力减退，就会丧失行动的准则；丧失行动的准则，就会胡作非为；胡作非为，祸害就会降临；祸害降临了，疾病就会侵扰内心；疾病侵扰内心，病痛就向外侵扰；病痛向外侵扰，内心的苦恼和体表的疼痛便错杂在肠、胃之间；苦恼和疼痛会聚在肠、胃之间，对人的伤害就会十分惨痛；十分惨痛才会静下来引咎自责；引咎自责源自于贪利。所以说："罪责没有比贪利更惨痛的了。"

【原典】

道者，万物之所然也，万理之所稽也①。理者，成物之文也②；道者，万物之所以成也。故曰："道，理之者也。"物有理，不可以相薄；物有理不可以相薄，故理之为物之制。万物各异理，而道尽稽万物之理，故不得不化；不得不化，故无常操。无常操，是以死生气禀焉，万智斟酌焉，万事废兴焉。天得之以高，地得之以藏，维斗得之以成其威③，日月得之以恒其光，五常得之以常其位④，列星得之以端其行，四时得之以御其变气⑤，轩辕得之以擅四方，赤松得之与天地统⑥，圣人得之以成文章。道，与尧、舜俱智，与接舆俱狂⑦，与桀、纣俱灭，与汤、武俱昌。以为近乎，游于四极；以为远乎，常在吾侧；以为暗乎，其光昭昭；以为明乎，其物冥冥；而功成天地，和化雷霆，宇内之物，恃之以成。凡道之情，不制不形，柔弱随时，与理相应。万物得之以死，得之以生；万事得之以败，得之以成。道譬诸若水，溺者多饮之即死，渴者适饮之即生；譬之若剑戟，愚人以行忿则祸生，圣人以诛暴则福成。故得之以死，得之以生，得之以败，得之以成。

【注释】

①稽：符合，汇合。②文：纹理，条理。③维斗：指围绕北斗星而形成的星系。④五常：指金、木、水、火、土五行。⑤四时：即四季。⑥赤松：即赤松子，传说中的仙人。⑦接舆：春秋末年楚国人。楚昭王时政治昏暗，于是他装作发疯，人们都称他为"楚狂"。

【译文】

道，是万物生成的根本动力，是与各种事理相当的总法则。理，是构成万物的外在形式；道，是生成万物的根本原因。所以说："道，是使万物条理化的东西。"万物各有其理，所以不会互相侵扰；万物各有其理而不会互相侵扰，所以理成为万物的制约力量。万物之理各不相同，而道却将万物之理全部汇合到了一起，因此道不能不随着具体事物的变化而变化；因此没有固定的规则；没有固定的规则，因此，死与生这种自然现象由于它而天然地生成了，一切智慧都从它那里获得养分，万事废兴均由它来决定。天得到了它而高升，地得到了它而蕴藏，北斗星得到了它因而形成了自己的威势，太阳、月亮得到了它而永放光芒，金、木、水、火、土五大行星得到了它因而使自己的方位固定不变，众星得到了它而运行在各自正确的轨道上，四季得到了它因而能驾驭自己的节气变化，黄帝得到了它而统治四方，赤松子得到了它而与天地同寿，圣人得到了它而创造了文明。道，和尧、舜在一起就表现为智慧，与楚国的狂士接舆在一起便表现为狂放，与夏桀、殷纣在一起便表现为灭亡，和商汤、周武王在一起便表现为兴盛。认为它近吧，它却游荡在四方的尽头；认为它远吧，它又能常处身边；认为它暗淡吧，它的光芒却闪闪发亮；认为它明亮吧，它又黑洞洞看不见摸不着。它的功效造就天地，它的积聚化为雷霆，天地间的万事万物，都依靠它而生成。大致说来，道的真实情况是：既不造作又不表露，柔弱和顺，随时运行，与理相应。这世上的万物既因得道而死，也因得道而生；万事因得道而失败，因得道而成功。道，打个比方来说，就如同水一样，溺水者多喝了就会死亡，渴的人适量饮用了就会生存。再打个比方来说，道，就如同剑和戟一般，愚蠢的人拿它来行凶泄怒，那么祸害就发生了；圣人用它来除暴去害，那么就会造福于人类。所以说因得道而死，因得道而生，因得道而失败，因得道而成功。

【原典】

人希见生象也，而得死象之骨，案其图以想其生也①，故诸人之所以意想者皆谓之"象"也。今道虽不可得闻见②，圣人执其见功以处见其形，故曰："无状之状，无物之象。"

【注释】

①案：通"按"，按照。②见：通"现"，显现。

【译文】

人们很少能见到活象，却能够得到死象的骨骼。就按照这骨骼的样子来想象那活象的样子，所以人们据以想象的东西都叫作"象"。现在道虽然不可能被听见或看见，圣人根据它所显现的功效来推得它的形状，所以说："道是没有显露形状的形状，没有具体事物的物象。"

【原典】

凡理者，方圆、短长、粗靡、坚脆之分也①，故理定而后可得道也。故定理有存亡，有死生，有盛衰。夫物之一存一亡，乍死乍生，初盛而后衰者，不可谓常。唯夫与天地之剖判也俱生，至天地之消散也不死不衰者谓"常"。而常者，无攸易，无定理。无定理，非在于常所，是以不可道也。圣人观其玄虚，用其周行，强字之曰"道"，然而可论。故曰："道之可道，非常道也。"

【注释】

①靡：细。

【译文】

作为概念的理，就是方与圆、短与长、粗与细、坚硬与柔嫩等等不同性质的区别，因此理确定之后才可以得到说明。所以，确定的理仍有存亡、生死和盛衰的变化。万物有存有亡，忽生忽死，先盛后衰的变化，是不可以称之为永恒的。只有那种和天地的开辟一起产生，直到天地消亡的时候仍然不死去不衰微的，才可以称之为永恒。永恒，就是没有变化，没有定理。没有定理，也就不是处在那

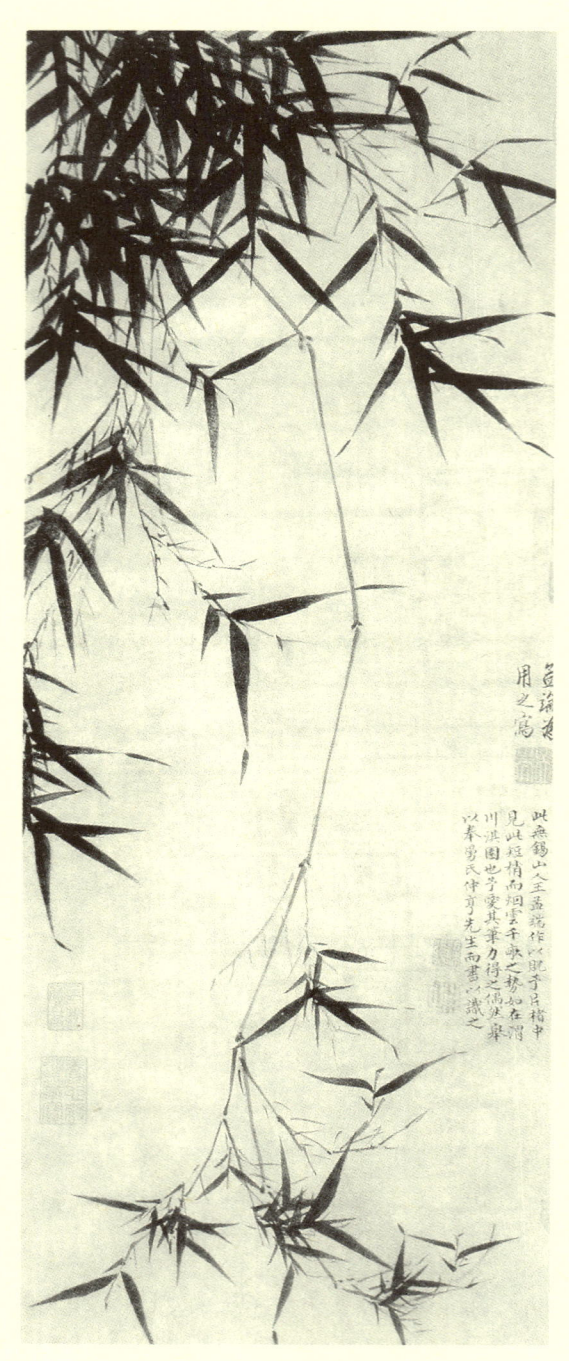

固定的状态之中，因此无法说明。圣人观察到永恒规律的玄虚，根据它的普遍运行规律，勉强把它命名为"道"，然后才能够加以论说。所以说："道如果可以用话说出来，就不是永恒的道了。"

【原典】

人始于生而卒于死。始之谓出，卒之谓入。故曰："出生入死。"人之身三百六十节，四肢、九窍①，其大具也。四肢与九窍十有三者②，十有三者之动静尽属于生焉。属之谓徒也，故曰："生之徒也，十有三者。"至死也，十有三具者皆还而属之于死，死之徒亦有十三。故曰："生之徒十有三，死之徒十有三。"凡民之生生，而生者固动，动尽则损也；而动不止，是损而不止也。损而不止，则生尽；生尽之谓死，则十有三具者皆为死地也。故曰："民之生，生而动，动皆之死地，亦十有三。"

【注释】

①九窍：指人身体中的口、眼、耳、鼻七窍及排泄大小便的二窍。②有：通"又"。

【译文】

人的生命从出生开始至死亡结束，开始叫作"出"，结束叫作"入"，所以说："出于生，入于死。"人的身上有三百六十个关节，四肢和双手双脚这四肢以及嘴巴、眼睛、耳朵、鼻孔、尿道口、肛门等九个孔窍是其中的重要器官。四肢与九窍共十三个部分，这十三个部分的一动一静都属于生存的范围，而属也可以叫作"类"，所以说："生存一类有十三个。"等到人死以后，这十三个器官又都反过来把自己归属于死亡，属于死亡一类的也有十三个部分。所以说："生存一类有十三个，死亡一类有十三个。"大凡民众繁衍生息，永不停止，而活人本来就要动，动得过度，生命就要受到损害；不停地动，也就是不停地损害。损害不停止，生命就耗尽了；生命耗尽了就叫作死，那么这十三个器官也都因此而死在这死亡的境地中了。所以说："人开始生下来，生下来就要动，动了都要走向死亡，这都是借助于人体的那十三个器官。"

【原典】

是以圣人爱精神而贵处静。不爱精神不贵处静，此甚大于兕虎之害。夫兕虎有域，动静有时。避其域，省其时，则免其兕虎之害矣。民独知兕虎之有爪角也，而莫知万物之尽有爪角也，不免于万物之害。何以论之？时雨降集，旷野闲静，而以昏晨犯山川，则风露之爪角害之。事上不忠，轻犯禁令，则刑法之爪角害之。处乡不节，憎爱无度，则争斗之爪角害之。嗜欲无限，动静不节，则痤疽之爪角害之。好用其私智而弃道理，则网罗之爪角害之①。兕虎有域，而万害有原，避其域，塞其原，则免于诸害矣。凡兵革者，所以备害也。重生者，虽入军无忿争之心；无忿争之心，则无所用救害之备。此非独谓野处之军也。圣人之游世也，无害人之心；无害人之心，则必无人害；无人害，则不备人。故曰："陆行不遇兕虎。"入山不恃备以救害，故曰："入军不备甲兵。"远诸害，故曰："兕无所投其角，虎无所错其爪，兵无所容其刃。"不设备而必无害，天地之道理也。体天地之道，故曰："无死地焉。"动无死地，而谓之"善摄生"矣。

【注释】

①网罗：此处指法网。

【译文】

　　因此圣人爱惜精神而崇尚置身于安静淡泊。不爱惜精神，不重视置身于安静淡泊，这里面的危害比野牛和猛虎的危害要大得多。野牛和猛虎有一定的活动区域，动和静有一定的时间。如果避开它们的活动区域，留心它们的活动时间，就可以避免那犀牛、老虎的伤害了。百姓只知道野牛和猛虎有坚爪利角，却不知道各种事物都有坚爪利角，所以不能避免各种事物的伤害。为什么这样说呢？及时的雨水降临汇集，旷野一片清静，人们却在黄昏和清晨跋山涉水，这样的话，风露的爪角就会侵害他们；侍奉君主不忠诚，轻易违犯禁令，刑法的爪角就会伤害他们；居住在乡间不节制约束自己，爱憎没有一定的准则，争斗的爪角就会侵害他们；贪图享乐没有限度，行动举止不加节制，毒疮的爪角就会侵害他们；喜欢凭自己的个人智巧来办事而不遵循事物的客观规律，法网的爪角就会侵害他们；野牛和猛虎有它们的活动区域，各种祸害也都有它们的根源，如果避开野牛和猛虎等猛兽的活动区域，堵塞祸害的根源，人们就可以避免这些祸害了。所有兵器盔甲都是用来防备侵害的。重视自己生命的人，即使进入军营之中也没有愤怒争斗的心思；没有愤怒争斗的心思，就无处使用避免祸害的防备措施。这不单单是指在野外驻扎的军队而言。圣人在世上活动，没有害人的心思，这样也就一定没有人来伤害自己；没有人来伤害自己，就不用防备别人。所以说："在陆地上行走也不会遇上野牛和猛虎。"进入山林不依仗防备措施来避免祸害，所以说："进入军营用不着准备盔甲兵器。"远离各种祸害，所以说："野牛没有地方使用它的利角，猛虎没有地方施展它的坚爪，兵器没有地方用它的锋刃。"不采取措施而必然没有祸害，是自然的通理。体验自然的通理，所以说"不会陷入死亡的境地"。活动不会接近死地，就叫作"善于养生"。

【原典】

　　爱子者慈于子，重生者慈于身，贵功者慈于事。慈母之于弱子也，务致其福；务致其福，则事除其祸；事除其祸，则思虑熟；思虑熟，则得事理；得事理，则必成功；必成功，则其行之也不疑；不疑之谓勇。圣人之于万事也，尽如慈母之为弱子虑也，故见必行之道。见必行之道则明，其从事亦不疑；不疑之谓勇。不疑生于慈，故曰："慈，故能勇。"

【译文】

喜欢子女的人溺爱自己的子女，重视生命的人爱惜自己的身体，崇尚功绩的人热爱自己的事业。慈爱的母亲对于自己幼小的孩子，致力于给他幸福；致力于给他幸福，就会努力去排除他的祸害；努力去排除他的祸害，就能考虑周全；考虑周全，就能掌握事物的内在规律；掌握了事物的内在规律，就必定成功；必定成功，母亲做事就不再迟疑不决了；不迟疑就叫作勇敢。圣人对于万事万物，都如同慈爱的母亲为自己幼小的孩子考虑一般，所以能发现势在必行的规律；发现了势在必行的规律就明智了，这样他做起事来也不会再迟疑不决了；不迟疑就叫作勇敢。不迟疑产生于慈爱，所以说："因为慈爱，所以就能勇敢。"

【原典】

周公曰："冬日之闭冻也不固，则春夏之长草木也不茂。"天地不能常侈常费，而况于人乎？故万物必有盛衰，万事必有弛张，国家必有文武，官治必有赏罚。是以智士俭用其财则家富，圣人爱宝其神则精盛，人君重战其卒则民众，民众则国广。是以举之曰："俭，故能广。"

【译文】

周公说："如果冬天里地冻得不坚固，春夏时草木的生长就不会茂盛。"天地尚且不能经常浪费和消耗，更何况是人呢？所以万物必定有兴盛和衰微，万事必定有松弛和紧张，国家必然有文治有武功，官吏治人必然有奖赏有惩罚，因此聪明的人节俭地使用财产，家庭就富裕；圣人爱惜珍视自己的精神，精力就旺盛；君主不轻易让自己的士兵去打仗，人民就众多；人民众多，国土就宽广。因此称道说："因为节俭，所以能够宽裕。"

【原典】

凡物之有形者易裁也，易割也。何以论之？有形，则有短长；有短长，则有小大；有小大，则有方圆；有方圆，则有坚脆；有坚脆，则有轻重；有轻重，则有白黑。短长、大小、方圆、坚脆、轻重、白黑之谓理。理定而物易割也。故议于大庭而后言则立①，权议之士知之矣。故欲成方圆而随其规矩，则万事之功形

矣。而万物莫不有规矩②，议言之士，计会规矩也。圣人尽随于万物之规矩，故曰："不敢为天下先。"不敢为天下先，则事无不事，功无不功，而议必盖世，欲无处大官，其可得乎？处大官之谓为成事长。是以故曰："不敢为天下先，故能为成事长。"

【注释】

①大庭：即朝廷。②规矩：画圆形、方形的圆规和角等器具，此处比作事物的法则。

【译文】

大凡有形状的物体就容易裁断，容易分析。凭什么对它下这样的结论呢？有形状，就有长短；有长短，就有大小；有大小，就有方圆；有方圆，就会有坚硬与脆嫩之别；有坚硬与脆嫩之别，就有轻重之分；有轻重之分，就有黑白之异。长短、大小、方圆、坚脆、轻重、黑白就叫作理。理确定之后，事物就容易分析了。所以在朝廷里议事而后发表的主张就能够成立，善于权衡各方面议论的人通晓这个道理。所以想要画成方形和圆形就得按照那圆规和角尺等器具，那么一切事物的功效就都显现出来了。而各种事物都有自己的法则，出谋献策的人，就是考虑如何去遵循事物中所蕴含的这种法则。圣人遵循一切事物的一切法则，所以说："不敢做天下的先行者。"不敢做天下的先行者，事情就没有做不好的，功业就没有建立不起来的，而他的理论策略必定能压倒当代，圣人想要不处在重要的职位上，这可能吗？处在重要职位上就是说成为办事的首领。因此说："不敢做天下的先行者，所以能成为办事的首领。"

【原典】

慈于子者不敢绝衣食，慈于身者不敢离法度，慈于方圆者不敢舍规矩。故临兵而慈于士吏则战胜敌，慈于器械则城坚固。故曰："慈，于战则胜，以守则固。"夫能自全也而尽随于万物之理者，必且有天生。天生也者，生心也，故天下之道尽之生也。若以慈卫之也，事必万全，而举无不当，则谓之宝矣。故曰："吾有三宝，持而宝之。"

【译文】

疼爱自己孩子的人，不敢断绝孩子的衣服、食物；对身体爱惜的人，不敢背离法度；热衷于画方画圆的人，不敢舍弃圆规和角尺等器具。因此，面临战争而能爱惜士兵和下级军官，就可以打败敌人；能爱护战备设施和兵器，城池就可以坚固。所以说："慈爱，用于战争就能取胜，用于防御就能固守。"那种能够保全自己而完全遵循自然法则去做事的人，他身上必将有大自然所要生成的东西。这大自然所要生成的东西，也就是遵循自然法则的思想，所以天下之道都要通过这种思想反映出来。如果用慈爱来护卫这种思想，事情必定万无一失，而措施没有不妥当的，那当然可以将它称作是"宝"了。所以说："我有三件宝，掌握并珍视它。"

【原典】

书之所谓"大道"也者，端道也。所谓貌"施"也者，邪道也。所谓"径"大也者①，佳丽也。佳丽也者，邪道之分也。"朝甚除"也者②，狱讼繁也。狱讼繁则田荒，田荒则府仓虚，府仓虚则国贫，国贫而民俗淫侈，民俗淫侈则衣食之业绝，衣食之业绝则民不得无饰巧诈，饰巧诈则知采文，知采文之谓"服文采"。狱讼繁，仓廪虚，而有以淫侈为俗，则国之伤也若以利剑刺之。故曰："带利剑。"诸夫饰智故以至于伤国者，其私家必富；私家必富，故曰："资货有余。"国有若是者，则愚民不得无术而效之；效之则小盗生。由是观之，大奸作则小盗随，大奸唱则小盗和。竽也者③，五声之长者也，故竽先则钟瑟皆随④，竽唱则诸乐皆和。今大奸作则俗之民唱，俗之民唱则小盗必和。故曰："服文采，带利剑，厌饮食，而货资有余者，是之谓盗竽矣。"

【注释】

①径：小路。②除：通"涂"，脏。③竽：古簧管乐器，形似笙而较大，管数亦较多。④钟：古时的打击乐器。瑟：古时的一种弦乐器，似琴。

【译文】

《老子》书中所说的"大道"，即是正道；所说的外形"歪斜"，即是邪道。所谓把"小路"当作大路，即是认为这种小路精美华丽。而美好华丽的小道，便是邪道的一部分。所说的官府里很脏，是指诉讼案件繁多；诉讼案件繁多，就会使农田荒芜；农田一旦荒芜，仓库就会空虚；仓库空虚，国家就会陷入贫困的境地；国家陷入贫困的境地，民俗就淫逸奢侈；民俗淫逸奢侈，衣服和食品的产业就会断绝；衣服和食品的产业断绝，民众就不得不装饰巧诈；装饰巧诈，就会将心思花在漂亮的打扮上；将心思花在漂亮的打扮上，也就是说"穿着华丽"。诉讼案件繁多，仓库空虚，却又将淫逸奢侈作为风俗，那么国家受到的伤害也就像用利剑刺一样。所以说："佩带锋利的宝剑。"凡是那种用智慧巧诈来装扮自己以至于使国家受到伤害的人，私家必定富有；私家必定富有，所以说："资金财物有积余。"一个国家存在像这样的人，那么愚昧的百姓就不得不想办法去效仿他们；去效仿他们，就会滋生出小盗贼。由此看来，大奸兴起，小盗贼也就跟着出现了；大奸起唱，小盗就跟着附和。竽，是吹奏宫、商、角、徵、羽这五种乐调中最主要的乐器；所以竽领了头，钟、瑟就都随之响起；竽先演奏起来，各种乐器就都来附和。现在大奸兴起了，那么庸俗的人就跟着倡导起来了；庸俗的人倡导起来，小盗就必然起而附和。所以说："穿着华丽，佩带锋利的宝剑，饮食充足，而财物资金有余，这样的人也就可以称之为强盗头子了。"

【原典】

人无愚智，莫不有趋舍。恬淡平安，莫不知祸福之所由来。得于好恶，怵于淫物，而后变乱。所以然者，引于外物，乱于玩好也。恬淡有趋舍之义，平安知祸福之计。而今也玩好变之，外物引之；引之而往，故曰"拔"。至圣人不然：一建其趋舍，虽见所好之物不能引，不能引之谓"不拔"；一于其情，虽有可欲之类神不为动，神不为动之谓"不脱"。为人子孙者，体此道以守宗庙，宗庙不灭之谓"祭祀不绝"。身以积精为德,家以资财为德,乡国天下皆以民为德。今治身而外物不能乱其精神,故曰:"修之身,其德乃真。"真者,慎之固也。治家,无用之物不能动其计,则资有余,故曰:"修之家,其德有余。"治乡者行此节,则家之有余者益众,故曰:"修之乡,其德乃长。"治邦者行此节,则乡之有德者益众,故曰:"修之邦,其德乃丰。"莅天下者行此节,则民之生莫不受其泽,故曰:"修之天下,其德乃普。"修身者以此别君子小人,治乡治邦莅天下者各以此科适观息耗①,则万不失一。故曰:"以身观身,以家观家,以乡观乡,以邦观邦,以天下观天下。吾奚以知天下之然也?以此。"

【注释】

①科:条目。适:通"谛",审察。

【译文】

人们无论是愚昧还是聪明,都会有一定的取舍。人们在清心寡欲和平淡安闲的时候,没有不知道祸福是从什么地方来的。被好恶感情所支配,被奢侈的消费品所引诱以后,然后才引起人们思想的变化并发生混乱。之所以如此,是因为被外界的事物所引诱、为珍贵的玩物所迷惑了啊。清心寡欲之时就能够设立取舍的准则,平淡安闲之时就可以通晓对祸福的考虑。而现在有珍贵的玩物来迷惑他,有外界的事物来引诱他;一旦受到迷惑或引诱,他就跟着走,因此称之为"拔"。至于圣人,就不是这样。圣人牢固地确立取舍标准,即使看见他所喜爱的东西也不会受到引诱,不会受到引诱,就称之为"不拔";圣人的情性专一,虽然存在着引起欲望的东西,他的心神也不因此而动摇,心神不因此而动摇,就称之为"不脱"。做子孙的人,体察这一道理来守护宗庙;宗庙不被灭掉,就称之为"祭祀不断"。身体以积累精气为德,家庭以积蓄财产为德,治理乡里、国家、天下都以造福人民为德行。现在勤于自身修养,外界事物不能扰乱他的精神,所以说:"用它来修养身心,他的德行就纯真了。"所谓真,就是守护得很牢固。治理家庭,没有用的东西不能改变他的计划,那么财产就会有积余了,所以说:"贯彻这个原则来修治家庭,他的德行就会有盈余。"治理乡里的人实行了这一条,那家庭有盈余的就会更多,所以说:"贯彻这个原则来修治乡里,他的德行就会有所增长。"治理国家的人实行了这一条,那么乡里有德行的人就会更多,所以说:"贯彻这个原则来修治国家,他的德行就会丰赡。"统治天下的人实行了这一条,那人民的生活无不享受到他的恩泽,所以说:"贯彻这个原则来修治天下,他的德就普及广大。"对于修养身心的人,用这项原则来区别他们是德行高尚的君子呢,还是没有德行的小人,治乡、治国乃至统治天下的人各自用这一项目来对照观察兴衰,这样就万无一失了。所以说:"用自身来观察自身,用家庭来观察家庭,用乡里来观察乡里,用国家来观察国家,用天下来观察天下。我凭什么来了解天下的情况呢?就用的这个方法。"

喻老

【原典】

天下有道,无急患,则曰静,遽传不用①。故曰:"却走马以粪②。"天下无道,攻击不休,相守数年不已,甲胄生虮虱③,燕雀处帷幄,而兵不归。故曰:"戎马生于郊。"

【注释】

①遽(jù):送信的快车或快马之意。②却:驱赶。粪:施肥治田。③甲:古代作战时将士用于护身的战衣。胄:头盔。虮:虱子的卵。

【译文】

天下太平,没有发生危急的战乱,就叫作静。递送军情的传车快马也就不再使用。所以说:"歇下奔马,用来运肥耕田。"天下不太平,攻战连年不断,相互防备着,几年都不能停止,以至于将士的战衣和头盔里都长出虱子,燕雀在军帐上都筑起了窝,而将士还是不能回家。所以说:"战马在郊外产下马驹。"

【原典】

翟人有献丰狐、玄豹之皮于晋文公①。文公受客皮而叹曰："此以皮之美自为罪。"夫治国者以名号为罪，徐偃王是也②；以城与地为罪，虞、虢是也。故曰："罪莫大于可欲。"

【注释】

①翟：通"狄"。古代中国中原人对北方各民族的泛称。②徐偃王：西周时徐国国君，相传他的眼睛能仰视看得到自己的额头，故有"偃王"之称。偃，仰卧，引申为"仰"。

【译文】

有个狄国人向晋文公进献大狐、黑豹的皮。文公接受客人的兽皮后感叹道："大狐和黑豹就是因为自己的毛皮太华美了而给自己带来灾难啊。"国君因为名号而带来祸害的，徐偃王就属于这种情况；因为自己的城邑和土地而给自己带来灾难，虞、虢就属于这种情况。因此说："罪过中没有比可以引起欲望更大的事物了。"

【原典】

智伯兼范、中行而攻赵不已，韩、魏反之，军败晋阳，身死高梁之东①，遂卒被分，漆其首以为溲器②。故曰："祸莫大于不知足。"

【注释】

①高梁：晋国地名，在今山西临汾东北。②溲器：小便器。一说为饮器。

【译文】

智伯兼并范氏、中行氏后,又不停地进攻赵氏,韩氏、魏氏反叛了他,智伯的军队在晋阳战败,智伯死在高梁东边,他的封地最终被瓜分,他的头盖骨被涂上漆当作溺器。所以说:"祸患中没有比不知足更大的了。"

【原典】

虞君欲屈产之乘与垂棘之璧①,不听宫之奇②,故邦亡身死。故曰:"咎莫憯于欲得③。"

【注释】

①屈产:晋国地名,在今山西石楼东南,产良马。垂棘:晋国地名,所在地不详,产玉石。②宫之奇:春秋时虞国大夫。③憯:通"惨",惨痛。

【译文】

虞国君主贪图屈产出的良马和垂棘出的璧玉,不听取宫之奇的进谏,因此国亡身死。所以说:"过失中没有比贪得更惨痛的了。"

【原典】

邦以存为常,霸王其可也;身以生为常,富贵其可也。不以欲自害,则邦不亡,身不死。故曰:"知足之为足矣①。"

【注释】

①知足之为足矣:见《老子·四十六章》,今作"故知足之足,常足矣。"

【译文】

国家把生存作为根本,在此基础上称王称霸也是可能的;身体把生命作为根本,在此基础上获取富贵荣华也是可能的。不用贪欲来危害自身,国家就不会灭亡,君主也不会暴死。因此说:"知道满足才是一种真正的满足。"

【原典】

楚庄王既胜,狩于河雍①,归而赏孙叔敖②。孙叔敖请汉间之地③,沙石之处。楚邦之法,禄臣再世而收地④,唯孙叔敖独在。此不以其邦为收者,瘠也,故九世而祀不绝⑤。故曰:"善建不拔,善抱不脱,子孙以其祭祀世世不辍。"孙叔敖之谓也。

【注释】

①河雍：地名，在今河南原阳西南。②孙叔敖：春秋时楚国人，楚庄王时任令尹。③汉间：指汉水附近。④再世：两代人。⑤九世：指多代人。九：泛指多。

【译文】

楚庄王打了胜仗之后，在河雍地带打猎，回国后奖赏孙叔敖。孙叔敖请求得到汉水附近的一块贫瘠的土地。楚国的法制规定，享受俸禄的大臣，到第二代就要收回封地，而只有孙叔敖的那块封地得以一直保存。不把他的封地收回，原因就在于那块土地贫瘠，因而孙叔敖的子孙好多代都能够享有这块封地。所以说："善于建立的就不会被拔掉，善于抱持某种事物的就不会脱落，子孙因为善守封地而代代香火不绝。"说的就是孙叔敖这种情况。

【原典】

制在己曰重，不离位曰静。重则能使轻，静则能使躁。故曰："重为轻根，静为躁君①。"故曰"君子终日行，不离辎重②"也。邦者，人君之辎重也。主父生传其邦，此离其辎重者也，故虽有代、云中之乐③，超然已无赵矣。主父，万乘之主，而以身轻于天下。无势之谓轻，离位之谓躁，是以生幽而死。故曰："轻则失臣，躁则失君。"主父之谓也。

【注释】

①君：主，主宰。②辎重：原指行军所带粮食、装备等，此处指生存的基础。③代：赵国地名，在今河北蔚县一带。云中：赵国地名，在今内蒙古托克托一带。

【译文】

控制权掌握在自己手中就叫作"重"，不离开自己的君主位置就叫作"静"。重就能役使轻，静就能驾驭躁。所以说："重是轻的根本，静是躁的主宰。"所以说："圣人整天在外行走，也从不离开自己的衣食行李。"国家即是君主生存的基础。赵武灵王活着就传位给儿子，这就是离开了他生存的基础，所以他虽然也享受了在代、云中一带活动的快乐,飘飘然已失去赵国了。赵武灵王,是大国的君主,而因为自身的原因没有重视自己的国家。失去权势叫作"轻",离开君位叫作"躁",因此赵武灵王被活活囚禁而饿死了。所以《老子》说:"没有了权势就会失去自己的臣子,浮躁就会丢掉君位。"说的就是赵武灵王这种情况。

【原典】

势重者,人君之渊也。君人者,势重于人臣之间,失则不可复得矣。简公失之于田成,晋公失之于六卿,而邦亡身死。故曰:"鱼不可脱于深渊①。"赏罚者,邦之利器也,在君则制臣,在臣则胜君。君见赏,臣则损之以为德;君见罚,臣则益之以为威。人君见赏,而人臣用其势;人君见罚,而人臣乘其威。故曰:"邦之利器,不可以示人。"

【注释】

①鱼不可脱于深渊:此句和本段引号中的其他文字均引用自《老子·三十六章》。

【译文】

权势,就如同是君主这条鱼的深潭一样。君主的权势落到了臣下手里,失去后就不可以再找回来了。齐简公权势落到田成子手中,晋国君权落到六卿手中,最终他们都落了个国亡身死的结局。所以说:"鱼不可以脱离深渊。"所谓的赏罚,是国家的利器,握在君主手中可以控制臣下,掌握在臣子手里就可以战胜君主。君主表示要行赏,臣下就会减少奖赏的数额以表示自己已经掌握了奖赏权力;君主表示要行罚,臣下就会增加惩罚的力度以表示自己已经掌握了惩罚的权威。君主显露出行赏的计划,而臣子利用了他的权势;君主显露出行罚的计划,而臣子凭借了他的权威。所以说:"国家的赏罚利器,不可以拿给别人观看。"

【原典】

越王入宦于吴,而观之伐齐以弊吴。吴兵既胜齐人于艾陵①,张之于江、济,强之于黄池②,故可制于五湖。故曰:"将欲翕之,必固张之;将欲弱之,必固强之。"晋献公将欲袭虞,遗之以璧马;知伯将袭仇由,遗之以广车。故曰:"将欲取之,必固与之。"起事于无形,而要大功于天下,"是谓微明"。处小弱而重自卑损，谓"弱胜强"也。

【注释】

①艾陵：齐国地名，在今山东莱芜东北。②江：长江。济：济水，黄河的一条支流，在今河南、山东境内。

【译文】

越王勾践到吴国去服役，而示意吴王攻打齐国以便削弱吴国。吴军已在艾陵战胜了齐军，势力扩张到长江、济水流域，又在黄池这个地方逞强争霸，由于出兵在外，久战力衰，因此越国可以在太湖地区制服吴国。所以说："想要缩小它，必须暂且扩张它；想要削弱它，必须暂且加强它。"晋献公计划袭击虞国，先将璧玉和宝马赠给虞君；智伯将要袭击仇由，就把载着大钟的广车赠送给他们。所以说："想要夺取它，必须暂且给予它。"在开始做事的时候不露形迹，求得在天下获取大功，"这就叫微妙的明智"。处在弱小地位而能注重自行谦卑克制，说的是"弱能胜强"的道理。

【原典】

有形之类，大必起于小；行久之物，族必起于少。故曰："天下之难事必作于易，天下之大事必作于细①。"是以欲制物者于其细也。故

曰："图难于其易也，为大于其细也。"千丈之堤，以蝼蚁之穴溃；百尺之室，以突隙之烟焚②。故曰："白圭之行堤也塞其穴③，丈人之慎火也涂其隙，是以白圭无水难，丈人无火患。"此皆慎易以避难，敬细以远大者也。扁鹊见蔡桓公，立有间。扁鹊曰："君有疾在腠理④，不治将恐深。"桓侯曰："寡人无疾。"扁鹊出。桓侯曰："医之好治不病以为功。"居十日，扁鹊复见曰："君之病在肌肤，不治将益深。"桓侯不应。扁鹊出。桓侯又不悦。居十日，扁鹊复见曰："君之病在肠胃，不治将益深。"桓侯又不应。扁鹊出。桓侯又不悦。居十日，扁鹊望桓侯而还走，桓侯故使人问之。扁鹊曰："病在腠理，汤熨之所及也；在肌肤，针石之所及也；在肠胃，火齐之所及也⑤；在骨髓，司命之所属⑥，无奈何也。今在骨髓，臣是以无请也。"居五日，桓侯体痛，使人索扁鹊，已逃秦矣。桓侯遂死。故良医之治病也，攻之于腠理。此皆争之于小者也。夫事之祸福亦有腠理之地，故圣人蚤从事焉。

【注释】

①天下之难事必作于易，天下之大事必作于细：此二句与下文"图难于其易也，为大于其细也"二句出自《老子·六十三章》。②突隙：烟囱的缝隙。突：烟囱。③白圭：战国时魏国的相，善于修筑堤坝，兴修水利。④腠理：皮肤，表皮。⑤火齐：清热去火的药剂。齐：通"剂"。⑥司命：相传为主宰人生命的神。

【译文】

有形状的东西，大的一定由小的发展而来；历时经久的事物，数量多的一定由数量少的发展而来。所以说："天下的难事必定开始于简易，天下的大事必定开始于微细。"因此想要控制事物，就要在它细小的地方开始着手。所以说："解决难题要从易处着手，想干大事要从小处着手。"千丈长的河堤，因为蝼蚁营窟而导致溃决；百尺高的房屋，因为烟囱漏火而导致焚毁。所以说："白圭巡查大堤时要堵塞蝼蛄和蚂蚁的洞穴，老人谨防跑火而涂封缝隙，因此在白圭的治理下没有水患，在老人的防范下没有火灾。"这些都是谨慎地对待容易的事来避免难事发生，认真对待细小的漏洞以远离重大灾祸的发生。扁鹊拜见蔡桓公，站了一会儿，扁鹊说："您的皮肤上出现了疾病，不治怕会加深。"蔡桓公说："我没有病。"扁鹊出去了。蔡桓公说："医生喜欢医治没病的人来作为自己的功劳。"过了十天，扁鹊又拜见蔡桓公说："您的疾病到了肌肤里，不治就会进一步加深了。"蔡桓公不理睬。扁鹊走了。蔡桓公又一次感到不高兴。过了十天，扁鹊又拜见蔡桓公说："您的疾病到了肠胃，不治会更加厉害。"蔡桓公再次不予理睬。扁鹊走了。蔡桓公又感到不高兴。过了十天，扁鹊看见蔡桓公转身就跑，蔡桓公特意派人问他。扁鹊说："疾病在表皮上，药物熏敷可以治好；疾病在肌肤里，针灸可以治好；疾病在肠胃时，清热的汤药可以治好；疾病在骨髓之间，属于主宰生命之神管辖的范围，医生对它是无可奈何的。现在君主病入骨髓，因此我就不再求见了。"过了五天，蔡桓公身体疼痛，于是就派人去找扁鹊，扁鹊已逃往秦国了。因此蔡桓公最后病死了。所以良医治病，在疾病还在表皮上的时候就开始着手。这都是为了抢在事情细小的时候及早处理。人事的祸福也有处于表皮上的时候，所以圣人能够及早加以处理。

【原典】

昔晋公子重耳出亡①，过郑，郑君不礼。叔瞻谏曰②："此贤公子也，君厚待之，可以积德。"郑君不听。叔瞻又谏曰："不厚待之，不若杀之，无令有后患。"郑君又不听。及公子返晋邦，举兵伐郑，大破之，取八城焉。晋献公以垂棘之璧假道于虞而伐虢，大夫宫之奇谏曰："不可。唇亡而齿寒，虞、虢相救，非相德也。今日晋灭虢，明日虞必随之亡。"虞君不听，受其璧而假之道。晋已取虢，还，反灭虞。此二臣者皆争于腠理者也，而二君不用也。然则叔瞻、宫之奇亦虞、郑之扁鹊也，而二君不听，故郑以破，虞以亡。故曰："其安易持也，其未兆易谋也。"

【注释】

①重耳：晋献公的儿子，后来继承王位，为晋文公。在即位前，重耳因受到骊姬和晋惠公的迫害，先后逃亡到曹、齐、秦等多个国家。②叔瞻：郑国大夫。

【译文】

从前晋公子重耳出外流亡，在经过郑国时，郑国的君主对他没有以礼相待。叔瞻劝说道："这是位贤明的公子，您应该盛情地款待他。可以借此积累您的恩德。"郑君没有听取他的意见。叔瞻又劝说道："您不盛情地款待他。还不如杀了他，不要让他日后给我们带来祸患。"郑君还是没有听取他的意见。等到重耳返回晋国，调动军队讨伐郑国，大败郑国，夺取了郑国的八座城。晋献公以垂棘产的玉璧为礼物向虞国借道进攻虢国，大夫宫之奇劝说道："不可借路。唇亡而齿寒，现在虞国和虢国是相互救助的利害关系，并不是在互相施恩。如果今天晋国消灭了虢国，将来虞国必定会跟着灭亡。"虞国的国君没有听从，接受了晋国的宝玉，把道路借给晋国。晋在攻取虢国后，在返回的途中，又灭掉了虞国。这两位臣子都抢在祸害刚露苗头时就想出了解决办法，然而郑国和虞国的两位君主都不能采纳他们的建议，所以郑国因此战败了，虞国因此灭亡了。所以说："事情安定时容易维持，事物还没有出现苗头时容易对付。"

【原典】

昔者纣为象箸而箕子怖，以为象箸必不加于土铏①，必将犀玉之杯②；象箸玉杯必不羹菽藿③，必旄、象、豹胎；旄、象、豹胎必不衣短褐而食于茅屋之下，则锦衣九重④，广室高台。吾畏其卒，故怖其始。居五年，纣为肉圃⑤，设炮烙，登糟丘，临酒池，纣遂以亡。故箕子见象箸以知天下之祸。故曰："见小曰明。"

【注释】

①土铏：盛汤的陶制器皿。②犀玉之杯：一种由犀牛角和玉做成的杯子。③菽：豆类植物。藿：豆叶。④九重：泛指多层。⑤肉圃：肉林。

【译文】

从前商纣制作了象牙筷子，箕子感到恐惧，认为使用象牙筷子一定不会在陶制器皿里使用，一定会使用犀牛角和美玉做的杯子；象筷玉杯一定不会用于吃豆类食品熬的浓汤，一定要用来食用旄牛、大象和豹子的幼体；食用旄牛、大象和豹子的幼体就一定不会穿粗布短衣，不会在茅屋下面食用，那么就会穿着多层的锦绣衣服，住上宽敞房屋和高台。箕子是因为害怕这种事情发展出的最终恶果，所以深为这样的开端担忧。过了五年，商纣摆设肉林，设置炮烙之刑，登上酒糟堆成的丘山，靠着蓄酒的池子，于是商纣王也就因此而灭亡了。因此箕子看见象牙筷子就预感到了天下的祸害。所以说:"观察细微的事情以明白大问题就叫作明智。"

【原典】

勾践入宦于吴,身执干戈为吴王洗马①,故能杀夫差于姑苏②。文王见詈于王门③,颜色不变,而武王擒纣于牧野④。故曰:"守柔曰强。"越王之霸也不病宦,武王之王也不病詈。故曰:"圣人之不病也,以其不病,是以无病也⑤。"

【注释】

①洗马:走在主人的马前面。洗:通"先"。②姑苏:即姑苏城,春秋时吴国都城,在今江苏苏州。③詈(lì):骂。王门:即玉门,商纣王用玉装饰的门。④牧野:为周武王伐商的决战地,在今河南淇县南。⑤圣人之不病也,以其不病,是以无病也:见《老子·七十一章》。

【译文】

勾践到吴国服贱役,亲自拿着盾牌、长戈做吴王夫差的马前卒,所以能在姑苏把夫差杀死。周文王在商纣王用玉装饰的门前受到辱骂,面不改色,结果周武王在牧野捉住了纣王。所以说:"能够保持柔弱即是刚强。"越王勾践之所以能够成就霸业,是因为他不把为别人服役视为难以忍受的痛苦;周武王之所以能够称王,并不因为被人辱骂而苦恼。所以说:"圣人之所以不苦恼,是因为他心中不将那些事看作是苦恼的,因此就不苦恼。"

【原典】

宋之鄙人得璞玉而献之子罕①，子罕不受。鄙人曰："此宝也，宜为君子器，不宜为细人用②。"子罕曰："尔以玉为宝，我以不受子玉为宝。"是以鄙人欲玉，而子罕不欲玉。故曰："欲不欲，而不贵难得之货。"③

【注释】

①鄙人：边鄙之人，乡下人。子罕：即乐喜，春秋时宋国大夫。②细人：小人。③引文出自《老子·四十六章》："是以圣人欲不欲，不贵难得之货。"

【译文】

宋国有个乡下人得到一块玉璞，然后把它进献给子罕，子罕不肯接受。乡下人说："这是件宝物，应该作为君子的器物，不应该被小人使用。"子罕说："你把宝玉当成宝贵的东西，而我把不接受你的宝玉当成宝贵的东西。"这即是乡下人想要宝玉，而子罕不想要宝玉。所以说："把没有欲望当作欲望，不要看重难得的财物。"

【原典】

王寿负书而行，见徐冯于周涂。冯曰："事者，为也；为生于时，知者无常事。书者，言也；言生于知，知者不藏书。今子何独负之而行？"于是王寿因焚其书而舞之。故知者不以言谈教，而慧者不以藏书箧①。此世之所过也，而王寿复之，是学不学也。故曰："学不学，复归众人之所过也。"②

【注释】

①箧：箱子。②引文出自《老子·四十六章》："学不学，复众人之所过。"

【译文】

王寿正背着书走路，在大路上遇到徐冯。徐冯说："事情是人做出来的，人的行为产生于当时的需要，因此聪明的人做事没有固定不变的模式。书本是记载言论的，言论产生于认识，真正有智慧的人是不收藏书籍的。现在你为什么偏要背着书本走路呢？"于是王寿就焚烧了自己所背的书籍而扬掉它的灰烬。所以有才智的人不用空言说教，而聪明的人也不用箱子去收藏书籍。不说教、不藏书是世人所指责的,而王寿也重复犯下这样的错误,这是把不学习作为学习了。所以说:"去学习本来不应该学习的书本知识,就是走上众人认为错误的道路。"

【原典】

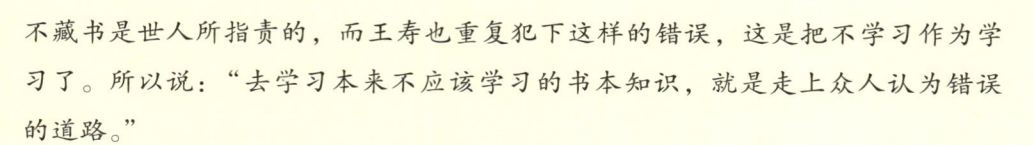

夫物有常容,因乘以导之。因随物之容,故静则建乎德,动则顺乎道。宋人有为其君以象为楮叶者①,三年而成。丰杀茎柯②,毫芒繁泽,乱之楮叶之中而不可别也。此人遂以功食禄于宋邦。列子闻之曰:"使天地三年而成一叶,则物之有叶者寡矣。"故不乘天地之资而载一人之身,不随道理之数而学一人之智,此皆一叶之行也。故冬耕之稼,后稷不能羡也③;丰年大禾,臧获不能恶也④。以一人力,则后稷不足;随自然,则臧获有余。故曰:"恃万物之自然而不敢为也。"⑤

【注释】

①楮:树名,一种落叶乔木,其叶似桑叶而较糙。②丰杀:宽狭。杀:减少,此处引申为狭窄。茎柯:叶片上的脉络。③后稷:周人的始祖,善于种植农作物。④臧获:奴婢。⑤引文出自《老子·四十六章》:"以辅万物之自然而不敢为。"

【译文】

万物都有各自固有的天性,应该顺应着它们各自的天性予以引导。因为顺应了万物的天性,所以静止的时候能保持本性,活动的时候也能够顺应着万物的法则。有个宋国人,为他的君主用象牙雕刻楮叶,三年刻成了。这片象牙楮叶的宽狭和上面的脉络,以及绒毛、色泽,即使是混杂在真的楮叶中也不能辨别出来。于是这个人就因为雕刻楮叶有功而在宋国享受着俸禄。列子听到后说:"假如大自然三年才能生成一片叶子的话,那么有叶子的东西也就太少了!"所以不依靠自然条件而仅凭一个人的本事,不顺应万物的法则而去效法一个人的智巧,那就都是用三年时间雕刻一片叶子的行为了。因此如果冬季耕种庄稼,后稷也不能使它多产;丰收之年长出很好的庄稼,奴婢也不能使它枯败。仅凭一人的力量,就是后稷也将难以成事;顺应自然法则,就是奴婢也会成事有余。所以说:"依赖万物的自然天性而不敢按照个人的意志行事。"

【原典】

空窍者①,神明之户牖也。耳目竭于声色,精神竭于外貌,故中无主。中无主,则祸福虽如丘山,无从识之。故曰:"不出于户,可以知天下;不窥于牖,可以知天道。"②此言神明之不离其实也。

【注释】

①空窍:指人的耳、目、口、鼻等器官。②引文出自《老子·四十七章》:"不出户,知天下;不窥牖,知天道。"

【译文】

人的耳目口鼻等器官,是人精神的门窗。听力和视力全花在声色上,精神尽耗在外貌上,因此人们心中就没有了主宰。心中没有了主宰,祸福即使像山丘那么明显,也无从认识它。所以说:"不出门户,可以知道天下的事情;不从窗口向外张望,可以知道自然的规律。"这就是说精神不能脱离它的实质本性。

【原典】

赵襄主学御于王子于期①,俄而与于期逐,三易马而三后。襄主曰:"子之教我御,术未尽也?"对曰:"术已尽,用之则过也。凡御之所贵:马体安于车,人心调于马,而后可以进速致远。今君后则欲逮臣,先则恐逮于臣。夫诱道争远,非先则后也,而先后心皆在于臣,上何以调于马②?此君之所以后也。"白公胜虑乱③,罢朝,倒杖而策锐贯颐,血流至于地而不知。郑人闻之曰:"颐之忘,将何不忘哉!"故曰:"其出弥远者,其智弥少。"此言智周乎远,则所遗在近也。是以圣人无常行也。能并智,故曰:"不行而知。"能并视,故曰:"不见而明。"随时以举事,因资而立功,用万物之能而获利其上,故曰:"不为而成。"

【注释】

①王子于期:即王良,晋国人,善于驾驭车马。②上:通"尚"。③白公胜:春秋时楚平王太子建的儿子,后为谋取楚国王位,发动叛乱被杀。

【译文】

　　赵襄子向王良学习驾驭车马的技巧，不久他就与王良期比赛驾车，两人换了三次马而赵襄子三次都落后了。襄子说："您教我驾马，技巧没有全教给我吧？"王良回答说："驾车的技巧已经全部教给您了，但您在使用时还有错误。驾驭车马应重视的，要让马的身体与车子之间保持协调，人的注意力和马的动作相协调一致，然后才能够奔得快，跑得远。现在您落在我的后面时就一心想着要赶上我；跑到我前面又怕被我赶上。引导马做远程赛跑，不是领先，就是落后；您无论是跑在前面还是落在后面，注意力都在我身上，还怎么能和马协调一致呢？这就是您落后的原因。"白公胜计划作乱，朝会结束后，他倒拿着马鞭，结果被鞭杆上的尖针刺穿了脸颊，他连血流到地上都不觉察。郑人听到后说："连自己的脸颊都忘记了，还有什么不会忘记呀！"所以说："走出去越远，获得的真知越少。"这是说如果一个人的思想全部围着远事转，那么他就会忽略身边的事情。因此圣人没有恒定如一的行为。他们对遥远的事情和近处的事情都能够同时考虑周到，所以说"圣人不行动就全知道了"。能同时看到远近各处，所以说"圣人不用亲自去看就能够明白一切"。根据时机来办事，依靠条件来立

功，利用万物的特性而在此基础上获利，所以说"圣人不用亲自做事就能获得成功"。

【原典】

楚庄王莅政三年，无令发，无政为也。右司马御座而与王隐曰①："有鸟止南方之阜②，三年不翅，不飞不鸣，嘿然无声③，此为何名？"王曰："三年不翅，将以长羽翼；不飞不鸣，将以观民则。虽无飞，飞必冲天；虽无鸣，鸣必惊人。子释之，不穀知之矣④。"处半年，乃自听政。所废者十，所起者九，诛大臣五，举处士六⑤，而邦大治。举兵诛齐，败之徐州⑥，胜晋于河雍，合诸侯于宋，遂霸天下。庄王不为小害善，故有大名；不蚤见示，故有大功。故曰："大器晚成，大音希声。"⑦

【注释】

①右司马：官名，主管军政。御座：君主的座位，此处指站在君主的座位旁。②阜：山丘。③嘿：同"默"，沉默。④不穀：先秦诸侯王的谦称。⑤处士：隐士。⑥徐州：即舒州，在今山东藤县一带。⑦引文出自《老子·四十一章》。

【译文】

楚庄王执政三年，没有发布过命令，也没有推行任何政治措施。主管军政的官员在君主座位旁边用隐语对庄王说："有一只鸟栖息在南边的土丘上，三年以来没有展开过自己的翅膀，不飞翔也不鸣叫。默然无声，这该怎么解释呢？"庄王说："三年以来没有展开过自己的翅膀，是用来长羽翼的；不飞翔也不鸣叫，是用来观察民众的习惯。它现在虽然没有起飞，一飞必定冲天；虽然没有鸣叫，一鸣必定惊人。您就放心吧，我明白您的意思。"过了半年，楚庄王就亲自处理政事了。废掉的事情有十件，兴办的事情有九件，惩处大臣五人，提拔没有做官的读书人六个，而楚国因此治理得安定祥和。起兵伐齐，在舒州击败齐军，在河雍战胜晋军，在宋国召集诸侯会盟，于是称霸天下。楚庄王不让小事妨碍自己的长处，因而能有大名；没有早早地显露自己的才华，因而能有大功。所以说："伟大的人较晚才能取得成就，伟大的名声较少声张。"

【原典】

楚庄王欲伐越，杜子谏曰："王之伐越，何也？"曰："政乱兵弱。"杜子曰："臣愚患之。智如目也，能见百步之外而不能自见其睫。王之兵自败于秦、晋，丧地数百里，此兵之弱也。庄蹻蹻为盗于境内而吏不能禁①，此政之乱也。王之弱乱，非越之下也，而欲伐越，此智之如目也。"王乃止。故知之难，不在见人，在自见。故曰："自见之谓明。"②

【注释】

①庄蹻蹻：即庄蹻，人名，楚国的大盗。②引文见《老子·三十三章》。

【译文】

楚庄王准备出兵进攻越国，杜子进谏说："大王攻打越国，是出于什么缘故呢？"楚王说："因为越国的政局混乱而军队弱小。"杜子说："愚臣很为此事担忧。人的智慧就好比他的眼睛一样，能看见百步以外的东西，却看不到自己的眼睫毛。大王您的军队曾被秦、晋两国的军队打败，丧失了方圆数百里的土地，这是兵力衰弱的外现啊；庄蹻在境内造反，官府却不能加以禁止，这是政治混乱的表现啊。大王您兵力衰弱，政治混乱，并不在越国之下，反而想去攻打越国，这就是智慧如同眼睛，见远不见近啊。"楚庄王便终止了他的进攻计划。所以了解事物的困难，不在于看清别人，而在于看清自己。所以说："能够认清自己叫作明察。"

【原典】

子夏见曾子。曾子曰："何肥也？"对曰："战胜，故肥也。"曾子曰："何谓也？"子夏曰："吾入见先王之义则荣之，出见富贵之乐又荣之，两者战于胸中，未知胜负，故臞①。今先王之义胜，故肥。"是以志之难也，不在胜人，在自胜也。故曰："自胜之谓强。"②

【注释】

①臞（qú）：消瘦。②引文出自《老子·三十三章》："自胜者强。"

【译文】

子夏碰到了曾子，曾子说："你怎么胖了？"子夏回答说："因为打了胜仗，所以胖了。"曾子说："这是什么意思？"子夏说："过去我在家里学习前代圣王的学说时，总会非常景仰；出门看到荣华富贵给人带来的快乐时，心中又很羡慕。这两种情绪在心里发生了斗争，分不出谁胜谁负，所以瘦了；现在先前圣贤的道理获胜了，所以胖了。"所以一个人树立志向的困难，不在于胜过别人，而在于战胜自己。所以说："能战胜自己才叫作真正的强大。"

【原典】

周有玉版①，纣令胶鬲索之②，文王不予；费仲来求③，因予之。是胶鬲贤而费仲无道也。周恶贤者之得志也，故予费仲。文王举太公于渭滨者，贵之也；而资费仲玉版者，是爱之也。故曰："不贵其师，不爱其资，虽知大迷，是谓要妙。"④

【注释】

①玉版：用玉做的刻有文字的短板。②胶鬲：商纣王的贤臣。③费仲：商纣王的奸臣。④引文见《老子·二十七章》。

【译文】

周人拥有一块玉版，殷纣王派胶鬲前去索取，周文王没有给；费仲前去索求，便给了他。这是因为胶鬲贤达而费仲不讲道理。周文王不希望贤良的大臣得到商纣王的重用而实现其政治志向，所以给了费仲。周文王在渭水边提拔了太公，那是尊重他；而把玉版交给费仲，却是看中他得志后可以扰乱殷纣。所以说："假如不尊重自己可以依靠的老师，不爱惜可以利用的条件，那么即使聪明，终是太糊涂，这是精要细微的道理"。

说林上

【原典】

汤以伐桀，而恐天下言己为贪也，因乃让天下于务光①。而恐务光之受之也，乃使人说务光曰："汤杀君而欲传恶声于子，故让天下于子。"务光因自投于河。

【注释】

①务光：相传为夏朝时的一位隐士。

【译文】

商汤已经灭掉了夏桀，而怕天下人说自己是贪心，于是就把天下让给务光。但又怕务光真的接受了君权，就又派人劝告务光说："商汤杀了君主而想把坏名声转嫁给你，所以才把天下让给你。"务光因而跳河自杀了。

【原典】

秦武王令甘茂择所欲为于仆与行事①，孟卯曰②："公不如为仆。公所长者，使也。公虽为仆，王犹使之于公也。公佩仆玺而为行事，是兼官也。"

【注释】

①甘茂：人名，秦武王时担任左相。仆：官职名，主要掌管君主车马。行事：官职名，负责外交事务。②孟卯：战国时齐国人，能言善辩，后为魏安釐王的将。

【译文】

秦武王叫甘茂在主管君主车马的仆与主管传达君命的行事这两种官职中选择

自己所想做的官。孟卯说:"您不如做仆官,您的特长是做使臣,您虽然做了仆这种官,但是君主仍会把使臣的事务交给您。您佩带着仆官的印信,又做着使臣官的事情,这就兼有两个官职啊!"

【原典】

子围见孔子于商太宰①。孔子出,子围入,请问客。太宰曰:"吾已见孔子,则视子犹蚤虱之细者也。吾今见之于君。"子围恐孔子贵于君也,因谓太宰曰:"君已见孔子,亦将视子犹蚤虱也。"太宰因弗复见也。

【注释】

①太宰:宋国官名,职位与"相"相同。

【译文】

子围把孔子引见给宋国的相国。孔子走后,子围进来,询问相国对孔子的看法。相国说:"我见过孔子之后,再看你,就如同跳蚤、虱子一般渺小了。我现在就把他引见给君主。"子围怕孔子被君主看重,因而告诉相国说:"君主见过孔子后,也会把你看得如同跳蚤、虱子一般渺小了。"于是相国不再向宋君引见孔子。

【原典】

魏惠王为臼里之盟①,将复立于天子②。彭喜谓郑君曰:"君勿听。大国恶有天子,小国利之。若君与大不听,魏焉能与小立之?"

【注释】

①白里：地名，在今河南洛阳附近。②立：通"位"。

【译文】

魏惠王主持白里的诸侯盟会，打算恢复周天子的地位。彭喜告诉韩王说："您不要听从他的话。大国讨厌有天子，天子只对小国有利。如果您和大国都不听从他的话，魏国还怎么能和小国一起恢复周天子的地位呢？"

【原典】

晋人伐邢①，齐桓公将救之。鲍叔曰："太蚤。邢不亡，晋不敝；晋不敝，齐不重。且夫持危之功，不如存亡之德大。君不如晚救之以敝晋，齐实利；待邢亡而复存之，其名实美。"桓公乃弗救。

【注释】

①邢：春秋诸侯国名，原都在今河北西南部，后迁都到夷仪（在今山东聊城西南）。

【译文】

晋国讨伐邢国，齐桓公打算前去解救。鲍叔说："为时太早了。邢国不灭亡，晋国就不会疲惫；晋国不疲惫，齐国地位就不会重要起来。再说那扶持处在危险之中的国家的功德，比不上恢复亡国的功德大。您不如晚一点去援救邢国，以便使晋国疲惫，齐国才能真正得到好处。等邢国灭亡后再帮助他们复国，那样的名声才真正美好。"齐桓公就不去援救邢国了。

【原典】

子胥出走，边候得之①。子胥曰："上索我者，以我有美珠也。今我已亡之矣。我且曰：子取吞之。"候因释之。

【注释】

①边候：指楚国防守边界关卡的官吏。

【译文】

伍子胥从楚国出逃，被楚国的防守边界关卡的官吏捉住。子胥说："君主搜捕我，是因为我有一颗美丽的宝珠。现在我已经将宝珠弄丢了。您如果把我遣送给楚王，我将会对楚王说：'是你把它抢去吞吃了的！'"防守边界关卡的官吏因此放走了子胥。

【原典】

庆封为乱于齐而欲走越①。其族人曰："晋近，奚不之晋？"庆封曰："越远，利以避难。"族人曰："变是心也，居晋而可；不变是心也，虽远越，其可以安乎？"

【注释】

①庆封：春秋时齐国执政大臣，后因荒淫乱政被逐。

【译文】

庆封在齐国作乱后，想出奔到越国。他的族人对他说："晋国要近一些，为何不去晋国呢？"庆封说："越国远一些，有利于避难。"族人说："如果改变这作乱的心思，住在晋国就可以了；不把这种念头改掉，即使远居越国，难道就可以安宁了吗？"

【原典】

智伯索地于魏宣子①，魏宣子弗予。任章曰："何故不予？"宣子曰："无故请地，故弗予。"任章曰："无故索地，邻国必恐。彼重欲无厌，天下必惧。君予之地，智伯必骄而轻敌，邻邦必惧而相亲。以相亲之兵待轻敌之国，则智伯之命不长矣。《周书》曰②：'将欲败之，必姑辅之；将欲取之，必姑予之。'君不如予之以骄智伯。且君何释以天下图智氏，而独以吾国为智氏质乎？"君曰："善。"乃与之万户之邑。智伯大悦，因索地于赵，弗与，因围晋阳③。韩、魏反之外，赵氏应之内，智氏以亡。

【注释】

①魏宣子：春秋末期晋国六卿之一。《战国策·魏策一》与《史记·魏世家》作"魏桓子"。②《周书》：此处指《逸周书》，记载周朝训诂誓命的书，今本已残缺。③晋阳：春秋末期赵国封邑，在今山西太原西南。

【译文】

智伯向魏宣子索要土地,魏宣子不给。任章说:"为什么不给他呢?"魏宣子说:"无缘无故来要求割地,所以我不想给他。"任章说:"无缘无故来索取土地,邻国一定会害怕。他反复索求贪得无厌,天下一定会恐惧。您给了土地,智伯一定骄傲而轻敌,邻国一定恐惧而相互亲近。以互相亲近团结的军队来对付轻视他国的敌人,那么智伯的命就不会长久了。《周书》上说:'想要打败他,必须姑且辅助他;想要夺取他,必须姑且给予他。'您不如把土地送给他来使他骄傲。况且您为何放弃用天下的力量来对付智氏,单单把我们魏国作为智伯的攻击目标呢?"宣子说:"好。"于是就把一个万户人家的城邑给了智伯。智伯非常高兴,接着又向赵国索要土地。赵国没有给他,智伯因而围攻晋阳。韩氏、魏氏在晋阳城外背叛了他,赵氏在晋阳城内作接应,智氏由此灭亡了。

【原典】

秦康公筑台三年①。荆人起兵,将欲以兵攻齐。任妄曰:"饥召兵,疾召兵,劳召兵,乱召兵。君筑台三年,今荆人起兵将攻齐,臣恐其攻齐为声,而以袭秦为实也,不如备之。"戍东边,荆人辍行。

【注释】

①秦康公:春秋末期秦国君主。

【译文】

秦康公花了三年时间建筑台观。楚国人调动军队,将要用兵攻打齐国。任妄说:"饥荒招致敌兵,病害招致敌兵,百姓劳苦会招来敌兵,政局混乱会招来敌兵。您筑了三年台观,现在楚国人调动军队,将要攻打齐国,我怕他们名义上是前去攻打齐国,而实际上是来袭击秦国。不如对他们加以防备。"秦国派兵对东面边境进行戍守,楚国人就停止了进兵。

【原典】

齐攻宋,宋使臧孙子南求救于荆。荆大说,许救之,甚欢。臧孙子忧而反。其御曰:"索救而得,今子有忧色,何也?"臧孙子曰:"宋小而齐大。夫救小宋而恶于大齐,此人之所以忧也;而荆王说,必以坚我也。我坚而齐敝,荆之所利

也。"臧孙子乃归。齐人拔五城于宋而荆救不至。

【译文】

齐国攻打宋国,宋国派臧孙子南下向楚国求救。楚王非常高兴,答应援救他们,劲头十足。臧孙子忧心忡忡地回到了宋国,他的车夫说:"求救的事如愿以偿了,现在您却有忧虑的脸色,这是什么原因呢?"臧孙子说:"宋国弱小而齐国强大。为救援弱小的宋国而得罪了强大的齐国,这是令人担忧的事;但楚王却那么高兴,他一定是用答应援救我们来坚定我们抵抗齐国的决心。我们坚持下去,齐兵就会疲惫,这正是楚国的利益所在啊。"于是臧孙子回到了宋国。齐人攻下了宋国五座城池,然而楚国的救援部队却还没到。

【原典】

魏文侯借道于赵而攻中山①,赵肃侯将不许②。赵刻曰:"君过矣。魏攻中山而弗能取,则魏必罢。罢则魏轻,魏轻则赵重。魏拔中山,必不能越赵而有中山也。是用兵者魏也,而得地者赵也。君必许之。许之而大欢,彼将知君利之也,必将辍行。君不如借之道,示以不得已也。"

【注释】

①魏文侯:战国时魏国的建立者,公元前424~前387年在位。中山:春秋

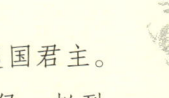

战国时由少数民族建立的国家,在今河北中西部。②赵肃侯:战国时赵国君主。公元前349～前326年在位。根据《战国策·赵策一》,此处当为赵烈侯。赵烈侯,公元前408～前400年在位。

【译文】

魏文侯向赵国借路去攻打中山国,赵肃侯准备拒绝,赵刻说:"您错了。魏攻打中山如不能拿下来,那么魏国必然会疲惫不堪。魏国疲惫不堪,其地位就会下降,魏国的地位下降,赵国的地位就显得相对重要了。魏国如果攻下中山国,必然不能越过赵国来占有中山。这样一来,出兵攻打中山国的是魏国,而获得中山国土地的是赵国。您一定得答应借给他道路。不过,如果答应时表现出过于高兴的神情,他将会知道您从他的进攻之中可以得到好处,结果必将停止军事行动。您不如把道路借给他,并表现出借路是出于不得已的事情。"

【原典】

鸱夷子皮事田成子①,田成子去齐,走而之燕,鸱夷子皮负传而从。至望邑,子皮曰:"子独不闻涸泽之蛇乎?泽涸,蛇将徙。有小蛇谓大蛇曰:'子行而我随之,人以为蛇之行者耳,必有杀子。不如相衔负我以行,人以我为神君也。'乃相衔负以越公道。人皆避之,曰:'神君也。'今子美而我恶,以子为我上客,千乘之君也;以子为我使者,万乘之卿也。子不如为我舍人。"田成子因负传而随之。至逆旅②,逆旅之君待之甚敬,因献酒肉。

【注释】

①鸱夷子皮:春秋末期田成子的谋士。②逆旅:旅馆,客店。

【译文】

鸱夷子皮侍奉田成子。田成子离开齐国,逃往燕国,鸱夷子皮背着出入关口时须交验的符牒跟在后面。到了望邑,子皮说:"您难道没听说过干涸湖泊中蛇的故事吗?湖泊干涸了,蛇准备迁移。有条小蛇对大蛇说:'您走在前面,我跟在后面,人们会认为这只不过是过路的蛇,那就必然会有人杀掉您。不如相互嘴叼着嘴,您背着我走,人们就会把我当成神灵了。'于是相互嘴叼着嘴背负着穿过大路。人们都躲开它们,说:'这是神灵啊。'现在您样子华美而我样子丑陋,把您作为我的上等客人，人们会把我看成是拥有千辆兵车之国的君主；把您作为我的使者，人们就会把我看成是拥有万辆兵车之国的贵卿。您不如做我的近侍，人们就会把我看成是大国的君主了。"田成子因而背着符牒跟着鸱夷子皮，来到了客店，客店主人非常恭敬地招待了他们，并献上了酒肉。

【原典】

温人之周①，周不纳客。问之曰："客耶？"对曰："主人。"问其巷人而不知也，吏因囚之。君使人问之曰："子非周人也，而自谓非客，何也？"对曰："臣少也诵《诗》曰：'普天之下，莫非王土；率土之滨，莫非王臣。'今君，天子，则我天子之臣也。岂有为人之臣而又为之客哉？故曰：主人也。"君使出之。

【注释】

①温：古代邑名，在今河南洛阳白马寺以东。

【译文】

温邑有个人来到东周国，当时东周国不准外客入境，于是都城的守门人问他说："你是外地的客人吗？"温人回答说："我是本国的主人！"问与他住在同一街巷的人，大家都不认识他，守城的官吏便囚禁了他。周国的君主派人问他："你不是东周都城的人，又自称不是客人，为什么？"他回答说："我小时候朗读《诗经》，那《诗经》上说：'普天之下，没有不是君王的土地；四海之内，没有不是君王的臣子。'现在君王您是天子，那我就该是天子的臣子。哪有做了别人的臣民而又成为他的外客的呢？所以我说是主人。"东周国的君主便派人把他放了。

【原典】

韩宣王谓樛留曰①："吾欲两用公仲、公叔，其可乎②？"对曰："不可。晋用六卿而国分③，简公两用田成、阚止而简公杀④，魏两用犀首、张仪而西河之外亡⑤。今王两用之，其多力者树其党，寡力者借外权。群臣有内树党以骄主，有外为交以削地，则王之国危矣。"

【注释】

①韩宣王：即韩宣惠王，战国时韩国的君主。②公仲、公叔：公仲名朋，公

叔名伯婴，二人均为韩国贵族。③六卿：指春秋时晋国的赵氏、魏氏、韩氏、中行氏、范氏、智氏六家。后来，晋国被赵氏、魏氏、韩氏三家瓜分而灭亡。④阚（kàn）止：当时齐简公的宠臣。⑤犀首：魏国的武职官名。西河之外：指黄河以西原属于魏国的领地，在今陕西东部、渭水以北。

【译文】

韩宣王对樛留说："我想同时重用公仲朋和公叔伯婴，可以吗？"樛留回答说："不可以。晋国重用赵氏、魏氏、韩氏、中行氏、范氏、智氏这六卿，结果国家遭到了瓜分；齐简公同时重用田成子、阚止而齐简公被杀掉；魏国同时重用犀首、张仪，结果黄河以西原属于魏国的领地丢失了。如今大王同时重用他们，其中势力大的会树立私党，势力小的会借重国外势力。群臣之中有的在国内建立私党来傲慢地对待君主，有的在外结交诸侯来宰割国土，这样一来，大王的国家就危险了。"

【原典】

绍绩昧醉寐而亡其裘。宋君曰："醉足以亡裘乎？"对曰："桀以醉亡天下，而《康诰》曰'毋彝酒者①'；彝酒，常酒也。常酒者，天子失天下，匹夫失其身。"

【注释】

①《康诰》：《尚书》篇名。

【译文】

绍绩昧喝醉后睡着了而丢了他的皮衣。宋国的君主说："喝醉了酒就会丢失皮衣吗？"绍绩昧回答说："夏桀因为醉酒丢失了天下。《尚书·康诰》里说的'不要彝酒'，彝酒便是常常喝酒。常常喝酒的人，如是天子就会失去天下，如是平民就会失去性命。"。

【原典】

管仲、隰朋从于桓公而伐孤竹，春往冬反，迷惑失道。管仲曰："老马之智可用也。"乃放老马而随之，遂得道。行山中无水，隰朋曰："蚁冬居山之阳，夏居山之阴。蚁壤一寸而仞有水。"乃掘地，遂得水。以管仲之圣而隰朋之智，至其所不知，不难师于老马与蚁。今人不知以其愚心而师圣人之智，不亦过乎？

【译文】

管仲、隰朋跟随齐桓公去攻打孤竹国，春季出征，冬季返回，迷失了道路。管仲说："老马的才智可以利用。"于是就放开老马让它自己走，而大家跟随在后，终于找到了返回的路。走到山里没有水喝，隰朋说："蚂蚁冬天住在山的南面，夏天住在山的北面。地上蚂蚁洞口的土堆能达到一寸高的话，地下八尺就会有水。"于是就按照蚂蚁洞来挖地，终于找到了水。凭管仲的智慧和隰朋的聪明，对于自己不知道的东西，不惜向老马和蚂蚁学习；现在的人不知道用他们的愚蠢之心去向圣人的智慧学习，不也是错误的吗？

【原典】

有献不死之药于荆王者，谒者操之以入①。中射之士问曰②："可食乎？"曰："可。"因夺而食之。王大怒，使人杀中射之士。中射之士使人说王曰："臣问谒者，曰'可食'，臣故食之，是臣无罪而罪在谒者也。且客献不死之药，臣食之而王杀臣，是死药也，是客欺王也。夫杀无罪之臣而明人之欺王也，不如释臣。"王乃不杀。

【注释】

①谒者：古时宫廷中掌管通报传达的官员。②中射之士：宫中的侍卫武官。

【译文】

有个人进献长生不死的药给楚顷襄王，传达官拿着药进来。侍卫武官问道："这药可以吃吗？"传达官说："可以。"侍卫武官就抢过来吃了。楚王十分恼火，派人去杀侍卫武官。侍卫武官让人劝谏楚王说："我问传达官，他说可以吃，所以我才把它吃了，这证明我没罪，罪在传达官。再说那外客进献这长生不死的药，我吃了而大王却要杀我，那就成了死药，这样看来，那就是客人欺骗了大王。杀无罪的人而表明有人欺骗大王，还不如放了我。"楚王于是没有杀他。

【原典】

田驷欺邹君，邹君将使人杀之。田驷恐，告惠子①。惠子见邹君曰："今有人见君，则睎其一目，奚如？"君曰："我必杀之。"惠子曰："瞽，两目睎，君奚为不杀？"君曰："不能勿睎。"惠子曰："田驷东慢齐侯②，南欺荆王，驷之于欺人，瞽也，君奚怨焉？"邹君乃不杀。

【注释】

①惠子：即惠施，战国时宋国人，以善辩著称，是名家学派的代表人物。②慢：通"谩"，欺骗。

【译文】

田驷欺骗邹国的君主，邹国的君主要派人杀他。田驷恐惧了，就告诉惠子。惠子拜见邹国的君主说："如果有一个人来见您，却闭上一只眼睛，您会怎么样？"邹国的君主说："我一定会杀了他。"惠子说："瞎子两只眼都闭着，您为什么不杀？"邹国的君主说："瞎子不得不闭双眼。"惠子说："田驷在东面欺骗齐国国君，在南边欺骗楚国国王，就如同瞎子不得不闭眼一样，习以为常了，您为何还要怨恨他呢？"于是邹国的君主没有杀他。

【原典】

鲁穆公使众公子或宦于晋，或宦于荆。犁鉏曰①："假人于越而救溺子，越人虽善游，子必不生矣。失火而取水于海，海水虽多，火必不灭矣，远水不救近火也。今晋与荆虽强，而齐近，鲁患其不救乎！"

【注释】

①犁鉏：人名，一作黎且，曾在齐国做官。

【译文】

鲁穆公让自己的儿子们有的到晋国去做官，有的到楚国去做官。犁鉏说："从越国借人来救溺水的孩子，越国人虽然善于游泳，这孩子也必定是活不了了。失火而从海里取水来救，海水虽然很多，这火也必然灭不掉了，因为远水救不了近火。现在晋国和楚国虽然强大，但齐国和我们靠近，如果受到齐国攻击，鲁国的祸患恐怕难救了。"

【原典】

严遂不善周君①，患之。冯沮曰②："严遂相，而韩廆贵于君③。不如行贼于韩廆，则君必以为严氏也。"

【注释】

①严遂：战国时韩哀侯的大臣。周君：此处指战国时的西周君主。当时的西周，仅为地处韩国西边的一个小诸侯国。②冯沮：西周国的大臣。③韩廆：韩哀侯的相。

【译文】

韩相严遂和西周国君不和，西周国君很忧虑这件事。冯沮说："严遂任相，而韩廆受到韩国君主的器重。您不如派人行刺韩廆，韩哀侯一定会认为这是严遂干的而把他除掉。"

【原典】

张谴相韩，病将死。公乘无正怀三十金而问其疾。居一日，君问张谴曰："若子死，将谁使代子？"答曰："无正重法而畏上。虽然，不如公子食我之得民也。"张谴死，因相公乘无正。

【译文】

张谴任韩国的宰相，患了非常严重的病而将要死去。公乘无正拿了三十金黄金去探病。过了一天，韩国的国君亲自去慰问张谴，说："如果您死了，叫谁来代替您的职务呢?"张谴回答说:"公乘无正重视法治而敬畏君主,虽说如此,但他比不上公子食我更得民心。"张谴去世后,韩国的国君便让公乘无正做了宰相。

【原典】

乐羊为魏将而攻中山①,其子在中山,中山之君烹其子而遗之羹。乐羊坐于幕下而啜之,尽一杯。文侯谓堵师赞曰:"乐羊以我故而食其子之肉。"答曰:"其子而食之,且谁不食?"乐羊罢中山,文侯赏其功而疑其心。孟孙猎得麑②,使秦西巴持之归,其母随之而啼。秦西巴弗忍而与之。孟孙归,至而求麑。答曰:"余弗忍而与其母。"孟孙大怒,逐之。居三月,复召以为其子傅。其御曰:"曩将罪之,今召以为子傅,何也?"孟孙曰:"夫不忍麑,又且忍吾子乎?"故曰:"巧诈不如拙诚。"乐羊以有功见疑,秦西巴以有罪益信。

【注释】

①乐羊:战国时魏文侯的相。②孟孙:即孟孙氏,鲁国的卿。麑:小鹿。

【译文】

乐羊担任魏将去攻打中山国,他的儿子却在中山国。中山国的君主烹杀了他的儿子,并送给他一些带汁的肉,乐羊坐在军帐中吃这肉羹,吃完了一杯。魏文侯对堵师赞说:"乐羊为了我而吃了他儿子的肉。"堵师赞回答说:"他连自己的儿子都吃了,还有谁不能吃呢?"乐羊从中山国返回,魏文侯奖赏他的功劳而怀疑他的忠心。孟孙猎到一只小鹿,派秦西巴把它装上车押送回去,小鹿的母亲跟在后面啼叫。秦西巴不忍心而把小鹿放掉还给了母鹿。孟孙回来后,来要小鹿。秦西巴回答说:"我不忍心,就还给了它的母亲。"孟孙非常生气,就把他撵走了。过了三个月,又把秦西巴召回来,让他做了自己儿子的老师。孟孙的车夫说:"过去您要惩处他,现在又召来作为儿子的老师,这是什么原因呢?"孟孙说:"他这个人不忍心残害小鹿,何况对我的儿子呢?"所以说:"智巧、伪诈比不上笨拙、诚实。"乐羊因为有功而被怀疑,秦西巴因有罪备受信任。

【原典】

曾从子,善相剑者也。卫君怨吴王。曾从子曰:"吴王好剑,臣相剑者也。

臣请为吴王相剑，拔而示之，因为君刺之。"卫君曰："子之为是也，非缘义也，为利也。吴强而富，卫弱而贫。子必往，吾恐子为吴王用之于我也。"乃逐之。

【译文】

曾从子是擅长鉴定宝剑的人。卫君怨恨吴王夫差。曾从子说："吴王夫差喜欢宝剑，我是鉴定宝剑的人，请让我去替吴王夫差鉴定宝剑，在拔剑给他看的时候，趁机帮您刺杀他。"卫君说："你之所以做这件事，不是遵循义，而是为了利。吴国强大而富有，卫国弱小而贫困。你一定要去，恐怕会被吴王夫差所利用来对付我。"于是就把他驱逐了。

【原典】

纣为象箸而箕子怖①，以为象箸必不盛羹于土铏②，则必犀玉之杯，玉杯象箸必不盛菽藿，则必旄象豹胎，旄象豹胎必不衣短褐而舍茅茨之下，则必锦衣九重，高台广室也。称此以求，则天下不足矣。圣人见微以知萌，见端以知末，故见象箸而怖，知天下不足也。

【注释】

①箕子：商纣王的叔父，曾任太师。②土铏：一种用于盛汤的陶制器皿。

【译文】

商纣王制作了象牙筷子，箕子便惶恐不安了，认为纣王使用了象牙筷子，就必定不会再用陶制器皿来盛带汁的肉，那就必定要用犀牛角和宝玉做的杯子；玉杯象筷必定不会用来盛豆类食品，那就必定要吃牦牛、大象、豹子等的胚胎；吃牦牛、大象、豹子等的胚胎，就必定不穿粗布短衣而住茅屋下面，就必定要穿着用华美的织锦缎做的衣服好几套，住上高台大室。按照这个方式追求下去，那么天底下的东西也就不够供他来享用了。圣人见到微小的现象就知道事物的苗头，见到事情的开端就知道最终结果，所以箕子看见了商纣王的象牙筷子就恐惧了，知道普天下的东西都不能满足商纣王的贪欲。

【原典】

周公旦已胜殷，将攻商盖①。辛公甲曰②："大难攻，小易服。不如服众小以劫大。"乃攻九夷而商盖服矣。

【注释】

①商盖：即商奄，商王朝的属国，在今山东曲阜。②辛公甲：即辛甲，商朝大臣，因多次劝谏商纣王不听从而逃至周。

【译文】

周公旦已战胜殷商，准备攻打商奄国。辛公甲说："大国难以攻取，小国容易征服。不如先征服众多小国来威胁大国。"于是就攻打了东方的各个小部族，商奄国也接着被周公旦所征服。

【原典】

纣为长夜之饮，欢以失日，问其左右，尽不知也。乃使人问箕子。箕子谓其徒曰："为天下主而一国皆失日，天下其危矣。一国皆不知而我独知之，吾其危矣。"辞以醉而不知。

【译文】

商纣王不分日夜地饮酒，因寻欢作乐而忘记了时日，问他身边的人，都说不知道。就派人去问箕子。箕子对他的随从说："做了天下的主子，可自己和左右的人都忘记了时日，国家也就危险了。整个国都的人都不知道而只有我一个人知道，恐怕我也危险了。"就推说喝醉了酒，并不知道时日。

【原典】

鲁人身善织屦，妻善织缟①，而欲徙于越。或谓之曰："子必穷矣。"鲁人曰："何也?"曰："屦为履之也，而越人跣行②；缟为冠之也，而越人被发。以子之所长，游于不用之国，欲使无穷，其可得乎?"

【注释】

①缟：生绢，可用来做帽子。②跣行：光着脚行走。

【译文】

有个鲁国人自己善于编织草鞋麻鞋，妻子善于织生绢。他想迁到越国去，有人告诉他说："您一定要穷困了。"那个鲁国人说："为什么?"这个人说："做了鞋子是为了穿它，但越国人却光着脚走路；生绢做帽是为了戴在头上的，但越国人却披头散发不戴头巾。带着你的长处前往用不着它们的国家去活动，想使您不穷困，怎么可能呢?"

【原典】

陈轸贵于魏王①。惠子曰："必善事左右。夫杨，横树之即生，倒树之即生，折而树之又生。然使十人树之而一人拔之，则毋生杨。至以十人之众，树易生之物而不胜一人者，何也? 树之难而去之易也。子虽工自树于王，而欲去子者众，子必危矣。"

【注释】

①陈轸：战国时纵横家。

【译文】

陈轸受到魏惠王的器重。惠子说："您一定要好好侍奉君主的侍从。杨树，横着栽就能活，倒着栽也能活，折断了再栽还照样能活。但是如果十个人栽它而一个人又去将它拔掉，就没有可以存活的杨树了。凭十人之众，栽种极易成活的杨树，却经不起一个人来拔，这是什么缘故呢? 是因为栽树困难，拔树容易。你虽然善于在魏惠王那里树立自己，但如果想要除掉您的人很多，你一定危险了。"

【原典】

鲁季孙新弑其君，吴起仕焉。或谓起曰："夫死者，始死而血，已血而衄①，已衄而灰，已灰而土。及其土也，无可为者矣。今季孙乃始血，其毋乃未可知也。"吴起因去之晋。

【注释】

①衄（nǜ）：萎缩。此处指血流尽后皮肉萎缩。

【译文】

鲁国季孙刚刚杀了他的君主，吴起就到他那里去做官。有人对吴起说："死去的人，刚死时流血；血流尽了，皮肉就开始萎缩；皮肉已经完全萎缩了就成了残骸；然后残骸又会化成土。到化成土后，就不可能再作怪了。现在季孙刚刚把鲁国的君主杀掉，他的结果恐怕还不可以预料吧。"吴起因而离开鲁国，到魏国去了。

【原典】

隰斯弥见田成子①，田成子与登台四望。三面皆畅，南望，隰子家之树蔽之。田成子亦不言。隰子归，使人伐之；斧离数创，隰子止之。其相室曰②："何变之数也？"隰子曰："古者有谚曰：'知渊中之鱼者不祥。'夫田子将有大事，而我示之知微，我必危矣。不伐树，未有罪也；知人之所不言，其罪大矣。"乃不伐也。

【注释】

①隰（xí）斯弥：春秋时齐国大夫。②相室：家臣。

【译文】

齐国大夫隰斯弥去见田成子，田成子和他一起登上高台向四面眺望，三面都没有遮蔽，南面望去，隰斯弥家的树挡住了视线。田成子并没有说话。隰斯弥回家，叫人把树砍倒。斧头刚砍出几个伤口，隰斯弥制止了。他的管家说："为什么变得这么快？"隰斯弥说："古代有句谚语说：'知道深渊中有鱼的人不吉祥。'田成子将要干大事，而我却向他显示出我已经知道了他的秘密，我必定危险了。

不砍树，没有罪过；知道了别人不愿说出来的事情，这个罪过就大了。"于是不再砍树。

【原典】

杨子过于宋东之逆旅①，有妾二人，其恶者贵，美者贱。杨子问其故。逆旅之父答曰："美者自美，吾不知其美也；恶者自恶，吾不知其恶也。"杨子谓弟子曰："行贤而去自贤之心，焉往而不美？"

【注释】

①杨子：即杨朱，战国时魏国人，道家人物。

【译文】

杨朱路过宋国东边的旅店。店主有两个妾，其中长得丑陋的被器重，长得漂亮的却被看不起。杨朱问店主缘由，旅店的主人回答说："长得漂亮的自以为漂亮而很傲慢，我不觉得她漂亮；长得丑陋的自以为丑陋而很谦卑，我不觉得她丑陋。"杨朱对他的弟子说："做贤德的事情而去掉自以为贤德的念头，到哪儿能不受到赞美呢？"

【原典】

卫人嫁其子而教之曰："必私积聚。为人妇而出，常也；其成居，幸也。"其子因私积聚，其姑以为多私而出之。其子所以反者，倍其所以嫁。其父不自罪于教子非也，而自知其益富。念人臣之处官者，皆是类也。

【译文】

有个卫国人嫁自己的女儿时教育她说："一定要私下积聚财物。做人家的妻子而被休了赶出门，是常有的事；终身在一起的，是很侥幸的。"他的女儿因此私下积聚财物，她的婆婆觉得她多积私房钱而把她休了。他的女儿带回来的财物，比出嫁时所带去的东西多出一倍。她的父亲不怪罪自己在教育女儿方面教得不对，而自以为增加财富是聪明的。现在处在官位上的臣子，都是这一类人。

【原典】

鲁丹三说中山之君而不受也，因散五十金事其左右。复见，未语，而君与之食。鲁丹出，而不反舍，遂去中山。其御曰："及见，乃始善我。何故去之？"鲁丹曰："夫以人言善我，必以人言罪我。"未出境，而公子恶之曰："为赵来间中山。"君因索而罪之。

【译文】

鲁丹三次去游说中山国的君主都没有被接受，就散发了五十金黄金贿赂中山君主的近臣。然后再去拜见中山国的君主，还没有开口说话，君主就款待他饭吃。鲁丹出来后，连住所都没去，就离开了中山国。他的车夫说："这又一次拜见中山君主时，才开始和我们交好，为何要离开呢？"鲁丹说："因为别人的话而待我好，也一定会因为别人的话来怪罪我的。"他们还没有走出中山国国境，公子就诽谤他说："是为赵国来刺探中山国的。"中山国的君主便搜捕并惩处了他。

【原典】

田伯鼎好士而存其君，白公好士而乱荆。其好士则同，其所以为则异。公孙友自刖而尊百里，竖刁自宫而谄桓公。其自刑则同，其所以自刑之为则异。慧子曰："狂者东走，逐者亦东走。其东走则同，其所以东走之为则异。故曰：同事之人，不可不审察也。"

【译文】

田伯鼎喜爱士人而保全了他的君主，白公胜喜欢士人却扰乱了楚国。他们喜欢士人是相同的，但他们用士人来做的事却是不同的。公孙友自己砍掉脚来使百里奚获得高官，竖刁阉割了自己而去谄媚齐桓公。他们自我用刑是相同的，但他们自我用刑的目的却是不同的。惠子说："发疯的人向东跑，追赶的人也向东跑。他们向东边跑的行为是相同的，但他们向东跑的目的却是不同的。所以说，对做了同样事情的人，不可不仔细地去加以考察啊。"

观行

【原典】

古之人目短于自见，故以镜观面；智短于自知，故以道正己。故镜无见疵之罪，道无明过之恶。目失镜，则无以正须眉；身失道，则无以知迷惑。西门豹之性急①，故佩韦以缓己；董安于之心缓②，故佩弦以自急。故以有余补不足、以长续短之谓明主。

【注释】

①西门豹：战国初期魏国人，魏文侯时曾任魏国的邺（在今河北临漳西南）令。②董安于：春秋末期晋国人，赵简子的家臣。

【译文】

古代的人，因为自己的眼睛不能看见自己的容貌，所以用镜子照着观察面孔；因为自己的智力不擅长发觉自己的过失，所以用法术来修正自己。因此镜子没有照出毛病的罪过，法术没有暴露过失引起的怨恨。眼睛离开镜子，就没有办法修整自己的胡须和眉毛；人们离开法术，就不能辨别是非。西门豹性情急躁，所以佩带柔韧的熟牛皮带来提醒自己尽量从容和缓一些；董安于性情迟缓，所以佩带绷紧的弓弦来鞭策自己尽量敏捷急迫一些。所以用多余补充不足；用其他事物的长处来补充自己短处的就叫作英明的君主。

【原典】

天下有信数三：一曰智有所不能立，二曰力有所不能举，三曰强有所不能胜。故虽有尧之智而无众人之助，大功不立；有乌获之劲而不得人助，不能自举；有贲、育之强而无法术，不得长胜。故势有不可得，事有不可成。故乌获轻千钧而重其身，非其身重于千钧也，势不便也。离朱易百步而难眉睫，非百步近而眉睫远也，道不可也。故明主不穷乌获以其不能自举，不困离朱以其不能自见。因可势，求易道，故用力寡而功名立。时有满虚，事有利害，物有生死，人主为三者发喜怒之色，则金石之士离心焉。圣贤之朴深矣。故明主观人，不使人观己。明于尧不能独成，乌获之不能自举，贲、育之不能自胜，以法术则观行之道毕矣。

【译文】

天下有三种必然之理：一是智者也有无法办成的事情，二是力士也有无法举起的物件，三是勇士也有无法战胜的对手。即使有了尧那样高的智慧，却没有众人的辅佐，大功就建立不起来；即使有了乌获那样大的力气，却得不到别人帮助，也不可能自己举起自己；即使有了孟贲、夏育那样的勇猛，却没有法术作为保障，仍不能总是取胜。所以形势总有不得心应手的地方，事情总有办不成的情况。所以乌获以千钧为轻而以自身为重，并不是自己的身体真比千钧还重，而是形势不允许。离朱易于看清百步之外的毫毛，而看自己的眉毛和眼睫毛却觉得很困难，并非百步近而眉睫远，而是条件不允许。所以英明的君主不因为乌获不能把自己举起来就使他难堪，不因离朱不能自见而刁难他。顺应可获成功的形势，寻求容易成功的法则，所以所用的力气少而功名可以建立。季节有盛有衰，事情有利有害，万物有生有死，君主对这三种变化表现出喜怒之颜色，那么坚如金石的忠贞之士也会和他离心离德了，聪明的人就会摸到君主底细了。所以英明的君主观察别人，而不让别人观察自己。明白了尧不能独立地建成功业，乌获不能举起自己，孟贲、夏育不能胜过自我，运用法术来考察别人，那么观察臣下行为的方法就完备了。

安危

【原典】

安术有七，危道有六。

【译文】

使国家安定的方法有七种，招致国家危乱的途径有六种。

【原典】

安术：一曰赏罚随是非，二曰祸福随善恶，三曰死生随法度，四曰有贤不肖而无爱恶，五曰有愚智而无非誉，六曰有尺寸而无意度，七曰有信而无诈。

【译文】

使国家安定的途径：一是奖赏或惩罚要有一定的是非标准；二是福祸要根据行为的善恶而定；三是臣民该处死还是该生存都依法律来论定；四是人贤和不贤是实际存在的，但不能根据个人的好恶进行判断；五是任用臣民只看他是愚蠢还是聪明而不管他是受到了非议还是受到了赞美；六是衡量事物有客观标准而不凭主观猜想；七是治政执法有信用而不欺诈。

【原典】

危道：一曰斫削于绳之内，二曰断割于法之外，三曰利人之所害，四曰乐人之所祸，五曰危人于所安，六曰所爱不亲、所恶不疏。如此，则人失其所以乐生，而忘其所以重死。人不乐生，则人主不尊；不重死，则令不行也。

【译文】

使国家危亡的途径：一是砍削木材偏到准线以内，即徇私枉法；二是锯断木材偏到了规则之外，即任意裁决，不依据法令；三是从别人的损害中谋取利益；四是以别人的灾祸为乐；五是危害别人的平安生活；六是不亲近自己喜爱的人、不疏远自己憎恶的人。如果这样，人们就失去了他们乐于生存的前提，也失去了他们看重死亡的条件。人们不乐于生存，君主就受不到尊重；人们不爱惜生命，法令就不能实行。

【原典】

使天下皆极智能于仪表，尽力于权衡，以动则胜，以静则安。治世使人乐生于为是，爱身于为非，小人少而君子多。故社稷常立，国家久安。奔车之上无仲尼，覆舟之下无伯夷。故号令者，国之舟车也。安则智廉生，危则争鄙起。故安国之法，若饥而食，寒而衣，不令而自然也。先王寄理于竹帛，其道顺，故后世服。今使人去饥寒，虽贲、育不能行；废自然，虽顺道而不立。强勇之所不能行，则上不能安。上以无厌责已尽，则下对"无有"；无有，则轻法。法所以为国也，而轻之，则功不立，名不成。

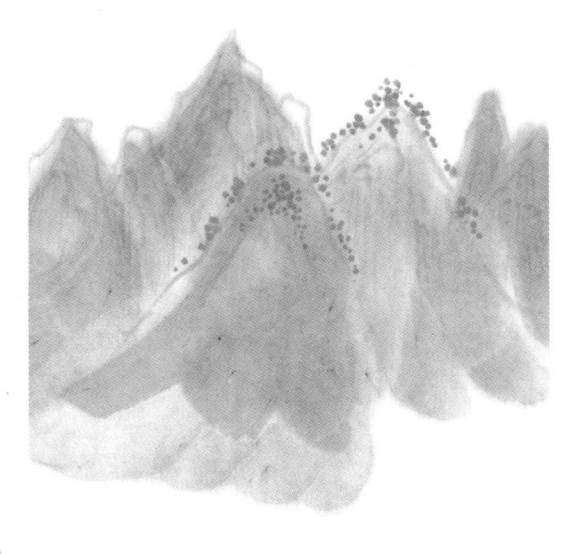

【译文】

假使天下人都能在法令范围内充分发挥智慧和才能，在法度的规范内使尽自己的力量，用来打仗就能取胜，用来治国就能安定。治理的好的社会，能使人们乐于生存而去做合法的事情、爱惜自身而不去为非作歹，这样就坏人少而好人多。所以象征国家政权的土地神谷神能够永远地存在着，国家能够长治久安。在飞奔的车子之上不会产生孔子那样的智者，倾翻的船只之下不会产生伯夷那样的廉洁之士。所以法令就是国家的船和车，平安时智慧和清廉的人才能出现，危乱时争夺、鄙陋的人就会涌现。所以给国家带来安定的法律，就如同饿了要吃饭、冷了要穿衣一般，是不需要强令推行而自然需要的。古代的圣明帝王把治国的法则著录在竹简和帛书上，它的道理顺应了客观规律，所以后人都能信服。假如使人们摆脱了饥饿和寒冷的困扰，即使孟贲、夏育那样的勇士也做不到；如果不顾客观的需要，即使沿用先王之道也行不通。如果勉强去做勇士也不能做到的事，君主就得不到安宁。君主以永不满足的贪欲向已被搜刮光的民众责求勒索，民众就会回答说"再也没有了"；民众一无所有，就会轻视法令。法令是用来治国的，如果民众轻视它，君主的功业就不能建立，名声就不能获得。

【原典】

闻古扁鹊之治其病也，以刀刺骨；圣人之救危国也，以忠拂耳。刺骨，故小痛在体而长利在身；拂耳，故小逆在心而久福在国。故甚病之人利在忍痛，猛毅之君以福拂耳。忍痛，故扁鹊尽巧；拂耳，则子胥不失：寿安之术也。病而不忍痛，则失扁鹊之巧；危而不拂耳，则失圣人之意。如此，长利不远垂，功名不久立。

【译文】

听说古代名医扁鹊疗治疾病时，用刀刺人的骨头；圣人挽救危国时，用忠言来刺激人的听觉。刀刺到了骨头上，所以身上一时疼痛，但全身却获得了长久的好处；忠言逆耳，所以心里暂且难受，国家却能得到长远的利益。所以患重病的人要得到好处在于忍住疼痛，勇猛刚毅的君主为得福不怕进言的逆耳。病人忍住疼痛，所以扁鹊能充分施展自己的技巧；君主不怕进言的逆耳，那就不会失去像

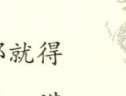

伍子胥那样的忠贞之士：这是长治久安的方法。生病了却不能忍住疼痛，那就得不到扁鹊的高明治疗；危险了却害怕进言的逆耳，那就得不到圣明之士的忠心谋划。这样一来，长远利益就不能传留后世，功名就不能永久建立。

【原典】

人主不自刻以尧而责人臣以子胥，是幸殷人之尽如比干；尽如比干，则上不失，下不亡。不权其力而有田成，而幸其身尽如比干，故国不得一安。废尧、舜而立桀、纣，则人不得乐所长而忧所短。失所长，则国家无功；守所短，则民不乐生。以无功御不乐生，不可行于齐民。如此，则上无以使下，下无以事上。

【译文】

君主不以贤明的尧为榜样来严格要求自己，却拿忠贞的伍子胥作为标准去要求臣下，这好比希望殷人都像忠诚的比干那样。当然，如果臣民都像比干那样，君主自然就不会有什么过失，臣下自然不会背弃君主。但现在君主不能衡量一下自己的力量，下面又有田成子那样图谋篡权的臣子，却还幻想他们都会像比干那样，所以国家得不到一点安宁。废除了尧、舜这样的贤君而让桀、纣这样的暴君在位，那么人们就不能以他们能做的事为快乐，却要时常为他们做不到的事所忧虑。人们失去了在法令规定的范围内充分发挥自己才智的愿望，那么国家就无法建立功业；时常为自己做不到的事所忧虑，民众就不再乐于生存。用没有功业的国君驾驭不乐于生存的民众，这在全国百姓中是行不通的。像这样的话，那么君主就没有什么办法来役使臣民，臣民也没有什么办法来侍奉君主了。

【原典】

安危在是非，不在于强弱。存亡在虚实，不在于众寡。故齐，万乘也，而名实不称，上空虚于国，内不充满于名实，故臣得夺主。桀，天子也，而无是非；赏于无功，使谗谀以诈伪为贵；诛于无罪，使伛以天性剖背。以诈伪为是，天性为非，小得胜大①。

【注释】

①小：指商汤，他原为夏桀的臣属，所统辖范围很小。大：指夏桀。

【译文】

国家的安危取决于是否能在政治上分清是非好坏，而不在于国家的强弱。国家的存亡在于君主是徒有虚名还是握有实权，而不在于拥有人口的多少。所以，齐国是大国，但由于名不副实，君主齐简公在国内一无所有，名位和实权都已旁落，所以使臣下得以篡夺君位。桀，是天子，但却分不清是非：对无功的人给予奖赏，使那些中伤贤良、阿谀奉承的人用欺诈的手段取得了高贵的地位；对无辜的人横加刑戮，使驼背的人因为天生的畸形而被剖开了背部。把欺诈当成正确的，把天生缺陷当成错误的，所以封地很小的商汤能够战胜拥有广大领土的夏桀。

【原典】

明主坚内，故不外失。失之近而不亡于远者无有。故周之夺殷也，拾遗于庭，使殷不遗于朝，则周不敢望秋毫于境。而况敢易位乎？

【译文】

英明的君主巩固自己在朝廷内部的统治，所以他的国家不会被别的国家所灭亡。如果国家内部治理得不好，却又不被别国所灭亡的，从来不曾有过。所以，周国能夺取殷朝的天下，是由于捡取、利用了商纣王在朝廷上的过失。假使殷不在朝廷上丢失了什么，那么周人连殷境内的一根毫毛也不敢觊觎，更何况夺取殷朝的天下呢？

【原典】

明主之道忠法，其法忠心，故临之而治，去之而思。尧无胶漆之约于当世而道行，舜无置锥之地于后世而德结。能立道于往古，而垂德于万世者之谓明主。

【译文】

英明君主的治国措施是适合于法制的，这种法制适合民心。所以，贯彻法制，国家就能治理好；脱离法制，民众就会思念。尧和当时的人没有订立什么牢靠的盟约，但他的治国之道能够畅通无阻；舜没有立锥之地留给后代，而他的功德照样能够萦绕在人们的心中。能够把古代尧舜作为榜样来确定治国之道，并把恩德永久留传给后代的君主，就叫作英明的君主。

守道

【原典】

圣王之立法也，其赏足以劝善，其威足以胜暴，其备足以必完法。治世之臣，功多者位尊，力极者赏厚，情尽者名立。善之生如春，恶之死如秋，故民劝极力而乐尽情，此之谓上下相得。上下相得，故能使用力者自极于权衡①，而务至于任鄙；战士出死，而愿为贲、育②；守道者皆怀金石之心，以死子胥之节。用力者为任鄙，战如贲、育，中为金石，则君人者高枕而守已完矣。

【注释】

①权衡：秤锤与秤杆，比喻法度。②贲、育：指孟贲和夏育，均为战国时卫国著名的大力士。

【译文】

圣明的君主在建立法度的时候，赏赐足以鼓励善行，威严足以制服暴乱，措施足以用来完善法制。太平盛世的臣子，功劳多了地位就尊贵，出力大了赏赐就优厚，竭尽忠诚了名声就得以树立。美好的事物

就像春天的草木般生长繁荣，邪恶的事物就像秋叶般枯萎凋谢，因此民众互相劝勉极力为国，乐于尽忠，这就叫作上下关系和谐。上下关系和谐，所以能使出力的人自觉地服从法度竭尽全力，力求自己做得像任鄙那样；战士们出生入死，情愿像大力士孟贲、夏育那样；坚守原则的人都怀有金石一样坚定的忠心，定伍子胥尽忠守节那样的献身精神。出力的人都希望自己能够像任鄙一样，战士们能够像孟贲、夏育一般，维护法治的人都心如金石，做君主的就可以高枕无忧而用来守护国家政权的法度也就完备了。

【原典】

古之善守者，以其所重禁其所轻，以其所难止其所易。故君子与小人俱正，盗跖与曾、史俱廉①。何以知之？夫贪盗不赴溪而掇金，赴溪而掇金则身不全；贲、育不量敌，则无勇名；盗跖不计可，则利不成。明主之守禁也，贲、育见侵于其所不能胜，盗跖见害于其所不能取，故能禁贲、育之所不能犯，守盗跖之所不能取，则暴者守愿，邪者反正。大勇愿，巨盗贞，则天下公平，而齐民之情正矣。

【注释】

①曾：即孔子的弟子曾参。史：史䲡，卫灵公的大臣。两人均为春秋时的贤士。

【译文】

古代善于守道的君主，用很重的刑罚去禁止较轻的罪行，用人们不敢违反的法令制止人们容易犯的罪行，因此君子与小人的行为都会变得一样端正，盗跖似的贪婪之徒会变得与曾参、史䲡这样的贤士一样廉洁。凭什么知道如此呢？贪婪的盗贼不去深涧捞取黄金，因为去捞取黄金，身体就难以保全。如果像孟贲、夏育这样的贤士不事先估量一下敌人的力量，就得不到勇武的名声；如果盗跖不事先斟酌一下计划是否可行，就不能获利。圣明的君主如果能够紧握着法令，像孟贲、夏育这样的贤士在不该取胜的地方去取胜，就要受到制裁；像盗跖那样的强盗也会受到法令的惩处，就要受到惩罚；所以能禁止像孟贲、夏育这样的贤士在不该取胜的地方取胜，防止像盗跖这样的强盗在不该窃取的地方窃取。这样一来，那么强暴的人就会变得谨慎小心，奸邪的人就可以改邪归正了。强暴的人变得谨慎小心，奸邪的人改邪归正，天下就会公正太平，而百姓的思想也都会变得端正了。

【原典】

人主离法失人，则危于伯夷不妄取，而不免于田成、盗跖之祸。何也？今天下无一伯夷，而奸人不绝世，故立法度量。度量信，则伯夷不失是，而盗跖不得非。法分明，则贤不得夺不肖，强不得侵弱，众不得暴寡。托天下于尧之法，则贞士不失分，奸人不侥幸。寄千金于羿之矢，则伯夷不得亡，而盗跖不敢取。尧明于不失奸，故天下无邪；羿巧于不失发，故千金不亡。邪人不寿而盗跖止。如此，故图不载宰予，不举六卿①；书不著子胥，不明夫差。孙、吴之略废②，盗跖之心伏。人主甘服于玉堂之中，而无瞋目切齿倾取之患；人臣垂拱于金城之内，而无扼腕聚唇嗟唶之祸③。服虎而不以柙，禁奸而不以法，塞伪而不以符，此贲、育之所患，尧、舜之所难也。故设柙，非所以备鼠也，所以使怯弱能服虎也；立法，非所以备曾、史也，所以使庸主能止盗跖也；为符，非所以豫尾生也，所以使众人不相谩也。不独恃比干之死节，不幸乱臣之无诈也；恃怯之所能服，握庸主之所易守。当今之世，为人主忠计，为天下结德者，利莫长于此。故君人者无亡国之图，而忠臣无失身之画。明于尊位必赏，故能使人尽力于权衡，死节于官职。通贲、育之情，不以死易生；惑于盗跖之贪，不以财易身；则守国之道毕备矣。

【注释】

①六卿：指范氏、中行氏、智氏、赵氏、魏氏、韩氏这晋国掌权的六大贵族。②孙、吴：指春秋战国时注明的军事家孙武和吴起。③聚唇：噘起嘴唇。嗟唶（jiè）：哀怨叹息。

【译文】

假使君主背离法治失掉人心，那么即使遇到像伯夷这样廉洁的人也会危险，更难避免田成、盗跖这类人的祸害了。这是什么缘故呢？如今天下没有一个伯夷，而奸邪之人却不断涌现，所以要确立法律制度。坚决按照法制标准办事，那么伯夷一类的人就不会失去自己的美德，而且像盗跖这样的盗贼也不能为非作歹了。法制分明，那么聪明人就不能去掠夺愚笨的人，强大的人就无法侵夺弱小的人，人多的不能欺负人少的。把天下放置在尧的法制之内，忠贞的人就不会失去本分，奸邪的人就难存侥幸心理。把千金放在后羿的弓箭保护之下，那么像伯夷那样的人就不会丢失了，盗跖一类的盗贼也不敢窃取了。尧的圣明在于不会放过一个坏人，所以天下没有奸邪；后羿的技巧在于百发百中，所以千金不会丢失。这样一来，于是邪恶的人就不会长寿而盗跖之类的人就会销声匿迹。这样一来，书籍里就不会记载宰予，不会列举范氏、中行氏、智氏、赵氏、魏氏、韩氏这晋国掌权的六大贵族，也不会记载伍子胥，不会提及吴王夫差了，孙武、吴起的谋略就会被废弃，盗跖这类人的贪心就会被制服。君主在王宫里过着甘食美衣的生活，而没有怒目切齿地痛恨奸臣篡夺君位的忧患；臣下在都城中垂衣拱手，无忧无虑，而没有使自己扼腕感慨噘嘴叹息的灾祸。制服老虎而不用笼子，禁止奸邪而不用刑法，杜绝虚假而不用符信，这是孟贲、夏育这样的贤士深感担忧的事情，也是尧、舜这样的圣人都深感棘手的事情。所以设下笼子，不是用来防备老鼠的，而是为了使怯懦的人也能制服老虎；制定法律，并不是用来防备曾参、史蜎这样的忠孝廉洁之士的，而是为了使庸君也能禁止盗跖；设立符节，并不是用来预防像尾生那样坚守信用之人的，而是为了使大家不再互相欺诈。君主不能仅仅依靠像比干那种为尽节而死的忠臣，也不要幻想乱臣贼子会不行欺诈；而要依靠能使怯懦的人制服老虎的笼子，紧紧握住就连平庸的君主也容易保住政权的法度。处在现在这个时代，为君主尽忠思虑，为天下造福的法宝，没有什么方法能够比得上施行法律了。所以做君主的没有亡国的下场，而忠臣也不会再有自己是否会失去生命的担忧。知道遵法必赏，所以能使人们根据法制竭尽全力，就能够使人们愿意以身殉职。纵有孟贲、夏育一样勇敢的性格，人们也不敢轻易地去送死；即使被盗跖那样的贪婪之心所迷惑，人们也不会为了财物去丧生；达到了这样的境界，那么保护国家的方法也就完备了。

用人

【原典】

闻古之善用人者，必循天顺人而明赏罚。循天，则用力寡而功立；顺人，则刑罚省而令行；明赏罚，则伯夷、盗跖不乱。如此，则白黑分矣。治国之臣，效功于国以履位，见能于官以受职，尽力于权衡以任事。人臣皆宜其能，胜其官，轻其任，而莫怀余力于心，莫负兼官之责于君。故内无伏怨之乱，外无马服之患①。明君使事不相干，故莫讼；使士不兼官，故技长；使人不同功，故莫争。争讼止，技长立，则强弱不觳力②，冰炭不合形③，天下莫得相伤，治之至也。

【注释】

①马服：即马服君，赵国名将赵奢的封号。此处指赵奢之子赵括。赵括只善于纸上谈兵，故在公元前260年，秦、赵两国对峙于长平（今山西高平西北）时，被秦国击败，全军覆没。②觳：通"角"。③形：通"型"。

【译文】

听说古代善用臣子的君主，一定是遵循自然法则、顺应民众意愿而且赏罚分明的。遵循自然法则，就能够少用气力而建立功业；遵循自然法则，就能够少用刑罚而推行法令；赏罚分明，像伯夷的好人与盗跖这样的坏人就不会混淆在一起。这样一来，黑白就分明了。那些参与治理国家的大臣，都是因为给国家做出了成绩才得到相应官职的，都是因为在官位上显示出了能力才得以担任相应的职位的，都是因为在法度的规定之中尽心尽力才担任政务的。每一位大臣都能使自己的才能得到适当的发挥，能够胜任自己的官职，得心应手地完成他们的任务，而不会在心中还藏着余力余智，也不会对君主负有兼任其他职务的责任。所

以在国内没有心怀怨恨的祸乱，在国外也不会发生像赵括那样因不能胜任而引起的灾难。英明的君主官吏的职事不相干挠，所以不会发生争吵；使官吏不兼任其他官职，所以各自都有擅长的技能；使官吏不去做同样的事务，所以不会发生争斗。争吵平息了，擅长的技能表现出来了，那么强的与弱的就不会争斗，如同冰和炭不在同一个器皿中一样，整个天下的人不再互相伤害，这就是治世的最高境界。

【原典】

释法术而心治，尧不能正一国；去规矩而妄意度①，奚仲不能成一轮②；废尺寸而差短长，王尔不能半中③。使中主守法术，拙匠守规矩尺寸，则万不失矣。君人者能去贤巧之所不能，守中拙之所万不失，则人力尽而功名立。

【注释】

①意：通"臆"。②奚仲：相传为一位夏朝善于造车的人。③王尔：传说中的巧匠。

【译文】

放弃法术而凭主观办事，那么像尧一样的圣人也无法将一个国家治理好；不用圆规和矩尺而凭着主观去推测，那么像奚仲一样的造车专家也不能制造出一个轮子；废弃尺寸而靠主观臆断去选择长短，那么像王尔一样的巧匠也无法命中。

假如中等才能的君主遵循法术，笨拙的匠人掌握规矩尺寸，那么就可以做到万无一失了。做君主的能去掉贤人、巧匠也办不成事情的做法，坚守着中等才能的君主和笨拙的工匠能够使自己万无一失的方法，人们就会竭尽全力，功名也会建立起来。

【原典】

明主立可为之赏，设可避之罚。故贤者劝赏而不见子胥之祸，不肖者少罪而不见伛剖背，盲者处平而不遇深溪①，愚者守静而不陷险危。如此，则上下之恩结矣。古之人曰："其心难知，喜怒难中也。"故以表示目②，以鼓语耳，以法教心。君人者释三易之数而行一难知之心，如此，则怒积于上而怨积于下。以积怨而御积怨，则两危矣。明主之表易见，故约立；其教易知，故言用；其法易为，故令行。三者立而上无私心③，则下得循法而治，望表而动，随绳而斫，因攒而缝④。如此，则上无私威之毒，而下无愚拙之诛。故上居明而少怒，下尽忠而少罪。

【注释】

①溪：山涧。②表：作标记的木桩，表示高低远近。③三者：指上文提及的表、教、法。④攒：通"钻"，锥孔。

【译文】

圣明的君主设立人们通过努力可以得到的奖赏，设立臣民能够避免的刑罚。因此德才兼备之人奋力立功得赏而不会遇到伍子胥那样的灾祸，不肖之徒也可以少犯罪而不会遭到驼背被剖那样的冤枉刑罚，这就好像盲人能够行走在平地上而不会坠入深深的山涧一样，就如同愚笨之人保持安静而不会陷入危险的境地一般。这样的话，那么君主与臣民之间就能结下恩情。古人说："人心难以捉摸，喜怒难以猜中。"因此要用标志来提示眼睛，用鼓声给耳朵传信息，用法制给人心作规范。如果君主放弃以上三种容易实行的办法而一味地让人们依据自己的主观意愿做事，这样办事，君主就会积怒，臣下就会积怨。让满怀愤怒的君主去统领满腹怨气的臣民，那么君主和臣民两方面都有危险。圣明君主的标准容易看清，因此制度就能够确立；他的教导容易懂得，说话就起作用；他所制定的法律要让臣下容易遵守，命令就会得到执行。标志、教育、法律这三样树立起来而君主又没有任何私心，臣下就可以遵循法令而治理政事，如同看着标志来行动，随着墨线来下斧，根据锥孔来上针一样。如此一来，那么君主就不会依据个人意志滥施淫威伤害臣民，臣下也没有愚蠢笨拙的过失。所以君主明察而少怒，臣下尽忠而少罪。

【原典】

闻之曰："举事无患者，尧不得也。"而世未尝无事也。君人者不轻爵禄，不易富贵，不可与救危国①。故明主厉廉耻②，招仁义。昔者介子推无爵禄而义随文公③，不忍口腹而仁割其肌，故人主结其德，书图著其名。人主乐乎使人以公尽力，而苦乎以私夺威；人臣安乎以能受职，而苦乎以一负二。故明主除人臣之所苦，而立人主之所乐。上下之利，莫长于此。不察私门之内，轻虑重事，厚诛薄罪，久怨细过，长侮偷快，数以德追祸，是断手而续以玉也，故世有易身之患。

【注释】

①与：通"以"。②厉：通"励"，鼓励。③介子推：春秋时晋国人，公子重耳的家臣。文公：即晋文公重耳。

【译文】

听说过这样的话："办事不出差错，就是尧也做不到。"然而人世间没有任何时候可以不做事情。做君主的不肯放手赏给臣下爵禄和富贵，那么就不可能挽救危亡的国家。因此英明的君主用廉耻勉励臣下，号召臣民做到仁义。过去介子推没有爵禄，凭着道义追随晋文公出亡；途中饥饿难忍，出于仁爱之心割下自己腿上的肉给晋文公充饥，所以君主铭记他的德行，书上著录他的名字。君主乐于使臣下出于公心而尽心尽力，而苦于他们为私夺权；臣下安于根据自己的才能去接受相应的职务，而苦于拿自己一个人去担任两种职务。所以英明的君主除去君臣苦恼的事，而建立君主所感到快乐的事情。君臣的利益，没有比这更深远的了。君主不去考察臣子私下的活动，轻率地考虑重大的事情，过重地处罚犯轻罪的人，长期怨恨臣下的小错，经常羞辱别人以取得不恰当的快乐；频繁地用恩惠来补偿给人造成的灾难，这样做就好像砍断了手臂而又用玉石去接上一样啊，所以天下有君位被篡夺的祸患。

【原典】

人主立难为而罪不及，则私怨生；人臣失所长而奉难给，则伏怨结。劳苦不抚循，忧悲不哀怜，喜则誉小人，贤不肖俱赏，怒则毁君子，使伯夷与盗跖俱辱，故臣有叛主。

【译文】

君主设立了难以做到的法律标准，而去怪罪臣下没有达到，那么臣下的怨恨就会产生；臣下丢掉特长而去从事难以胜任的事情，那么内心就会集结着抱怨。君主对臣子的劳苦不抚慰，对臣子的忧伤不去加以同情；高兴时连小人都称誉，无论是贤能之士还是不肖之徒都予以赏赐；发怒时连君子也诋毁，让伯夷一样的廉洁之士与盗跖那样的贪婪之徒都一起受到羞辱；因此世上存在君主被篡夺君位的祸患。

【原典】

使燕王内憎其民而外爱鲁人，则燕不用而鲁不附。民见憎，不能尽力而务功；鲁见说，而不能离死命而亲他主。如此，则人臣为隙穴，而人主独立。以隙穴之臣而事独立之主，此之谓危殆。

【译文】

假如燕王对内憎恨本国民众，对外喜爱鲁国人，那么燕国人就不会听他的使唤而鲁国人也不会依附于他。燕国的民众被憎恨，就不能尽力来求得功劳；鲁国人被燕国君主爱护，但不能冒死罪去亲近别国君主。如果这样，那么臣子就会成为君主潜在的敌人，君主就会陷于孤立的境地。让成为潜在敌人的臣子侍奉孤立无援的君主，这就叫危险。

【原典】

释仪的而妄发[①]，虽中小不巧；释法制而妄怒，虽杀戮而奸人不恐。罪生甲，祸归乙，伏怨乃结。故至治之国，有赏罚而无喜怒。故圣人极；有刑法而死

无螫毒②,故奸人服。发矢中的,赏罚当符,故尧复生,羿复立。如此,则上无殷、夏之患,下无比干之祸,君高枕而臣乐业,道蔽天地,德极万世矣。

【注释】

①仪的:射箭的靶子。②螫(shì):有毒腺的虫子刺人或动物。

【译文】

没有箭靶而随心所欲地胡乱射箭,即使射中很小的东西也不算技艺高超;放弃法律而动不动就乱发脾气,即使大肆杀伐,好人也不会害怕。甲犯了罪,而处罚却落到乙的头上,怨恨就产生了。所以治理得最好的国家,实行赏罚,但不凭个人喜怒,因此圣明的君主能够达到最高的治国境界;建立刑法,但没有君主凭着个人的意愿去实施的毒害,因此邪恶的坏人也被慑服了;射箭中靶,赏罚符合各自的功过,所以就仿佛尧可复生,羿能再世一般。这样一来,那么君主就没有像商纣王、夏桀那样亡国的灾患,臣下就没有比干剖心的灾难,君主可以高枕无忧而臣下能够安居乐业,臣下也乐于尽职,法术普遍地实行于天下,恩德流传千秋万代。

【原典】

夫人主不塞隙穴而劳力于赭垩①，暴雨疾风必坏。不去眉睫之祸而慕贲、育之死，不谨萧墙之患而固金城于远境，不用近贤之谋而外结万乘之交于千里，飘风一旦起②，则贲、育不及救，而外交不及至，祸莫大于此。当今之世，为人主忠计者，必无使燕王说鲁人，无使近世慕贤于古，无思越人以救中国溺者。如此，则上下亲，内功立，外名成。

【注释】

①赭（zhě）垩：本指涂墙的涂料，此处借指对外表的粉饰。②飘风：疾风。借喻动乱之中的政治风暴。

【译文】

君主不堵塞墙壁上的缝隙而致力于粉饰外表，狂风暴雨来了墙壁就一定会崩塌。不消除眼前的祸患，想孟贲、夏育那样的勇士前来为自己卖命；不谨防内部的祸患，在远方边境上修筑铜墙铁壁；不采用国内贤士的谋略，却去结交千里之外的大国，政治风暴一旦刮起，像孟贲、夏育那样的勇士也来不及前来帮助，而结交的大国来不及赶到，灾祸再没有比这更大的了。当今这个时代，为君主忠心谋划的人，一定不要使自己的君主学燕王爱鲁人，不要让现在的君主去羡慕古代的贤臣，不要去指望善于泅水的越国人来救中原的溺水者。这样一来，君主与臣民之间的关系就会十分亲密，在国内建立功业，在国外成就威名。

功名

【原典】

明君之所以立功成名者四：一曰天时，二曰人心，三曰技能，四曰势位。非天时，虽十尧不能冬生一穗；逆人心，虽贲、育不能尽人力。故得天时，则不务而自生；得人心，则不趣而自劝①；因技能，则不急而自疾；得势位，则不推进而名成。若水之流，若船之浮。守自然之道，行毋穷之令，故曰明主。

【注释】

①趣：通"促"，督促。

【译文】

英明的君主用来立功成名的东西有四种：一是天时，二是人心，三是技能，四是势位。如果违背了天时，即使十个尧也不能让庄稼在冬天里结成一个穗子；如果违背了人心，即使孟贲、夏育这样的勇士也不肯多出力气。所以顺应了天时，那么即使不用努力，庄稼也会自然生长；得到了人心，那么即使不加督促，民众也能自我勉励；凭借技能，那么即使工作不紧张，事情也会很快完成；得到了势位，那么即使不去追求，名声也会大振。好像水的流动，好像船的漂浮，把握自然之道，推行不会行不通的法令，所以被称为英明的君主。

【原典】

夫有材而无势，虽贤不能制不肖。故立尺材于高山之上，则临千仞之溪，材非长也，位高也。桀为天子，能制天下，非贤也，势重也；尧为匹夫，不能正三家，非不肖也，位卑也。千钧得船则浮，锱铢失船则沉，非千钧轻锱铢重也，有势之与无势也。故短之临高也以位，不肖之制贤也以势。人主者，天下一力以共载之①，故安；众同心以共立之，故尊。人臣守所长，尽所能，故忠。以尊主御忠臣，则长乐生而功名成②。名实相持而成，形影相应而立，故臣主同欲而异使。人主之患在莫之应，故曰：一手独拍，虽疾无声。人臣之忧在不得一，故曰：右手画圆，左手画方，不能两成。故曰：至治之国，君若桴，臣若鼓，技若车，事若马。故人有余力易于应，而技有余巧便于事。立功者不足于力，亲近者不足于信，成名者不足于势。近者不亲，而远者不结，则名不称实者也。圣人德若尧、舜，行若伯夷，而位不载于世，则功不立，名不遂。故古之能致功名者，众人助之以力，近者结之以成，远者誉之以名，尊者载之以势。如此，故太山之功长立于国家③，而日月之名久著于天地。此尧之所以南面而守名，舜之所以北面而效功也。

【注释】

①载：通"戴"，拥戴。②成：通"诚"。③太山：即泰山。

【译文】

如果有了才能而没有权势，即使是贤人，也不能制服不贤的人。所以在高山上树立一尺长的木头，就可以俯视七八千尺深的山涧，这并不是因为木头本身长，而是位置高的缘故。夏桀做天子，能控制天下，这并不是因为他贤能，而是因为他权势重的缘故；尧是平民百姓的时候，不能管理好三户人家，不是因为他不贤，而是他地位低下的缘故。千钧重的东西有了船就可以浮起来，很轻的东西没有船就会沉下去，不是因为千钧轻而锱铢重，而是因为有没有依靠船的浮力这种势的差别。所以短的东西能够俯视高处的东西，凭借的是位置；不贤者制服贤人，凭借的是权势。做君主的，天下的人齐心合力来共同爱戴拥护他，所以稳定；民众同心同德来共同推举辅佐他，所以尊贵。臣下发挥特长，竭尽所能，所以他们对君主的忠诚可以用来使君主尊贵。用尊贵的君主驱使忠诚的臣子，长治久安的局面就会形成，而功业名声也就能建立了。名、实相互依赖而形成，形、影相互对应而出现，所以臣子和君主在治理国家时虽然有共同的欲望却有不同的职事。君主的祸患在于没有人响应，所以说：一只手单独拍打，即使迅猛也发不出声音来。臣子的忧患在于不能专守一职，所以说：右手画圆，左手画方，不能够同时画成。所以说：治理得最好的国家，君主如同鼓槌，臣子如同鼓，技能如同车，事情如同马。人们有多余的力量，就容易响应君主的号召；技巧高超，就有利于办好政事。建立功业的人力量不够，亲近的人忠诚不够，成就名望的人权势不够，在君主身边的人不和君主相亲，而远离君主的人不和君主团结，那就是名不副实了。圣人即使德行像尧、舜一样高尚，行为像伯夷一样清廉，但势位不为世人所拥护，就无法立功立业。所以古代能够成就功名的人，众人用力帮助他，身边的人以真诚来和他结交，远处的人用美名赞誉他，地位尊贵的人用权威来拥护他。正因如此，所以君主的丰功伟绩就如同泰山一样长期在国家之中建立了起来，而太阳、月亮般的光辉名声就会永久地昭著于天地之间。这就是尧所以能南面称王而保持名位，舜所以要北面称臣而献功效忠的原因。

大体

【原典】

古之全大体者：望天地，观江海，因山谷，日月所照，四时所行，云布风动；不以智累心，不以私累己；寄治乱于法术，托是非于赏罚，属轻重于权衡；不逆天理，不伤情性；不吹毛而求小疵，不洗垢而察难知；不引绳之外，不推绳之内；不急法之外，不缓法之内；守成理，因自然，祸福生乎道法，而不出乎爱恶；荣辱之责在乎己，而不在乎人。故至安之世，法如朝露，纯朴不散，心无结怨，口无烦言。故车马不疲弊于远路，旌旗不乱于大泽，万民不失命于寇戎，雄骏不创寿于旗幢①；豪杰不著名于图书，不录功于盘盂②，记年之牒空虚。故曰：利莫长于简，福莫久于安。使匠石以千岁之寿操钩③，视规矩，举绳墨，而正太山；使贲、育带干将而齐万民；虽尽力于巧，极盛于寿，太山不正，民不能齐。故曰：古之牧天下者，不使匠石极巧以败太山之体，不使贲、育尽威以伤万民之性。因道全法，君子乐而大奸止。澹然闲静，因天命，持大体。故使人无离法之罪，鱼无失水之祸。如此，故天下少不可。

【注释】

①骏：通"俊"。幢：古代作为仪仗的一种旗帜，此处指将帅的旗帜。②盘盂：青铜用具，先秦时常在上面铸文字，记录功名。③操钩：古代著名的工匠。

【译文】

古代顾全大局的人：能够瞭望天地来了解它们的变化规律，观察江海来了解它们的水流情况，顺应山谷的高低起伏，遵循日月照耀、四时运行、云层分布、风向变动的自然法则；不让聪明才智来烦扰自己的心境，不让私利拖累自身；把国家的治乱寄托在法术上，把对事情的肯定和否定寄托在赏奖和处罚上，把物体的轻重寄托在权衡上；不违背自然的规律，不伤害人的性情；不吹毛求疵，不洗去污垢来探察隐秘；严格地按照法律准绳办事，就像木工按照墨线砍削木材那样，既不拉到准绳的外面，也不推到准绳的里面；对法令规定之外的事情不去严加管束，对法禁以内的事情绝不宽容；遵守着既定不变的法则，顺应自然的规律；祸和福产生于是否遵守客观法则和国家法度，而不产生于君主主观的喜爱和厌恶；荣誉和耻辱的责任在于自己，而不在于他人。因此，如果一个国家得到了很好的治理，那它的法令制度就像早晨的露水一样纯洁质朴而不散漫，人们的心里没有积聚难解的怨恨，人们的口中没有愤愤不平的言论。所以，战车军马不在遥远的道路上劳累拖垮，旌旗没有兵败后被丢弃在水泽之中的纷乱，百姓不因外敌侵犯而丧失生命，勇士不夭折在将军的战旗之下；豪杰之士不把名字著录在图书上，不把战功铭刻在盘盂上，以至记录每年大事的史册都空着没有什么可记。所以说，没有比政令清简的好处更大的了，没有比天下太平的福祉更长久的了。让技术高超的石匠依靠活一千岁的寿命，拿着钩

子，按照圆规角尺所画的标准，举着墨线而校正泰山；让孟贲、夏育那样的勇士带着干将那样的锋利宝剑，去治理民众；他们尽管能在技巧上用尽力气，又能特别长寿，但是泰山还是没有得到校正，民众还是没有得到治理。所以说：古代统治天下的人，不让石匠用尽技巧来毁坏泰山山体，不让孟贲、夏育那样的勇士使尽威武去伤害百姓的本性，依据普遍法则，顾全国家的法令制度，君主就能享受安乐，严重的犯罪行为就能得到制止。淡泊闲静，来顺应自然法则，把握住事物的整体和关键，所以能使人没有触犯法令的罪过，能使鱼没有离开水面的祸害。像这样，所以在天底下很少有行不通的。

【原典】

上不天则下不遍覆，心不地则物不必载①。太山不立好恶，故能成其高；江海不择小助，故能成其富。故大人寄形于天地而万物备，历心于山海而国家富。上无忿怒之毒，下无伏怨之患，上下交朴，以道为舍。故长利积，大功立，名成于前，德垂于后，治之至也。

【注释】

①必：通"毕"。

【译文】

上面如果没有像天那样辽阔，下面就不能覆盖整个世界；心胸如果没有像大地那样宽广，就无法托载起所有的事物。泰山对土石没有好恶之心，所以能够形成它的高大；江海不挑剔奔向它的细流，所以能够形成它的浩瀚。所以君子要像天地那样覆盖和装载万物，要像山海那样没有好恶之心、不挑剔奔向它的细流而使国家富强。君主没有因为愤怒所造成的对臣民的毒害，臣民没有因积怨造成的对君主的祸患，君臣上下都真纯质朴，把道作为归宿。所以长远的利益积聚了，巨大的功业建立了，名声形成在生前，德泽流传到后世，从而达到治理国家的最高境界。

外储说左上

经一

【原典】

明主之道，如有若之应密子也①。明主之听言也，美其辩；其观行也，贤其远。故群臣士民之道言者迂弘，其行身也离世。其说在田鸠对荆王也②。故墨子为木鸢③，讴癸筑武宫④。夫药酒忠言，明君圣主之以独知也。

【注释】

①密子：即宓子贱，春秋时鲁国人，孔子的学生。②田鸠：即田俅，战国时齐国人，墨家人物。③鸢：一种鹰。④讴癸：名叫癸的歌手。武宫：宋国练习武艺的一种建筑物。

【译文】

经一

英明君主的治国原则，像有若回答宓子所说的那样，要有办法。君主听取言论时，赞美他们的能说会道；观察行动时，夸奖他们的好高骛远。所以臣子和民众讲起话来，就深远阔大，而他们的立身处世也都远离世道人情。这章的解说反映在"说一"中"田鸠回答楚王"一段。墨子会制造木头鹰却不以为然，讴癸用唱歌鼓舞修筑武宫。"药酒苦口能治病"、"忠言逆耳可致功"，这是只有明君圣主才能理解的。

说一

【原典】

宓子贱治单父。有若见之曰①:"子何臞也②?"宓子曰:"君不知贱不肖,使治单父,官事急,心忧之,故臞也。"有若曰:"昔者舜鼓五弦、歌《南风》之诗而天下治。今以单父之细也,治之而忧,治天下将奈何乎?故有术而御之,身坐于庙堂之上,有处女子之色,无害于治;无术而御之,身虽瘁臞,犹未有益。"

【注释】

①有若:春秋时鲁国人,孔子的学生。②臞(qú):消瘦。

【译文】

宓子贱治理单父的时候,有若会见他说:"您为什么瘦了?"宓子贱说:"君王不知道我没有德才,而让我治理单父这个地方,政务紧急,我为此忧虑不已,所以瘦了。"有若说:"从前舜弹奏着五弦琴,吟唱着《南风》诗,天下就得到治理了。现在单父这么个小地方,治理它却要这般忧虑,那么治理天下该怎么办呢?所以掌握了统治的方法来治理民众,就是安闲地坐在朝廷里,脸上有少女般红润的气色,对治理国家也没有什么妨害;如果没有掌握方法而去治理民众,身体即便又累又瘦,也还是没有什么好处。"

【原典】

楚王谓田鸠曰："墨子者，显学也。其身体则可，其言多而不辩，何也？"曰："昔秦伯嫁其女于晋公子，令晋为之饰装，从衣文之媵七十人。至晋，晋人爱其妾而贱公女。此可谓善嫁妾，而未可谓善嫁女也。楚人有卖其珠于郑者，为木兰之椟，薰以桂椒，缀以珠玉，饰以玫瑰，辑以翡翠。郑人买其椟而还其珠。此可谓善卖椟矣，未可谓善鬻珠也。今世之谈也，皆道辩说文辞之言，人主览其文而忘有用。墨子之说，传先王之道，论圣人之言，以宣告人。若辩其辞，则恐人怀其文忘其直，以文害用也。此与楚人鬻珠、秦伯嫁女同类，故其言多不辩。"

【译文】

楚王对田鸠说："墨子是位名扬天下的学者。他亲自实践起来还是不错的，但他的言论虽然发表得很多，但不动听，这是什么缘故呢？"田鸠说："过去秦国君主把女儿嫁给晋国公子，让晋国为他的女儿修饰打扮，衣着华丽的陪嫁女子有七十人。到了晋国，晋国人喜欢那陪嫁的妾而看不起秦穆公的女儿。这可以叫作善于嫁妾，而不能说是善于嫁女儿。楚国有个人在郑国卖宝珠，并为这个宝珠做了一个木兰树质的匣子，匣子用香料熏过，用珠玉作缀，用红色的玫瑰玉珠进行装饰，用绿色的翡翠编排在上面。郑国人买了他的匣子，却把宝珠还给了他。这可以称得上是善于卖匣子，而不能说是善于卖宝珠。现在社会上的言论，都说一些巧妙动听富有文采的话，君主只看文采而不管它是否有用。墨子的学说，传扬先王道术，阐明圣人言论，希望广泛地告知人们。如果他使自己的文辞美妙动听，他就担心人们会留意于文采而忘了它的内在价值，因为文采而损害了效用。这和楚人卖宝珠、秦君嫁女儿是同一类型的事，所以墨子的言论虽然发表得很多，但不动听。"

【原典】

墨子为木鸢，三年而成，蜚一日而败①。弟子曰："先生之巧，至能使木鸢飞。"墨子曰："吾不如为车輗者巧也。用咫尺之木，不费一朝之事，而引三十石之任，致远力多，久于岁数。今我为鸢，三年成，蜚一日而败。"惠子闻之曰："墨子大巧，巧为輗②，拙为鸢。"

【注释】

①蜚：同"飞"。②鞔：连接车辕和车横的一个部件。

【译文】

墨子用木头制作了一只飞鹰，经过三年才制成，飞了一天就坏了。他的学生说："先生手艺真巧，竟能让木头鹰飞起来。"墨子说："我比不上制造车的人手艺高超。他们用八寸长的小木头，不费一天工夫，就能牵引三十石的重量，能行至远方并且力量很大，使用寿命长达好多年。现在我做了木头鹰，花了三年的时间才制作成功，才飞了一天就坏了。"惠子听到后说："墨子真精明——因为他以制造车销子为巧，而以制造木头鹰为笨。"

【原典】

宋王与齐仇也，筑武宫，讴癸倡，行者止观，筑者不倦。王闻，召而赐之。对曰："臣师射稽之讴又贤于癸。"王召射稽使之讴，行者不止，筑者知倦。王曰："行者不止，筑者知倦，其讴不胜如癸美，何也？"对曰："王试度其功。"癸四板，射稽八板；擿其坚①，癸五寸，射稽二寸。

【注释】

①擿：同"掷"。

【译文】

宋王的君主和齐国作对，专为习武修建宫殿。讴癸唱起歌来，行人都停下来围观，建筑的人不感到疲劳。宋王听说后，把讴癸召来并给予他赏赐。讴癸回答说："我老师射稽的歌，唱得比我还好。"宋王召来射稽让他唱歌，但行人却不停下来，建筑的人也感到疲倦。宋王说："走路的人不停下来，建筑的人也感到疲劳，这样看来，射稽的歌唱并没有超过你，这是什么缘故啊？"讴癸回答说："大王可以检查一下我们两人的功效。"讴癸唱歌的时候工人只筑了四块模板的墙，射稽唱歌时却筑了八块；再检查墙的坚固程度，讴癸唱歌时筑的墙能打进去五寸，射稽唱歌时筑的墙只能打进去两寸。

【原典】

夫良药苦于口，而智者劝而饮之，知其入而已己疾也。忠言拂于耳，而明主听之，知其可以致功也。

【译文】

良药苦口，但聪明的人还是努力把它喝下去，这是因为他知道喝下去后能使自己疾病痊愈。忠言逆耳，但明智的君主还是能听从它，这是因为他知道由此可以获得成功。

经二

【原典】

人主之听言也，不以功用为的，则说者多"棘刺""白马"之说；不以仪的为关，则射者皆如羿也。人主于说也，皆如燕王学道也；而长说者，皆如郑人争年也。是以言有纤察微难而非务也。故季、惠、宋、墨皆画策也；论有迂深闳大，非用也。故魏、长、瞻、陈、庄皆鬼魅也；行有拂难坚确，非功也，故务、卞、鲍、介、田仲皆坚瓠也。且虞庆诎匠也而屋坏，范且穷工而弓折。是故求其诚者，非归饷也不可。

【译文】

经二

君主听取意见，不把实际效用作为衡量的标准，进说的人就多半说些"在棘刺上刻猴子""白马不是马"那样的话；不拿箭靶作为标准，射箭的人就都成为像羿一样的射箭能手了。君主对于游说，都像燕王派人学习不死之道一样被欺骗；而擅长辩说的人，都像郑国人争论年龄大小一样强词夺理。因此，言谈也有细致、明察、微妙、难能但却不是迫切需要的，所以像季良、惠施、宋钘、墨翟这些人的学说，都像精绘竹简一样，虽然微妙艰深，但不值得提倡；议论也有深远阔大但却不切实用的，所以魏牟、长卢子、詹何、陈骈、庄周的学说，都是像乱画鬼怪一样，虽然变化无常，但都是些任意的杜撰；行动也有违反常规，一般人难以做到，表现十分坚定固执的，但对于国家并不实用，所以务光、卞随、鲍焦、介子推、伯夷、田仲都是些坚硬的葫芦，虽然都和坚硬的实心葫芦一样，但却没有什么用处。再说虞卿虽能把匠人驳得无话可说，但照虞卿的话造出来的房子却倒塌了；范且虽能把匠人说得无言可对，匠人照他的话造出来的弓却折断了。因此要想得到真实的东西，不能像小孩做游戏那样把泥巴当饭吃，非得回家吃饭不可。

说二

【原典】

宋人有请为燕王以棘刺之端为母猴者①，必三月斋然后能观之。燕王因以三乘养之。右御冶工言王曰②："臣闻人主无十日不燕之斋③。今知王不能久斋以观无用之器也，故以三月为期。凡刻削者，以其所以削必小。今臣冶人也，无以为之削，此不然物也。王必察之。"王因囚而问之，果妄，乃杀之。冶人又谓王曰："计无度量，言谈之士多'棘刺'之说也。"

【注释】

①母猴：即猕猴。②右御：掌管宫中进用器物一类事情的官员。③燕：通"宴"。

【译文】

宋国有个请求给燕王把棘刺的尖端雕刻成猕猴的人，让燕王一定要在斋戒三个月以后才能观看，燕王因而用方圆三十里的土地上的租税作为俸禄来供养他。掌管宫中进用器物一类事情的官员，其手下有个冶铁工匠对燕王说："我听说君主没有十天不喝酒作乐的斋戒。现在他知道君主不能长时间斋戒去观看那件没有用处的东西，所以拿三个月作为期限。凡是需要刻削的东西，用来雕刻的工具一定比雕刻的东西更小。我是个铁匠，没有办法给他制作刻刀。所以这是不可能有的事，大王一定要予以明察才是。"燕王因而囚禁了这个宋国人并审问他，那个宋国人果然在弄虚作假，于是燕王就把他杀了。铁匠对燕王说："计谋如果没有一定的标准来加以测度衡量，进献计谋的人所说的话，多半是这种'要在棘刺尖上刻制猕猴'之类的胡言乱语了。"

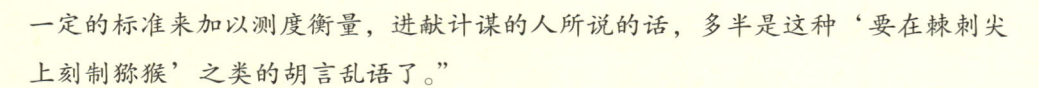

【原典】

一曰：燕王好微巧。卫人曰："能以棘刺之端为母猴。"燕王说之，养之以五乘之奉。王曰："吾试观客为棘刺之母猴。"客曰："人主欲观之，必半岁不入宫，不饮酒食肉，雨霁日出，视之晏阴之间①，而棘刺之母猴乃可见也。"燕王因养卫人，不能观其母猴。郑有台下之冶者谓燕王曰："臣，削者也。诸微物必以削削之，而所削必大于削。今棘刺之端不容削锋，难以治棘刺之端。王试观客之削，能与不能可知也。"王曰："善。"谓卫人曰："客为棘刺之母猴也，何以理之？"曰："以削。"王曰："吾欲观见之。"客曰："臣请之舍取之。"因逃。

【注释】

①晏：阳，引申为晴。

【译文】

还有一种说法是：燕王喜欢小巧玲珑的东西。有个卫国人说："我能在棘刺尖上雕刻猕猴。"燕王很高兴，就用方圆五十里的土地上的租税作为俸禄来供养他。燕王说："我想看看你雕刻在棘刺尖上猕猴。"这外来的卫国人说："君王要想看它，必须在半年中不到内宫住宿，不饮酒吃肉。在那雨停云散太阳出来的时候，趁那半晴半阴之际再观赏，只有这样，才能看清楚我在棘刺尖上刻的猕猴。"燕王便收养了这个卫国人，但却不能看见他所雕刻的猕猴。郑国有个台下地方的铁匠对燕王说："我是

做削刀的人。各种微小的东西一定要用刻刀来雕刻它，被雕刻的东西一定会比削刀大。现在棘刺的尖端容纳不下刻刀的刀锋，削刀的刀锋难以刻削棘刺的顶端，大王不妨看看他的削刀，这样可不可以在棘刺尖上雕刻猕猴就能够知晓了。"燕王说："好。"于是就对这个卫国人说："你在棘刺尖上制作猕猴，用什么来刻削？"卫国人说："用削刀。"燕王说："我想看看你的削刀。"卫国人说："请您允许我到住处去取削刀。"于是他便乘机逃跑了。

【原典】

兒说①，宋人，善辩者也，持"白马非马也"服齐稷下之辩者②。乘白马而过关，则顾白马之赋③。故籍之虚辞，则能胜一国；考实按形，不能谩于一人。

【注释】

①兒说：战国时宋国人，名家代表人物。②白马非马：为战国名家学派的一个非常出名的命题。该命题的主要论点是："马"和"白"是两个概念，"马"是就形状而言，"白"是就形状而言，"白马"是两个概念的复合，故与单一的概念"马"属不同的范畴。稷下：战国诸子聚众讲学的著名场所，在今山东淄博东北。③顾：通"雇"，交纳。赋：税。

【译文】

兒说是宋国人，是个善于辩说的学者。他曾经提出"白马不是马"的命题说服了稷下的辩说家们。但他骑着白马经过关卡的时候，终究得交纳白马税。所以，凭借虚浮言辞，他就能够胜过整个国都的人；考察实际情形，他连一个人也欺骗不了。

【原典】

夫新砥砺杀矢，彀弩而射①，虽冥而妄发②，其端未尝不中秋毫也，然而莫能复其处，不可谓善射，无常仪的也。设五寸之的，引十步之远，非羿、逢蒙不能必全者③，有常仪的也。有度难而无度易也。有常仪的，则羿、逢蒙以五寸为巧；无常仪的，则以妄发而中秋毫为拙。故无度而应之，则辩士繁说；设度而持之，虽知者犹畏失也，不敢妄言。今人主听说，不应之以度而说其辩；不度以功，誉其行而不入关。此人主所以长欺，而说者所以长养也。

【注释】

①彀（gòu）：张弓。②冥：通"瞑"，闭眼。③逢蒙：后羿的徒弟，射箭能手。

【译文】

刚刚磨好打猎用的利箭，张满弓弩发射出去，即使闭着眼睛胡乱发射，箭的尖端也不一定就射不中那细小得像秋毫似的东西，然而他不能再次射中同样的地方，是不能认为该人善于射箭的，因为它没有固定不变的箭靶子当作目标。设置一个直径五寸的箭靶，射程只有十步那么远，如果不是羿和逢蒙这样的射箭能手，就不一定能全部射中，因为已有固定的箭靶作为目标。有了一定的标准来做事就很困难，无靶射箭是容易的。有固定的箭靶作为目标，那么羿和逢蒙就可以因为射中直径五寸的箭靶而被看作是射技高超；没有固定的箭靶作为目标，人们会把乱射射中细小的东西认作笨拙。所以没有一定的标准去对照游说者的言论，辩士们就会用繁言絮语进说；如果设置了一定的标准来把握它，即便是很有智慧的人也怕言辞有失误，不敢乱说。现在君主听取游说者的言论，不是用一定的标准去衡量，而是喜欢他们动听的言辞；不用实际的功效去衡量，而是赞赏他们的行为，不把它们纳入一定的规范去考察。这是君主长期受欺骗而游说的人长期被供养的原因。

【原典】

客有教燕王为不死之道者，王使人学之，所使学者未及学而客死。王大怒，诛之。王不知客之欺己，而诛学者之晚也。夫信不然之物而诛无罪之臣，不察之患也。且人所急无如其身，不能自使其无死，安能使王长生哉？

【译文】

外国来的客人中有一个能教燕王修炼长生不死的道术，燕王派人去向他学习。派去学习的人还没来得及学到手，那个客人先死了。燕王特别恼火，就责怪惩处这个去学习的人。燕王不明白客人在欺骗自己，却责怪这学习的人学得太晚了。相信没有根据的东西，而处罚没有罪过的臣子，这就是不能明察的危害。更何况人们最重视的莫过于自己的生命，那个客人无法使自己不死，又怎么能使燕王长生不死呢？

【原典】

郑人有相与争年者。一人曰："吾与尧同年。"其一人曰："我与黄帝之兄同年。"讼此而不决，以后息者为胜耳。

【译文】

郑国有两个互相争论年龄大小的人。一个说："我和唐尧同岁。"另一说："我和黄帝的哥哥同岁。"两人为此争辩而不能决断，只能是把最后停止争辩的人作为胜利者了。

【原典】

客有为周君画荚者，三年而成。君观之，与髹荚者同状①。周君大怒。画荚者曰："筑十版之墙②，凿八尺之牖，而以日始出时加之其上而观。"周君为之，望见其状，尽成龙蛇禽兽车马，万物状备具。周君大悦。此荚之功非不微难也，然其用与素髹荚同。

【注释】

①髹（xiū）：给器物涂漆。荚：用荚膜做的底片。②版：通"板"。

【译文】

有个为周国的君主画底片的客人，三年才画成，周国的君主前去观看，和漆过的底片一样，周国的君主特别恼火。画底片的人说："请您建造一堵十块模板大小的墙，在墙上凿一个八寸大的窗，然后等到太阳刚出来时把底片放在窗上对着阳光看看。"周国的国君按照他所说的话去做了，看见底片上画的形状都成了龙、蛇、飞禽、走兽、车马等，万事万物的形状全都具备，周国的君主十分高兴。画这个底片的功夫并非不微妙和难能，但是它的实用价值与没有画过画、只用漆漆过的底片是相同的。

【原典】

客有为齐王画者，齐王问曰："画孰最难者？"曰："犬马最难。""孰易者？"曰："鬼魅最易。"夫犬马，人所知也，旦暮罄于前，不可类之，故难。鬼魅，无形者，不罄于前，故易之也。

【译文】

客人中有一个给齐王画画的人，齐王问道："画什么最难？"客人说："狗和马最难画。""画什么容易？"客人说："鬼怪最容易画。"狗和马是人们都知道的，几乎每天都显现在人们的面前，不可能画得很像，所以难；鬼怪是无形的东西，不显现在人们面前，所以画起来很容易。

【原典】

齐有居士田仲者[1]，宋人屈谷见之，曰："谷闻先生之义，不恃仰人而食，今谷有巨瓠，坚如石，厚而无窍，献之。"仲曰："夫瓠所贵者，谓其可以盛也[2]。今厚而无窍，则不可剖以盛物；而任重如坚石[3]，则不可以剖而以斟。吾无以瓠为也。"曰："然，谷将弃之。"今田仲不恃仰人而食，亦无益人之国，亦坚瓠之类也。

【注释】

[1]田仲：战国时齐国隐士。[2]谓：通"为"。[3]任：通"妊"，包藏。

【译文】

齐国有个隐士叫田仲，宋国人屈谷见到他，说："我听说您很有骨气，不依靠别人吃饭。现在我有一个非常大的葫芦，坚硬得像块石头，厚实得没有空隙，把它献给您了。"田仲说："葫芦可贵的地方，是因为它可以用来装东西。现在它厚实而没有空隙，就不能剖开来装东西了；它重得像块坚硬的石头，就不能剖开来斟酒了。我用这种葫芦来干什么呢？"屈谷说："说得对，我准备把它扔了。"现在田仲不依靠别人吃饭，也不会给别人的国家带来什么好处，正和坚硬的实心葫芦属于同一类型。

【原典】

虞庆为屋[1]，谓匠人曰："屋太尊。"匠人对曰："此新屋也，涂濡而椽生。"虞庆曰："不然。夫濡涂重而生椽挠，以挠椽任重涂，此宜卑。更日久，则涂干而椽燥。涂干则轻，椽燥则直，以直椽任轻涂，此益尊。"匠人诎，为之而屋坏。

【注释】

①虞庆：即虞卿，战国时赵国人，曾任赵孝成王的上卿。

【译文】

赵国人虞卿建造房屋的时候，对工匠说："屋面的坡度太陡了。"工匠回答说："这是新房子，泥巴是潮湿的，椽木也没有干透。"虞卿说："不对。潮湿的泥巴沉重而没有干透的椽木弯曲，用弯曲的椽木承受沉重的泥巴，房顶就应当造得低一些。因为经历的时间长了，泥巴也干了，椽木也干了。泥巴干了就会轻起来，椽木干了就会变直，用挺直的椽木来承担轻的泥巴，房顶就会逐渐增高。"工匠被说服了，按照虞卿的话造出房屋来，但房子却倒塌了。

【原典】

一曰：虞庆将为屋，匠人曰："材生而涂濡。夫材生则挠，涂濡则重，以挠任重，今虽成，久必坏。"虞庆曰："材干则直，涂干则轻。今诚得干，日以轻直，虽久，必不坏。"匠人诎，作之成，有间，屋果坏。

【译文】

还有一种说法是：虞卿打算造房子，工匠说："这木材还没有干透而泥巴又潮湿，木材没干透就会弯曲，泥巴潮湿重量就大；用弯曲的木材来负担沉重的泥巴，现在即使造成了，时间长了也一定会倒塌。"虞卿说："木材干了就会变直，泥巴干了就会变轻。现在的情形是，如果木材和泥巴真能干起来，它们会一天比一天变直变轻；即使时间长了，房子也一定不会坍塌。"工匠被说服了，就把房子造了起来。又过了些时候，房子果然坍塌了。

【原典】

范且曰①："弓之折，必于其尽也，不于其始也。夫工人张弓也，伏檠三旬而蹈弦，一日犯机，是节之其始而暴之其尽也，焉得无折？且张弓不然：伏檠一日而蹈弦②，三旬而犯机，是暴之其始而节之其尽也。"工人穷也，为之，弓折。

【注释】

①范且：即范雎，战国时魏国人，曾任秦昭王的相。②檠（qíng）：矫正弓弩的工具。

【译文】

范雎说："弓被折断的时候，一定是在制作的最后阶段，而不是在制作的开始阶段。因为工人把弓弩绷紧的时候，把弓放在校正器具上三十天，然后装上弦，可是再过一天就去扣动发射的扳机放箭，这是开始调节时缓慢而最后使用时急促，它哪能不被折断呢？我范雎张弓时就不是这样：用校正工具校上一天，随即装上弓弦，再过三十天才去扣动扳机放箭，这就是开始的时候急促，而最后有所节制。"工人被他说得无言可对，按照范雎的话去做，结果弓被折断了。

【原典】

范且、虞庆之言，皆文辩辞胜而反事之情。人主说而不禁，此所以败也。夫不谋治强之功，而艳乎辩说文丽之声，是却有术之士而任"坏屋""折弓"也。故人主之于国事也，皆不达乎工匠之构屋张弓也。然而士穷乎范且、虞庆者：为虚辞，其无用而胜；实事，其无易而穷也。人主多无用之辩，而少无易之言，此所以乱也。今世之为范且、虞庆者不辍，而人主说之不止，是贵"败""折"之类而以知术之人为工匠也。工匠不得施其技巧，故屋坏弓折；知治之人不得行其方术，故国乱而主危。

【译文】

范雎、虞卿的言论，都能做到文辞动听过人，但却违背了事物的实际情况。君主对这一类话喜爱而不加禁止，这就是事情败坏的根源。不去谋求使国家安定强盛的实际功效，却羡慕那种华丽动听诡辩，这就是排斥有法术的人士，而任用"使房子倒塌"、"使弓弩折断"的人，所以君主处理国事时，总也不能通晓工匠造屋和张弓的道理。然而范雎、虞卿之所以使有技术的人陷入窘境，是因为他们讲起虚浮的话来，虽然毫无用处，却能取得胜利；然而干起实际的事来，即使合乎实际情况而不可改变，却仍然陷入窘境。君主看重没有实际用处的辩辞，看轻不可改变的言论，这也就是招致国家危乱的原因。现在像范雎、虞卿那样的人物还在不断出现，而君主对他们依然欣赏不已，这就是尊重导致屋塌、弓折的人的议论，而把懂得法术的人当作盖房绷弓的工匠来对待。工匠不能施展技巧，所以会有屋塌、弓折的结果；懂得治理国家的人不能实行自己的治国方略，所以国家混乱而君主处于险境。

【原典】

夫婴儿相与戏也，以尘为饭，以涂为羹，以木为胾，然至日晚必归饷者，尘饭涂羹可以戏而不可食也。夫称上古之传颂，辩而不悫，道先王仁义而不能正国者，此亦可以戏而不可以为治也。夫慕仁义而弱乱者，三晋也；不慕而治强者，秦也，然而未帝者，治未毕也。

【译文】

小孩在一起做游戏时，把尘土当饭食，用泥巴当肉汁，用木头当肉块。然而到了天黑就一定得回家吃饭，因为泥巴做的饭菜可以玩耍，却不能真吃。称道上古的传说与颂词，虽然动听却不实在。称道先王的仁义道德，却不能使国家走上正路，是因为这些东西只可以用来做游戏而无法用来治国。因追求仁义而使国家衰弱混乱的，韩、赵、魏三国就是例子；不羡慕仁义而使国家安定强盛的，秦国就是例子。然而秦国至今还没能统一天下而称帝，只是因为治理还不完善。

经三

【原典】

挟夫相为则责望，自为则事行。故父子或怨谯，取庸作者进美羹。说在文公之先宣言与勾践之称如皇也。故桓公藏蔡怒而攻楚，吴起怀瘘实而吮伤。且先王之赋颂，钟鼎之铭，皆播吾之迹，华山之博也。然先王所期者利也，所用者力也。筑社之谚，自辞说也。请许学者而行宛曼于先王，或者不宜今乎？如是，不能更也。郑县人得车厄也①，卫人佐弋也，卜子妻写弊裤也，而其少者侍长者饮也。先王之言，有其所为小而世意之大者，有其所为大而世意之小者，未可必知也。说在宋人之解书与梁人之读记也。故先王有郢书，而后世多燕说。夫不适国事而谋先王，皆归取度者也。

【注释】

①车厄：驾车时架在车马颈上的曲木。厄：通"轭"。

【译文】

经三

怀有依靠别人的想法办事，就会彼此责备和埋怨；怀着自己依靠自己的心理，事情就可以做成。所以有的时候，父子之间也存在彼此埋怨和责怪的情形，而为了争取雇工多干活却给他们丰美的饭菜。有关的解说在"说三"中文公伐宋先宣布宋君的罪状、越王勾践伐吴之前先宣布吴王筑如皇之台的罪状这两则故事中。因此，齐桓公将对蔡国的恼怒隐藏起来，而以攻打楚国作为幌子来消灭蔡国；吴起怀着使士兵伤愈去拼命作战的念头而为他们吮吸伤口。再有古代帝王那歌功颂德的诗赋、刻铸在钟鼎上的铭文，都和赵武灵王在播吾山上刻的大脚印、秦昭襄王在华山上刻的大棋局一样，全都是骗局。然而前代帝王所期求的是利益，所使用的是别人的力量；运用修筑社坛的谚语，是晋文公为自己辩解而鼓动他人卖力的办法。如果赞许那些读书人而向古代的帝王效法那渺茫不测的治国之道，恐怕不适用于现在吧？虽然是这样，却又不能改变它。那就愚蠢得像：郑县的人得到了驾车时架在车马颈上的曲木去问人，掌管射飞禽的卫国人射不到鸟，卜先生的妻子按照破裤子的样子来做裤子而把新裤子给撕破了，以及年轻人侍候年纪大的人喝酒。先王的言论，有涉及小事，而现在社会上却把它的意义想得很重大；有涉及大事，而现在社会上却把它的意义理解得很小；这是没有人能够真正弄清楚的。有关的解说在宋国人误解书意做了蠢事，以及梁国人读书变呆这两则故事中。所以古代的帝王留下的言论有时候就像郢都人写的书信，而后人理解起来，却多属燕相看信时胡乱解释一类。那种不去考虑是否适合自己国家的政事而只图取法古代的帝王，全都如同郑人买鞋不相信自己的脚，却要回家去拿尺码一样。

说三

【原典】

人为婴儿也，父母养之简，子长而怨；子盛壮成人，其供养薄，父母怒而诮之。子、父至亲也，而或谯或怨者，皆挟相为而不周于为己也。夫买庸而播耕者①，主人费家而美食，调布而求易钱者，非爱庸客也，曰：如是，耕者且深，耨者熟耘也。庸客致力而疾耘耕者，尽巧而正畦陌者，非爱主人也，曰：如是，羹且美，钱布且易云也。此其养功力，有父子之泽矣，而心调于用者，皆挟自为心也。故人行事施予，以利之为心，则越人易和；以害之为心，则父子离且怨。

【注释】

①庸：通"佣"，雇工。

【译文】

人还是孩子的时候，父母对他抚养马虎，孩子长大后就会埋怨自己的父母；孩子长大成人，对父母的供养微薄，父母就会发怒而责骂他。父子是至亲骨肉，然而有时候会责骂、有时候会埋怨，都是因为怀着相互依赖的心理而又认为对方不能周到地照顾自己。出钱雇用雇工来耕种劳作，主人花费家财准备美食，拿了布币去求取成色足的钱币作为他们的工资，并不是他们喜欢雇工，而是说：这样做，耕地才会耕得深，锄草才会精细。雇工使尽力气而快速地耘田耕地，使尽技巧整理畦埂，目的并不是爱主人，而是说：这样做，吃的饭菜才会丰盛，钱币才容易得到。主人这样供养雇工，爱惜劳力，有父子之间的恩惠，而雇工全心全意地为主人劳作，都是怀着为自己着想的心思啊。所以人们办事给人好处，如果从对人有利处着想，那么就是像越国人那样关系疏远的人也容易和好；如果从对人有害处着想，那么父子之间也会离心离德而互相埋怨。

【原典】

文公伐宋，乃先宣言曰："吾闻宋君无道，蔑侮长老，分财不中，教令不信，余来为民诛之。"

【译文】

文公要攻伐宋国，预先就公开

宣布说："我听说宋国的国君昏乱，侮辱德高望重的老人，分配财产不公平，教诲和命令不守信用。我来是为宋国的百姓除掉他。"

【原典】

越伐吴，乃先宣言曰："我闻吴王筑如皇之台，掘深池，罢苦百姓，煎靡财货，以尽民力，余来为民诛之。"

【译文】

越王勾践要去攻打吴国，事先就公开宣布说："我听说吴王修筑如皇台观，挖掘深池，使百姓疲劳困苦，耗费财物，因而耗尽了民间的人力物力，我来是为越国的百姓除掉他。"

【原典】

蔡女为桓公妻，桓公与之乘舟，夫人荡舟，桓公大惧，禁之不止，怒而出之。乃且复召之，因复更嫁之。桓公大怒，将伐蔡。仲父谏曰："夫以寝席之戏①，不足以伐人之国，功业不可冀也，请无以此为稽也。"桓公不听。仲父曰："必不得已，楚之菁茅不贡于天子三年矣，君不如举兵为天子伐楚。楚服，因还袭蔡，曰：'余为天子伐楚，而蔡不以兵听从'，遂灭之。此义于名而利于实，故必有为天子诛之名，而有报仇之实。"

【注释】

①寝席：指夫妻之间的亲密关系。

【译文】

蔡侯的女儿是齐桓公的夫人。桓公和夫人一起坐船，这位夫人晃动着船，桓公非常害怕，制止她但她也不停下来，桓公愤怒地把她休回娘家去了。后来桓公想再召回她，蔡国却因此又把她改嫁了。桓公非常气愤，准备讨伐蔡国。管仲劝谏说："为了夫妻之间的一个玩笑，这不足以讨伐一个国家，既然不能指望因此建立什么功业，请您不要因为这件事多作计较。"桓公不听劝谏。管仲说："如果您一定不能打消这个念头，那么楚国不向周王朝进贡菁茅已有三年了，您不如起兵去为周天子讨伐楚国。楚国顺服了，随后回兵袭击蔡国，就说'我替天子讨伐楚国，而蔡国却不调兵来响应。'于是消灭它。这样在名义上是正义的，在实际上是有利的，所以一定会有替天子讨伐的名义，然后才可以有报仇的实效。"

【原典】

吴起为魏将而攻中山，军人有病疽者，吴起跪而自吮其脓。伤者之母立泣，人问曰："将军于若子如是，尚何为而泣？"对曰："吴起吮其父之创而父死，今是子又将死也，今吾是以泣。"

【译文】

吴起担任魏国的将军而去攻打中山国。士兵中有一个患了毒疮的人，吴起跪着亲自为他吸掉脓血。这个士兵的母亲马上哭起来，有人问她说："将军如此对待你的儿子，你为什么还要哭呢？"这位母亲回答说："吴起曾经吮吸他父亲的伤口，他父亲奋战而死；现在这孩子又会奋战而死了，现在我就是因为这个缘故才哭的啊。"

【原典】

赵主父①令工施钩梯而缘播吾②，刻疏人迹其上，广三尺，长五尺，而勒之曰："主父常游于此。"

【注释】

①赵主父：即赵武灵王，这是他将王位让给小儿子何后的自称。②播吾：山名，在今河北平山东南。

【译文】

赵武灵王命令工匠用钩梯攀登播吾山，在那上面刻上人的脚印，宽三尺，长五尺，并刻上字说："主父曾经到此一游。"

【原典】

秦昭王令工施钩梯而上华山，以松柏之心为博，箭长八尺①，棋长八寸，而勒之曰："昭王尝与天神博于此矣。"

【注释】

①箭：一名箸，骰子。

【译文】

秦昭王命令工匠用钩梯登上华山,用松柏的树心做成一副棋,骰子长八尺,棋子长八寸,并刻上字说:"秦昭王曾经与天神在这里下过棋。"

【原典】

文公反国,至河,令笾豆捐之①,席蓐捐之,手足胼胝面目黧黑者后之②。咎犯闻之而夜哭③。公曰:"寡人出亡二十年,乃今得反国。咎犯闻之不喜而哭,意不欲寡人反国耶?"犯对曰:"笾豆,所以食也,席蓐,所以卧也,而君捐之;手足胼胝,面目黧黑,劳有功者也,而君后之。今臣有与在后,中不胜其哀,故哭。且臣为君行诈伪以反国者众矣。臣尚自恶也,而况于君?"再拜而辞。文公止之曰:"谚曰:'筑社者,攓撅而置之④,端冕而祀之⑤。'今子与我取之,而不与我治之;与我置之,而不与我祀之。焉可?"解左骖而盟于河。

【注释】

①笾(biān)豆:古代盛装食物的用具。②胼胝:俗称"老茧",是皮肤长期劳累而引起的手、足皮肤局部被磨硬、变粗。黧黑:黑色。③咎犯:即狐偃,晋文公的舅父。④攓(qiān):提起衣裙。撅:揭衣。⑤端冕:古代的礼衣和礼帽。

【译文】

晋文公返回晋国的时候,到黄河边命令把流亡过程中用旧的食物用具、席子草垫都丢掉,叫手脚磨出老茧和脸色黑的人退到后面去。狐偃听说了这消息后便在夜里痛哭起来。晋文公说:"我流亡在外长达二十年,到如今才回到我的国家。你听说后不高兴,反而痛哭流涕,你的意思是不想我回国吧?"狐偃回答说:"笾豆是用来盛食物的,席子草垫是用来睡觉的,您却把它们扔了;手脚磨出了老茧、脸色黝黑的,是劳苦而有功劳的人,您却让他们退到后面。现在我也要加入到后面的行列中去,心中有说不出的哀痛,所以哭了。况且我为了达到返回祖国的目的而为您施行欺骗诡诈的手段已经好多次了,我自己都感到讨厌自己,何况您呢?"连拜两拜就要告辞。晋文公阻止他说:"俗话说:'为土地神建造祭坛的人,撩起衣服树立社神,建成后彬彬有礼地穿着礼服、戴着礼帽去祭祀它。'现在你为我取得了国家,而不和我一起去治理;这就如同不讲礼仪地给我设立了土地神，却不和我一起去祭祀一样。这怎么可以呢？"于是晋文公解下车子左边的马沉入黄河，对着河神起了誓，表示不会背叛狐偃。

【原典】

郑县人卜子使其妻为裤①，其妻问曰："今裤何如？"夫曰："象吾故裤。"妻子因毁新令如故裤。

【注释】

①郑县：战国时韩国地名，在今河南郑州。

【译文】

郑县有个叫卜子的人，叫他的妻子做裤子，他的妻子问："想将这条裤子做成什么样子的？"卜子说："像我的旧裤子。"他的妻子因而把新裤子撕破，使它像旧裤子。

【原典】

郑县人有得车轭者，而不知其名，问人曰："此何种也？"对曰："此车轭也。"俄又复得一，问人曰："此是何种也？"对曰："此车轭也。"问者大怒曰："曩者曰车轭，今又曰车轭，是何众也？此女欺我也！"遂与之斗。

【译文】

郑县有人得到一个驾车时架在车马颈上的曲木，但不知它的名称，就问别人说："这是什么东西？"别人回答说："这是驾车时架在车马颈上的曲木。"不久他又得到一个驾车时架在车马颈上的曲木，又问别人说："这是什么？"别人回答说："这是一个驾车时架在车马颈上的曲木。"问话的人非常气愤地说："刚才说是一个驾车时架在车马颈上的曲木，现在又说是它，一个驾车时架在车马颈上的曲木怎么这样多呢？你在欺骗我！"于是和答话人发生了争斗。

【原典】

卫人有佐弋者，鸟至，因先以其裧麾之，鸟惊而不射也。

【译文】

卫国有个管射飞禽的小官，鸟落下后，就先用头巾向鸟挥动，鸟受惊飞走，他便不射了。

【原典】

郑县人卜子妻之市，买鳖以归。过颍水，以为渴也，因纵而饮之，遂亡其鳖。

【译文】

有个郑县人叫卜子，他的妻子到集市去，买了一只鳖回家。过颍河时，以为鳖渴了，就放它到河里去喝水，于是就丢失了那只鳖。

【原典】

夫少者侍长者饮，长者饮，亦自饮也。

【译文】

年纪轻的人侍候年纪大的人喝酒，年纪大的人喝，他自己也喝。

【原典】

一曰：鲁人有自喜者，见长年饮酒不能釂则唾之①，亦效唾之。

【注释】

①釂（jiào）：喝完杯中的酒。

【译文】

还有一种说法是：鲁国有个自以为高明的人，看见年纪大的人没能喝完杯中的酒就开始呕吐，也仿效着呕吐起来。

【原典】

一曰：宋人有少者亦欲效善，见长者饮无余，非堪酒饮也而欲尽之。

【译文】

还有一种说法是：宋国有个年轻的人也想仿效高明的样子，看见年纪大的人把杯里的酒一饮而尽，自己不会喝酒也想一饮而尽。

【原典】

书曰："绅之束之。"宋人有治者，因重带自绅束也。人曰："是何也？"对曰:"书言之,固然。"

【译文】

古书上说:"反复约束自己。"宋国有个研究这部书的人,就用带子重重叠叠把自己绑起来。别人问:"这是什么原因呢?"他回答说:"书上是这样说的,当然要这样做。"

【原典】

书曰:"既雕既琢,还归其朴。"梁人有治者,动作言学,举事于文,曰:"难之。"顾失其实。人曰:"是何也?"对曰:"书言之,固然。"

【译文】

古书上说:"既雕刻又琢磨,还原它的本来面目。"魏国有个研究这部书的人,一言一行都学习这句话,所以办事都讲求文饰,说道:"真是困难啊。"结果反而失掉了他原来的样子。别人说;"这是什么原因呢?"他回答说:"书上是这样说的,当然要这样做。"

【原典】

郢人有遗燕相国书者①,夜书,火不明,因谓持烛者曰:"举烛。"云而过书"举烛"。举烛,非书意也。燕相受书而说之,曰:"举烛者,尚明也;尚明也者,举贤而任之。"燕相白王,王大说,国以治。治则治矣,非书意也。今世举学者多似此类。

【注释】

①郢（yǐng）：楚国的国都，在今湖北荆州城北。

【译文】

楚国郢都有个人要给燕国宰相写一封信，晚上正在写着，烛火不亮，就对拿蜡烛的人说："把蜡烛举高。"嘴里说着"把蜡烛举高"，信中也误写上了"把蜡烛举高"。把蜡烛举高，并不是信的本意。燕相收到信后非常高兴，理解为："把蜡烛举高，也就是崇尚光明；所谓崇尚光明，也就是要选拔贤能的人而任用他们。"燕国的宰相把这个意见告诉给燕王，燕王非常高兴。国家因此治理好了。治理是治理好了，但这并不是书信的原来想要表达的意思。当今社会上所推举的学者多数是像燕国的宰相这种人。

【原典】

郑人有且置履者，先自度其足而置之其坐，至之市而忘操之。已得履，乃曰："吾忘持度。"反归取之。及反，市罢，遂不得履。人曰："何不试之以足？"曰："宁信度，无自信也。"

【译文】

郑国有个打算买鞋的人，先自己量好脚的尺码，然后把它放在座位上，等到去集市的时候把尺码给忘带了。已经挑到了鞋子，才说道："我忘记拿尺码了。"于是返回家里去取。等到再返回集市时，集市已经收摊了，结果这个人没有买到鞋。有人说："为什么不用脚试试？"他说："我宁肯相信所量的尺码，不能相信自己的脚。"

经四

【原典】

利之所在，民归之；名之所彰，士死之。是以功外于法而赏加焉，则上不能得所利于下；名外于法而誉加焉，则士劝名而不畜之于君。故中章、胥己仕，而中牟之民弃田圃而随文学者邑之半；平公腓痛足痹而不敢坏坐，晋国之辞仕托者国之锤。此三士者①，言袭法，则官府之籍也；行中事，则如令之民也：二君之礼太甚②。若言离法而行远功，则绳外民也，二君又何礼之？礼之当亡。且居学之士，国无事不用力，有难不被甲。礼之，则惰修耕战之功；不礼，则害主上之法。国安则尊显，危则为屈公之威③，人主奚得于居学之士哉？故明主论李疵视中山也。

【注释】

①三士：即中章、胥己、叔向三人。②二君：即赵襄子和晋平公。③威：通"畏"，畏惧。

【译文】

经四

利益在什么地方，民众就归向什么地方；宣扬什么好名声，士人就拼死去争取。因此在法制规定之外的功劳如果给它奖赏，君主就无法从臣下那里获得利益；在法制规定之外的名声如果给它赞誉，士人就会追求名誉而不顺从君主。所以中章、胥己做了官，中牟县抛弃田园而跟着学习研究文献典籍的人，其人数占到全县的一半；晋平公敬重叔向，坐得腿痛脚麻也不敢改变端正的坐姿，晋国辞去官职和对贵族的依附，以便仿效叔向的人，就占到国家的一半。中章、胥己、叔向这三个人，如果他们的言论遵循法度，那也不过是按照官府中的法典讲话；如果他们的行为符合国家的政情，那也不过是遵从法令的人；赵、晋两国君主对他们的礼遇也实在太过分了。如果他们的言论背离法制而行动没有什么功劳，那么他们就是违法的人，两个君主又为什么要敬重他们呢？敬重这种人，国家必定要灭亡。况且那些隐居在家专门搞学问的人，国家没有战争时不耕田出力，国家发生战争的时候他们又不披上铠甲为国作战。敬重这种人，就会使那些守法的民众不再努力从事耕战；不敬重这种人，他们就会歪曲破坏君主的法制。国家安定，他们就尊贵显赫；国家遭到危难，他们就会做出像屈公那样胆小怕死的行径来；君主从这些隐居而从事私学的人那里能得到什么呢？所以英明的赵武灵王肯定了李疵察看中山国之后所做出的分析。

说四

【原典】

王登为中牟令①，上言于襄主曰②："中牟有士曰中章、胥己者，其身甚修，其学甚博，君何不举之？"主曰："子见之，我将为中大夫。"相室谏曰③："中大夫，晋重列也。今无功而受，非晋臣之意。君其耳而未之目邪④！"襄主曰："我取登，既耳而目之矣；登之所取，又耳而目之。是耳目人绝无已也。"王登一日而见二中大夫，予之田宅。中牟之人弃其田耘、卖宅圃而随文学者⑤，邑之半。

【注释】

①王登：赵襄子的家臣。中牟：晋国的地名，在今河北邢台东南。②襄主：即赵襄子，春秋末期掌握晋国实际大权的卿。③相室：家臣中的头目。④邪：通"耶"。⑤田：通"佃"，耕种。

【译文】

王登任中牟县县令时，向赵襄子进言说："中牟有两个名叫中章、胥己的读书人，他们的品行非常好，学识非常渊博，您为什么不提拔他们呢？"赵襄子说："你让他们来见我，我将任命他们为中大夫。"赵襄子的家臣头目劝他说："中大夫是晋国的重要官职，现在他们没有功劳而您把这官位授给他们，不符合晋国提拔大臣的原意。您恐怕也只是听闻到他们的名声，还没有目睹他们的实际行为吧。"赵襄子说："我在选用王登的时候，既用耳朵打听过他，又用眼睛考察过他了；王登选拔的人，又要我用耳朵去打听、用眼睛去考察他们。这样亲自考察，就永远没有个完了。"王登在一天之内就使这两个人见到了赵襄子，赵襄子任命他们为中大夫，授予他们土地和房屋。于是中牟县的人放弃他们的田间劳作，卖掉住宅和菜园，跟着去学习研究文献典籍的，占了这个地区人口的一半。

【原典】

叔向御坐，平公请事，公腓痛足痹转筋而不敢坏坐。晋国闻之，皆曰："叔向贤者，平公礼之，转筋而不敢坏坐。"晋国之辞仕托慕叔向者，国之锤矣。

【译文】

叔向陪晋平公坐着，晋平公和他商量事情，坐得腿痛脚麻也不敢改变端正的坐姿。晋国人听说后，都说："叔向是个有德才的人，晋平公对他有礼，以致坐得腿痛脚麻也不敢改变端正的坐姿。"晋国辞去官职以及对于贵族的依附而仿效叔向的人，一时间占了全国的一半。

【原典】

郑县人有屈公者，闻敌，恐，因死；恐已，因生。

【译文】

郑县有个叫屈公的人，听到敌人来了，一害怕，就昏死过去了；害怕的情绪一过去，又活了过来。

【原典】

赵主父使李疵视中山可攻不也。还报曰："中山可伐也。君不亟伐，将后齐、燕。"主父曰："何故可攻？"李疵对曰："其君见好岩穴之士①，所倾盖与车以见穷闾陋巷之士以十数，伉礼下布衣之士以百数矣。"君曰："以子言论，是贤君也，安可攻？"疵曰："不然。夫好显岩穴之士而朝之，则战士怠于行阵；上尊学者，下士居朝，则农夫惰于田。战士怠于行陈者②，则兵弱也；农夫惰于田者，则国贫也。兵弱于敌，国贫于内，而不亡者，未之有也。伐之不亦可乎？"主父曰："善。"举兵而伐中山，遂灭也。

【注释】

①岩穴之士：隐居山林的士人。②陈：通"阵"。

【译文】

赵武灵王派李疵察看是否可以攻打中山国。李疵回来报告说："中山国可以攻打。您不赶快攻打的话，就会落在齐、燕两国的后面了。"武灵王说："可以攻打中山国的根据是什么？"李疵回答说："中山国的君主接见并喜欢住在山洞中的隐士，他亲自驱车拜访并和他们同车，以便显扬居住在小街小巷里的读书人，人数要用十来计算。而以平等的礼节降低自己的身份去拜访不做官的读书人，更是数以百计了。"赵武灵王说："按你的话来判断，中山国君是个贤明的君主，怎么可以攻打呢？"李疵说："您说得不对。喜欢显扬隐士并让他们参加朝会，那么士兵在战场上就不肯出力了；君主尊重学者，文士高居朝廷，那么农夫就懒得再在田里耕作了。士兵在战场上就不肯出力，兵力就削弱了；农夫懒于耕作，国家就贫穷了。兵力比敌人弱，国家内部又穷，像这样再不灭亡的，是从来没有过的啊。攻打中山不是可行的吗？"赵武灵王说："很好。"于是起兵去攻打中山国，随后灭亡了它。

经五

【原典】

《诗》曰："不躬不亲，庶民不信。"①傅说之以"无衣紫"，援之以郑简、宋襄，责之以尊厚耕战。夫不明分，不责诚，而以躬亲位下②，且为"下走""睡卧"，与夫"掩弊""微服"③。孔丘不知，故称犹盂；邹君不知，故先自僇。明主之道，如叔向赋猎与昭侯之奚听也。

【注释】

①引文见《诗经·小雅·节南山》。②位：通"莅"，到，临。③弊：通"蔽"。

【译文】

经五

《诗经·小雅·节南山》上说："君主不以身作则，民众就不会相信。"齐王的太傅用"君主自己不要穿紫色衣服"的劝告来解说这两句诗，可以援引郑简公委任臣子做事而国家得到治理、宋襄公亲自参加战斗而受伤致死的事例来指责这句诗，根据尊重耕战的观点来加以批评。君主如果不去明确君臣双方各自的职权名分，不要求臣下真心实意地效力，反而用"身体力行、亲自挂帅"的办法来统治臣民，那将会像"齐景公不用车子而下去奔跑""魏昭王读简学法而昏昏睡去"以及那"隐蔽自己的身份而穿着平民百姓的衣服亲自到民间察访"的事情一样愚蠢。孔子不懂这个道理，所以说"君主好像盂"；邹君不懂这个道理，所以会做出先行羞辱自己的事情。英明君主的治国原则，就要像叔向分配猎获物和韩昭侯听取意见那样。

说五

【原典】

齐桓公好服紫，一国尽服紫。当是时也，五素不得一紫。桓公患之，谓管仲曰："寡人好服紫，紫贵甚，一国百姓好服紫不已，寡人奈何？"管仲曰："君欲止之，何不试勿衣紫也？谓左右曰：'吾甚恶紫之臭。'于是左右适有衣紫而进者，公必曰：'少却，吾恶紫臭。'"公曰："诺。"于是日，郎中莫衣紫；其明日，国中莫衣紫；三日，境内莫衣紫也。

【译文】

齐桓公喜欢穿紫色的衣服，于是全国的人都穿紫色的衣服。在那时，五匹没有染色的布还抵不上一匹紫色的布。齐桓公对此十分忧虑，对管仲说："我喜欢穿紫色的衣服，紫色的衣服非常昂贵，全国的百姓都没有止境地喜欢穿紫色的衣服，我应该怎么办？"管仲说："君王想要制止这种状况，为什么不试一下您自己不穿紫色的衣服呢？您就对近侍说：'我特别厌恶紫色衣服的气味。'齐如果这时侍从中正好有穿着紫色衣服来进见的人，您一定要说：'稍微退后一点，我厌恶紫色衣服的气味。'"桓公说："好吧。"在这一天，君主的侍从官没有一个人穿紫色放衣服；第二天，国都中也没有谁再穿紫色的衣服了；第三天，齐国境内没有一个人穿紫色的衣服。

【原典】

一曰：齐王好衣紫，齐人皆好也。齐国五素不得一紫。齐王患紫贵，傅说王曰："《诗》云：'不躬不亲，庶民不信。'今王欲民无衣紫者，王请自解紫衣而朝，群臣有紫衣进者，曰：'益远！寡人恶臭。'"是日也，郎中莫衣紫；是月也，国中莫衣紫；是岁也，境内莫衣紫。

【译文】

还有一种说法是：齐王喜欢穿紫色的衣服，齐国人都喜欢穿紫色的衣服。五匹没有染色的布还抵不上一匹紫色的布。齐王为紫色的布匹过于昂贵而发愁。太傅规劝齐王说："《诗经·小雅·节南山》上说：'君主不以身作则，民众就不会相信。'现在大王想要使民众不穿紫色的衣服，就请先自己脱下紫色的衣服去上朝。如果群臣有穿着紫色衣服进见的，您就说：'再离我远些，我厌恶那种气味。'"这一天，侍从官再没有一个穿紫色衣服的；这个月，国都中也没有谁再穿紫色的衣服了；这一年，齐国境内再没有一个人穿紫色衣服的。

【原典】

郑简公谓子产曰："国小，迫于荆、晋之间。今城郭不完，兵甲不备，不可以待不虞。"子产曰："臣闭其外也已远矣，而守其内也已固矣，虽国小，犹不危之也。君其勿忧。"是以没简公身无患。

【译文】

郑简公对子产说："郑国小，又夹在楚、晋这两个大国的中间。现在内城外城不完整，兵器铠甲不齐备，不能用来应付意外事变。"子产说："我严密地封锁了郑国的外围边境已经很久了，在内防卫得已经很牢固了，虽然国家不大，但我还是不认为它有危险。请您不必为这件事担忧。"因此直到郑简公去世，国家一直没有祸患。

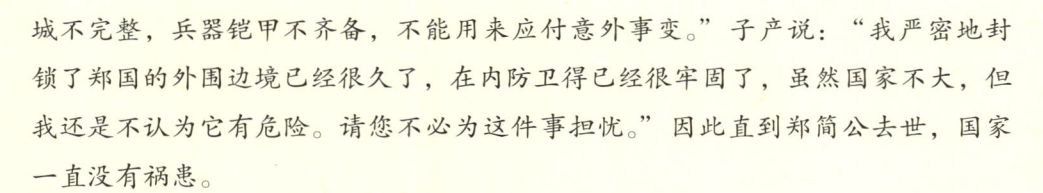

【原典】

一曰：子产相郑，简公谓子产曰："饮酒不乐也。俎豆不大①，钟鼓竽瑟不鸣，寡人之事不一，国家不定，百姓不治，耕战不辑睦，亦子之罪。子有职，寡人亦有职，各守其职。"子产退而为政五年，国无盗贼，道不拾遗，桃枣荫于街者莫有援也，锥刀遗道三日可反②。三年不变，民无饥也。

【注释】

①俎豆：古代祭祀的时候用于盛放祭品的两种器具。②反：通"返"，返回。

【译文】

还有一种说法是：子产做郑国的相国，郑简公对子产说："我喝起酒来都没法尽兴。放祭品的器具不够大，而礼乐不兴使得钟、鼓、竽、瑟等乐器也不能经常弹奏，我的事务不能专一，国家不安定，百姓不太平，农民与战士的关系不和睦，这些也算你的过失了。你有你的职事，我也有我的职事，我们各自管好自己的职事吧。"子产退下来，不再管祭祀等君主管的事而专门掌管政务，五年之后，国内没有盗贼，路不拾遗，桃树枣树都遮到了大路上也没有人伸手攀摘，锥子、刀子丢在路上，三天内就有人送回，这样的情况一连三年没有改变，老百姓没有饥荒。

【原典】

宋襄公与楚人战于涿谷上①。宋人既成列矣，楚人未及济。右司马购强趋而谏曰②："楚人众而宋人寡，请使楚人半涉未成列而击之，必败。"襄公曰："寡人闻君子曰：'不重伤，不擒二毛③，不推人于险，不迫人于阨④。不鼓不成列。'今楚未济而击之，害义。请使楚人毕涉成阵而后鼓士进之。"右司马曰："君不爱宋民，腹心不完⑤，特为义耳。"公曰："不反列，且行法。"右司马反列，楚人已成列撰阵矣，公乃鼓之。宋人大败，公伤股，三日而死。此乃慕自亲仁义之祸。夫必恃人主之自躬亲而后民听从，是则将令人主耕以为食、服战雁行也民乃肯耕战，则人主不泰危乎？而人臣不泰安乎？

【注释】

①涿谷：宋国地名，在今河南柘城的古泓水一带。②右司马：古代掌管军政和军事赋税的官员。③二毛：头发和胡子为黑白两种颜色，代指年纪大的人。④阨：通"厄"，困苦。⑤腹心：比喻国家的根本。

【译文】

宋襄公与楚国人在涿谷边上交战。宋国的军队已经摆好了阵势，楚国的军队却还没有完全过河。宋国掌管军政和军事赋税的官员购强快步上前进言说："敌众我寡，请让我们在楚国人过河过了一半而还没有摆好阵势的时候去攻打他们，一定能够打垮他们。"宋襄公说："我听君子说过，'不重复地伤害已经受了伤的人，不捉拿年事已高的人，不把人推入危险的境地，不把人逼入绝路，不要进攻没有摆好阵势的敌军。'现在楚国的军队还没有过河就去攻打他们，是有伤义理的。还是等到楚国人全部过了河，排好了阵势以后再敲击战鼓命令将士们去进攻他们吧。"购强说："君王不爱惜宋国民众，不保全国家根本，只不过为的仁义的虚名罢了。"宋襄公说："你再不回到队列中去，将要按军法处置了！"官购回到队伍时，楚国的军队已经排好行列、摆好阵势了，宋襄公这才敲击战鼓进攻他们。结果宋国的军队被打得大败，宋襄公的大腿也受伤了，三天后就去世了。这就是羡慕亲自实行仁义的祸害。一定要依靠君主亲自去干，然后民众才听从，这就是要君主自己种田吃饭，像大雁似的排在队列里去从事打仗以后民众才肯进行作战，这样一来，君主不是太危险了吗？而臣子不是太安全了吗？

【原典】

齐景公游少海，传骑从中来谒曰①："婴疾甚，且死，恐公后之。"景公遽起，传骑又至。景公曰："趋驾烦且之乘②，使驺子韩枢御之。"行数百步，以驺为不疾，夺辔代之御；可数百步，以马为不进，尽释车而走。以烦且之良而驺子韩枢之巧，而以为不如下走也。

【注释】

①传骑：指驿使，负责传递公文和情报的人。②烦且：一种良马。

【译文】

齐景公在渤海边游玩，传递公文的骑士从国都之中赶来拜见说："晏婴病得很重，即将死去，恐怕您赶不上见他了。"齐景公立刻起身，又有传递公文的骑士来到。齐景公说："赶快驾上烦且拉的车，派马夫韩枢来驾驭它。"才跑了几百步，齐景公认为韩枢赶得不快，夺过缰绳，代他驾车，又跑了几百步路，齐景公认为马不往前奔，于是就把车马全都丢了，而下车自己向前奔跑。凭烦且这样的好马和车马官韩枢这样高超的驾驭本领，而齐景公却还以为不如自己下车跑得快。

【原典】

魏昭王欲与官事，谓孟尝君曰："寡人欲与官事。"君曰："王欲与官事，则何不试习读法？"昭王读法十余简而睡卧矣。王曰："寡人不能读此法。"夫不躬亲其势柄，而欲为人臣所宜为者也，睡不亦宜乎？

【译文】

魏昭王想亲自参与国家事务的管理，就对孟尝君说："我想来参与管理国家事务。"孟尝君说："大王想参与管理国家的事务，那么为什么不试着去熟读一些国家的法律呢？"魏昭王才读过十几条法令就躺下打瞌睡了。魏昭王说："我没有才能读这种法律。"君主不亲自掌握权势，却想做臣子应当做的事情，那么打瞌睡不也是很自然的吗？

【原典】

孔子曰："为人君者，犹盂也；民，犹水也。盂方水方，盂圜水圜。"

【译文】

孔子说："做君主的人好像盂，民众好像水。盂是方的，水就成方的；盂是圆的，水就成圆的。"

【原典】

邹君好服长缨，左右皆服长缨，缨甚贵。邹君患之，问左右，左右曰："君

好服，百姓亦多服，是以贵。"君因先自断其缨而出，国中皆不服长缨。君不能下令为百姓服度以禁之，断缨出以示先民，是先戮以莅民也①。

【注释】

①戮：通"僇"，羞辱。

【译文】

邹国的国君喜欢佩戴长帽带，身边的侍从也都跟着用上了长长的帽带，帽带价格很高。邹国的国君为此而发愁，问身边的侍从，身边的侍从说："您喜欢佩戴，百姓也都跟着佩戴，因此它的价钱就昂贵起来了。"邹君于是先把自己的帽带割断，然后到外面出巡，于是国内都没有人再佩用长帽带了。君主不能下令定出民众佩戴标准来加以禁止，却割断自己的帽带出巡，以示为民先导，这是在使用先侮辱自己的方法来统治管理民众啊。

【原典】

叔向赋猎，功多者受多，功少者受少。

【译文】

叔向分配猎获物时，功劳多的分得多，功劳少的分得少。

【原典】

韩昭侯谓申子曰："法度甚不易行也。"申子曰："法者，见功而与赏，因能而受官。今君设法度而听左右之请，此所以难行也。"昭侯曰："吾自今以来知行法矣，寡人奚听矣。"一日，申子请仕其从兄官。昭侯曰："非所学于子也。"

听子之谒，败子之道乎，亡其用子之谒?"申子辟舍请罪①。

【注释】

①辟：通"避"，退避。

【译文】

韩昭侯对申不害说："法度很不容易实行啊。"申不害说："所谓法，就是验明功劳而给予赏赐，依据才能而授予官职。如今您设立了法度，却又听从身边侍从的请求，这是法度之所以难以推行的原因啊。"昭侯说："我从今以后知道如何推行法度了，知道我应该怎样来听取意见了。"一天，申不害请求昭侯委任他的堂兄做官。昭侯说："这不是我从你那儿学来的做法。我是听从你的请求而破坏你的治国原则呢，还是采用你的治国原则而置你的请求于不顾?"申不害诚惶诚恐地请求给予自己处罚。

经六

【原典】

小信成则大信立，故明主积于信。赏罚不信则禁令不行，说在文公之攻原与箕郑救饿也。是以吴起须故人而食，文侯会虞人而猎①。故明主表信，如曾子杀彘也。患在厉王击警鼓②，与李悝谩两和也③。

【注释】

①文侯：指晋文公。②厉王：即楚厉王，楚国君主。③李悝：战国时魏国人，法家的代表人物之一，曾任魏文侯的相。谩：欺骗，蒙蔽。两和：指左右两边壁垒中的军队。

【译文】

经六

在小事上能够讲求信用，在大事上就能够建立起信用，所以英明的君主不断地积累在遵守信用方面的声誉。赏罚不坚决落实，禁令就无法推行。有关的解说在"说六"中晋文公攻打原国和箕郑谈论救济饥荒这两则故事中。因此吴起宁愿饿着肚子也要按照约会，一直等到老朋友来才吃饭。魏文侯一定要碰头虞人去处理打猎的事。因此英明的君主若想表明自己讲求信用，就要像曾子杀猪那样说到做到。不讲求信用的祸患表现在楚厉王酒醉误击报警军鼓和李悝欺骗左右两军这两则故事中。

说六

【原典】

晋文公攻原，裹十日粮，遂与大夫期十日。至原十日，而原不下，击金而退，罢兵而去。士有从原中出者，曰："原三日即下矣。"群臣左右谏曰："夫原之食竭力尽矣，君姑待之。"公曰："吾与士期十日，不去，是亡吾信也。得原失信，吾不为也。"遂罢兵而去。原人闻曰："有君如彼其信也，可无归乎？"乃降公。卫人闻曰："有君如彼其信也，可无从乎？"乃降公。孔子闻而记之曰："攻原得卫者，信也。"

【译文】

晋文公攻打原国时，只准备了十天的军粮，于是就和将士约定攻打原邑的日期为十天。到达原国攻打了十天却没有攻下，文公便敲锣让士兵们退下来，收兵离开原国。有个从原国都城中出来的文士说："原国再过三天就要投降了。"群臣和身边的侍从进谏文公说："原国城内已经粮食枯竭，力量耗尽了，君主姑且再等它一下吧。"晋文公说："我和将士约期十天，还不离开的话，那就失掉了我的信用。得到了原国却让我失掉了信用，我是不干的。"于是收兵离去。原国人听到后说："现在有了像这样守信用的国君，怎好不归顺呢？"就向晋文公投降了。卫国人听到后说："现在有了像这样守信用的国君，怎么能不跟从他呢？"随后投降了文公。孔子听到后记下来说："攻打原国而得到卫国的原因，是守信用啊。"

【原典】

文公问箕郑曰："救饿奈何？"对曰："信。"公曰："安信？"曰："信名，信事,信义。信名则群臣守职,善恶不逾,百事不怠;信事,则不失天时,百姓不逾;信义,则近亲劝勉,而远者归之矣。"

【译文】

晋文公问箕郑说:"救济饥荒应该怎么做呢?"箕郑回答说:"要讲求信用。"文公说:"讲求信用应该怎么做呢?"箕郑说:"在名位、政事、道义上都要讲求信用:名位上讲求信用,那么群臣就会忠守自己的职责,好的坏的不会混杂,各种政事不会懈怠;政事上讲求信用,人们就不会违背天时,百姓就会安分守己干好本职工作;道义上讲求信用,亲近的人就会努力工作,疏远的人就会前来归顺了。"

【原典】

吴起出,遇故人而止之食。故人曰:"诺,今返而御。"吴子曰:"待公而食。"故人至暮不来,起不食而待之。明日早,令人求故人。故人来,方与之食。

【译文】

吴起出门,碰到了老朋友,就留人家一起吃饭。老朋友说:"好吧。现在你先回去等我吧。"吴起说:"我等您来吃饭。"老朋友到晚上还没来,吴起还是不吃饭等他。第二天早上,吴起叫人去找这位老朋友。老朋友来了,吴起才和他一起吃饭。

【原典】

魏文侯与虞人期猎。明日,会天疾风,左右止文侯,不听,曰:"不可以风疾之故而失信,吾不为也。"遂自驱车往,犯风而罢虞人。

【译文】

魏文侯和守山的人约定了打猎时间。第二天,正巧碰上刮大风,魏文侯身边的侍从劝阻他不要去了,魏文侯不听,说:"不可因风大的缘故而失掉信用,我不能那样处身行事。"于是就亲自赶着车去了,冒着风告诉主管山泽的官员打猎的事作罢。

【原典】

曾子之妻之市,其子随之而泣。其母曰:"女还,顾反为女杀彘。"适市来,曾子欲捕彘杀之。妻止之曰："特与婴儿戏耳。"曾子曰："婴儿非与戏也。婴儿非有知也，待父母而学者也，听父母之教。今子欺之，是教子欺也。母欺子，子而不信其母，非以成教也。"遂烹彘也。

【译文】

曾子的妻子上集市去，小儿子紧跟在她的身后哭哭啼啼。孩子的母亲说："你回去，等我回来给你杀头猪吃。"母亲刚从集市上回来，曾子打算抓猪来杀。妻子阻止说："不过是和小孩开玩笑罢了。"曾子说："孩子是不能和他开玩笑的。小孩没有什么判断力，要靠父母作出样子才会跟着学，一切都听从父母的教诲。现在你欺骗了他，也就是教儿子学会骗人。母亲欺骗了孩子，孩子就不相信母亲了，这不是进行教育的方法。"于是就把猪杀了煮给孩子吃。

【原典】

楚厉王有警，为鼓以与百姓为戍。饮酒醉，过而击之也。民大惊。使人止之，曰："吾醉而与左右戏，过击之也。"民皆罢。居数月，有警，击鼓而民不赴。乃更令明号而民信之。

【译文】

楚厉王遇到军情警报，就击军鼓作为号召，用这种方法来和民众一起防守。有一次，他喝醉酒后，错误地敲响了军鼓，民众都非常惊慌。厉王就派人去阻止他们说："我是醉酒后和近侍开玩笑，才错误地击了鼓。"于是民众就都散去了。过了几个月，又遇到军情警报，厉王击鼓，民众却不来救援。于是他更改命令，重新明确了信号，民众才又相信了他。

【原典】

李悝警其两和，曰："谨警敌人，且幕且至击汝。"如是者再三而敌不至。两和懈怠，不信李悝。居数月，秦人来袭之，至几夺其军。此不信患也。

【译文】

李悝警告左右两个营垒中的将士说："小心地警惕敌人，他们早晚就会来袭击你们。"像这样的警告重复了好几次而敌人没有来。左右两个营垒中的军队都松懈了下来，不再相信李悝，过了几个月，秦人前来袭击他们，秦军一到，几乎消灭了李悝的全部军队。这是因不讲求信用而招致的祸害啊。

【原典】

一曰：李悝与秦人战，谓左和曰："速上！右和已上矣。"又驰而至右和曰："左和已上矣。"左右和曰："上矣。"于是皆争上。其明年，与秦人战。秦人袭之，至几夺其军。此不信之患。

【译文】

还有一种说法是：李悝和秦国人就要交战。他对左营垒中的将士说："快上。右营垒的军队已经冲上去了。"又骑马到右营垒的军队说："左营垒的军队已经冲上去了。"左右两个营垒中的将士都回答说："我们冲上去。"于是都争先恐后地冲了上去。第二年，又与秦国人交战。秦国人前来偷袭，一交手，差点儿消灭魏国的军队。这是因不讲求信用而招致的祸害啊。

外储说左下

经一

【原典】

以罪受诛，人不怨上，跀危坐子皋①。以功受赏，臣不德君，翟璜操右契而乘轩。襄王不知，故昭卯五乘而履屩②。上不过任，臣不诬能，即臣将为夫少室周③。

【注释】

①坐：通"座"，安，此处引申为保全的意思。子皋：春秋时卫国人，孔子的学生。②屩：草鞋。③少室周：战国初期人，赵襄子的侍卫。

【译文】

经一

由于犯罪而受到惩罚，被惩罚的人不会怨恨长官，被砍去双脚的人反而使子皋得以保全；由于建立功劳而受到赏赐，臣下就用不着感激君主，所以翟璜就如同是拿着债券收债一般理所当然地乘坐卿大夫才能乘坐的高级帐篷车。魏襄王不通晓这个道理，对建有大功劳的昭卯只赏赐给他五十里封地，所以昭卯认为这好比是赚了很多钱的人却穿着草鞋。君主在任用臣下方面没有过失，臣下不冒充自己有才能而埋没其他有才干的人，那么臣下都将成为少室周那样诚实的人。

说一

【原典】

孔子相卫,弟子子皋为狱吏,刖人足,所跀者守门。人有恶孔子于卫君者,曰:"尼欲作乱。"卫君欲执孔子。孔子走,弟子皆逃。子皋从出门,跀危引之而逃之门下室中,吏追不得。夜半,子皋问跀危曰:"吾不能亏主之法令而亲跀子之足,是子报仇之时也,而子何故乃肯逃我?我何以得此于子?"跀危曰:"吾断足也,固吾罪当之,不可奈何。然方公之狱治臣也,公倾侧法令[1],先后臣以言,欲臣之免也甚,而臣知之。及狱决罪定,公憱然不悦[2],形于颜色,臣见又知之。非私臣而然也,夫天性仁心固然也。此臣之所以悦而德公也。"

【注释】

①倾侧:倾斜,此处引申为反复推敲的意思。②憱:通"蹙"。

【译文】

孔子当卫国宰相的时候,他的学生子皋担任管理监狱的官,子皋依法砍掉一个犯人的脚,被砍脚的这个人得看守大门。有个人在卫国国君面前诽谤孔子说:"孔子图谋作乱。"卫国国君打算捉拿孔子。孔子逃跑了,他的学生们也都匆忙逃跑。子皋跟着跑出门,断足守门人引导他逃到门边屋子里,所以差役们追上来了也没能抓到他。半夜,子皋问断足守门人说:"我不能损害君主的法令而亲自砍掉了您的脚,现在恰恰是你报仇的时候,为什么你还愿意帮我逃走?我凭什么能从您那里得到这样的报答呢?"这被砍掉脚的人说:"我被砍掉脚,本来就是我罪有应得,这是没有办法的事。但是当您按刑法给我定罪时,您反复推敲法令,并且指导我按照可以从轻处理的法令来申诉,很想让我免罪,这些我也清楚。等到这案子已经做出结论,您皱着眉头显得局促不安,脸色上都表露了出来,这我又清楚地看在眼里。您并不是偏袒我才这样做的,而是与生俱来的仁爱之心本就这样。这就是我热爱您又感激您的原因啊。"

【原典】

孔子曰："善为吏者树德，不能为吏者树怨。概者，平量者也；吏者，平法者也。治国者，不可失平也。"

【译文】

孔子说："善于做官的人树立恩德，不会做官的人树立怨仇。概是用来刮平斗与斛这两种量器的，吏这种官员是用来使法制公正的。治理国家的人，不可以失掉公平。"

【原典】

田子方从齐之魏①，望翟黄乘轩骑驾出，方以为文侯也，移车异路避之，则徒翟黄也。方问曰："子奚乘是车也？"曰："君谋欲伐中山，臣荐翟角而谋得果②；且伐之，臣荐乐羊而中山拔③；得中山，忧欲治之，臣荐李克而中山治④；是以君赐此车。"方曰："宠之称功尚薄。"

【注释】

①田子方：战国时魏国人，曾为魏文侯师。②翟角：魏文侯的谋臣。③乐羊：魏文侯的将。④李克：战国时法家人物，中山国的相。

【译文】

田子方从齐国来到魏国，望见翟黄乘坐着卿大夫才能乘坐的高级帐篷车，因子方以为是魏文侯，就把车子赶到旁路上回避。但走近后一看，原来只有翟黄。田子方问道："您怎么乘坐如此高级的车？"翟黄说："国君的计划是想攻打中山国，我向他举荐了翟角，使他的计划得以实施；将要去攻打中山国的时候，我向他举荐了乐羊，结果中山国被攻下了；得到中山国后，国君又因为要治理它而发愁，我向他举荐了李克，中山国得以治理。因此，国君就把这辆车赏赐给我。"田子方说："您的荣耀与您的功劳相比，还不够优厚。"

【原典】

秦、韩攻魏，昭卯西说而秦、韩罢；齐、荆攻魏，卯东说而齐、荆罢。魏襄王养之以五乘。卯曰："伯夷以将军葬于首阳山之下，而天下曰：'夫以伯夷之贤与其称仁，而以将军葬，是手足不掩也。'今臣罢四国之兵，而王乃与臣五乘，此其称功，犹赢胜而履屩①。"

【注释】

①赢：通"赢"。

【译文】

秦、韩两国联合攻打魏国，昭卯西去秦、韩两国游说，结果两国退兵了；齐、楚两国联合攻打魏国，昭卯东到齐、楚两国游说，结果两国退兵了。魏襄王就用方圆五十里土地作为俸禄供养他，昭卯说："伯夷按将军的礼仪葬在首阳山下，天下的人说：'凭伯夷的贤德和仁名，却只按将军的礼仪埋葬他，这就好比是连手脚都没能盖住的薄葬。'现在我说退了四个国家的军队，而大王竟然只给我方圆五十里的封地，这和我的功劳比起来，好比赚了很多钱的人却穿着草鞋一样。"

【原典】

少室周者，古之贞廉洁悫者也，为赵襄主力士。与中牟徐子角力①，不若也，入言之襄主以自代也。襄主曰："子之处，人之所欲也，何为言徐子以自代？"曰："臣以力事君者也。今徐子力多臣，臣不以自代。恐他人言之而为罪也。"

【注释】

①中牟：晋国地名，在今河北邢台东南。

【译文】

少室周是古代正直诚实的人，担任着赵襄子的侍卫。他和中牟的徐子比力气，没有超过徐子，就进宫把徐子推荐给赵襄子而要求用徐子来代替自己。赵襄子说："你的职位是别人希望得到的，你为什么要推荐徐子来代替你自己呢？"少室周说："我是凭力气侍奉君主的，现在徐子的力气比我大，如果不请求他来代替我，恐怕别人来推荐他而成了我的罪过。"

【原典】

一曰：少室周为襄主骖乘，至晋阳，有力士牛子耕，与角力而不胜。周言于主曰："主之所以使臣骖乘者，以臣多力也。今有多力于臣者，愿进之。"

【译文】

还有一种说法是：少室周担任赵襄子驾车人右侧的卫士，有一次他来到晋阳，有个叫牛子耕的大力士，两人比赛力气大小，少室周比不过牛子耕。少室周对赵襄子说："您让我担任车上卫士，是我力气大的缘故。现在有个比我力气更大的人，我愿意推荐他。"

经二

【原典】

恃势而不恃信，故东郭牙议管仲①；恃术而不恃信，故浑轩非文公②；故有术之主，信赏以尽能，必罚以禁邪，虽有驳行，必得所利。简主之相阳虎③，哀公问"一足"。

【注释】

①东郭牙：齐桓公的大臣。②浑轩：春秋时晋国大夫。③阳虎：亦作阳货，春秋时鲁国季孙氏的家臣。

【译文】

经二

君主依仗权势而不依赖臣下的诚实，所以东郭牙建议不能把大权全部交给管仲；君主依仗权术而不依赖臣下的诚实，所以浑轩反对晋文公对箕郑的信赖。所以懂得法术的君主，讲究信用而依法行赏，以便人尽其能；对有罪过的一定依法惩处，以便禁止奸邪；即使臣下有乱七八糟的行为，也一定有可以利用的地方。赵简子任用阳虎为自己的相而充分发挥了他的才能，鲁哀公了解到夔只有一个特长却依然认为足也可利用，这两则故事就说明了这个道理。

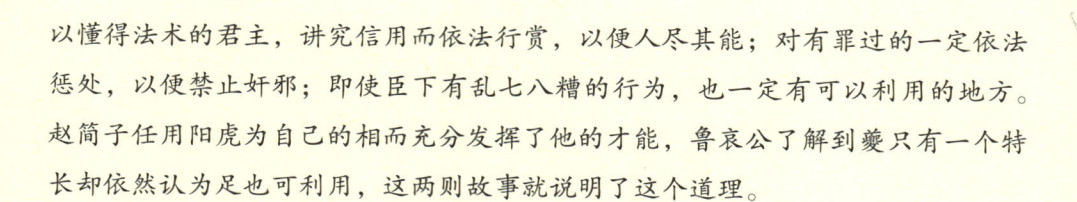

说二

【原典】

齐桓公将立管仲，令群臣曰："寡人将立管仲为仲父。善者入门而左，不善者入门而右。"东郭牙中门而立。公曰："寡人立管仲为仲父，令曰：'善者左，不善者右。'今子何为中门而立？"牙曰："以管仲之智，为能谋天下乎？"公曰："能。""以断，为敢行大事乎？"公曰："敢。"牙曰："若知能谋天下，断敢行大事，君因专属之国柄焉。以管仲之能，乘公之势以治齐国，得无危乎？"公曰："善。"乃令隰朋治内、管仲治外以相参。

【译文】

齐桓公准备立管仲为仲父，命令群臣说："我准备立管仲为仲父。赞成的进门后站在左边，不赞成的进门后站在右边。"东郭牙却在大门中间站定。桓公说"我要立管仲为仲父，下令说：'赞成的站左边，不赞成的站右边。'现在您为什么在大门中间站定？"东郭牙说："凭管仲的智慧，您以为可以谋取天下吗？"桓公说："可以。""凭他的果断，您觉得他敢做大事吗？"桓公说："敢。"东郭牙说："如果他的智慧能够谋取天下，果断足敢干成大事，您因而把国家的权力全部托付给他。以管仲的才能，凭借您的权势来治理齐国，您难道没危险吗？"桓公说："说得对。"于是就命令隰朋治理内政、管仲管理外交，以便使他们相互制约。

【原典】

晋文公出亡，箕郑挈壶餐而从，迷而失道，与公相失，饥而道泣，寝饿而不敢食。及文公反国，举兵攻原，克而拔之。文公曰："夫轻忍饥馁之患而必全壶餐，是将不以原叛。"乃举以为原令。大夫浑轩闻而非之，曰："以不动壶餐之故，怙其不以原叛也，不亦无术乎？"故明主者，不恃其不我叛也，恃吾不可叛也；不恃其不我欺也，恃吾不可欺也。

【译文】

晋文公逃亡在外，箕郑提着食物跟随着。途中因为迷失了方向而找不到路，和晋文公走散了，饿得在路上哭，饿得越来越难以忍受却不敢吃掉食物。等到晋文公返回晋国，起兵攻打原国，攻下后占领了它。晋文公说："能够看轻并忍受饥饿的痛苦而一定要保全食物，这样的人不会凭借原国的土地而背叛我。"于是提拔箕郑做原国的行政长官。大夫浑轩听到后反对说："因为不动食物的缘故，就信赖他不会凭借原国来叛乱，不也是没有手腕吗？"因此英明的君主，不依靠别人不背叛我，而要依靠我的不可背叛；不依靠别人不欺骗我，而要依靠我的不可欺骗。

【原典】

阳虎议曰："主贤明，则悉心以事之；不肖，则饰奸而试之。"逐于鲁，疑于齐，走而之赵，赵简主迎而相之。左右曰："虎善窃人国政，何故相也？"简主曰："阳虎务取之，我务守之。"遂执术而御之。阳虎不敢为非，以善事简主，兴主之强，几至于霸也。

【译文】

阳虎发表议论说："君主贤明，就尽心去侍奉他；君主不贤，就掩饰起自己邪恶的念头去试探他。"阳虎在鲁国遭到驱逐，在齐国受到怀疑，又从齐国逃跑而到了赵国，赵简子欢迎他，任用他为赵国的相。赵简子身边的侍从说："阳虎善于窃取别人的国家政权，为什么还要任用他为赵国的相？"赵简子说："阳虎致力于夺取政权，我致力于维护政权。"于是运用权术去驾驭阳虎。阳虎不敢为非作歹，很好地侍奉赵简子，使赵简子兴盛起来渐趋强大，几乎成为了一代霸主。

【原典】

鲁哀公问于孔子曰："吾闻古者有夔一足[1]，其果信有一足乎？"孔子对曰："不也，夔非一足也。夔者忿戾恶心，人多不说喜也。虽然，其所以得免于人害者，以其信也。人皆曰：'独此一，足矣。'夔非一足也，一而足也。"哀公曰："审而是，固足矣。"

【注释】

①夔：相传为怪兽的一种，外形像牛，仅有一只脚。相传尧时的乐官也叫夔。

【译文】

鲁哀公向孔子询问说："我听说古代有个'夔一足'，它果真只有一只脚吗？"孔子回答说："不是的。夔并不是仅有一只脚。因为夔这种东西残暴凶狠，人们大都不喜欢它。虽说如此，它还是活着，它之所以能够避免受到人们的伤害，是因为它守信用。人们都说：'单是有这一点，就足够了。'夔不是仅有一只脚，而是说他有了一个优点也就足够了。"鲁哀公说："确实是这样的话，那当然是足够了。"

【原典】

一曰：哀公问于孔子曰："吾闻夔一足，信乎？"曰："夔，人也，何故一足？彼其无他异，而独通于声。尧曰：'夔一而足矣。'使为乐正。故君子曰：'夔有一，足。'非一足也。"

【译文】

还有一种说法是：鲁哀公向孔子询问说："我听说夔仅一足，可信吗？"孔子说："要是人，怎么会仅有一只脚呢？他和人相比没有别的不同，唯独能精通音律。尧说：'夔有了这一个特长也就足够了。'于是派他做主管音乐的官，所以君子说：'夔有了这一个特长也就足够了。'并不是只有一只脚。"

经三

【原典】

失臣主之理，则文王自履而矜。不易朝燕之处，则季孙终身庄而遇贼。

【译文】

经三

不顾君臣之间的等级关系，周文王亲自系好鞋带却要夸耀一番。无论是在朝廷上还是闲居在家时都不改变自己的行为举止，季孙尽管一生如此庄重，最终还是被人杀害了。

说三

【原典】

文王伐崇①，至凤黄虚，袜系解，因自结。太公望曰："何为也？"王曰："上，君与处皆其师；中，皆其友；下，尽其使也。今皆先君之臣，故无可使也。"

【注释】

①崇：商王朝的属国，在今陕西西安沣水西。

【译文】

周文王去讨伐崇国，到凤黄墟时，袜带松开了，就自己系好。姜太公说："何苦亲自系袜带？"文王说："国君和人相处时，对上等的人，都看作是自己的老师；对中等的人，都看作是自己的朋友；对下等的人，都看作是自己的仆人。现在我身边的都是先父的大臣，所以没有可以使唤的人。"

【原典】

一曰：晋文公与楚战，至黄凤之陵，履系解，因自结之。左右曰："不可以使人乎？"公曰："吾闻：上，君所与居，皆其所畏也；中，君之所与居，皆其所爱也；下，君之所与居，皆其所侮也。寡人虽不肖，先君之人皆在，是以难之也。"

【译文】

还有一种说法是：晋文公和楚国作战，到了黄凤陵上时，袜带松开了，就自己系上。晋文公身边的侍从说："不能指派别人系吗？"晋文公说："我听说，对上等的人，君主和他们相处时，都是君主所敬畏的；对中等的人，君主和他们相处时，都是君主所爱惜的；对下等的人，君主和他们相处时，都是君主所使唤的。我虽然不贤，但先父的大臣都在身边，因此我难以使唤他们。"

【原典】

季孙好士，终身庄，居处衣服常如朝迁。而季孙适懈，有过失，而不能长为也。故客以为厌易己，相与怨之，遂杀季孙。故君子去泰去甚。

【译文】

季孙喜欢读书人，一生很庄重，日常的生活打扮常像在朝廷里一样。但有一次季孙偶然疏忽了一下，出了差错，不能一直这样做。所以门客便以为是讨厌和轻视自己，大家怨恨起来，于是就将季孙杀了。因此，君子行事不要太过分，不要趋于极端。

【原典】

一曰：南宫敬子问颜涿聚曰[①]："季孙养孔子之徒，所朝服与坐者以十数而遇贼，何也？"曰："昔周成王近优侏儒以逞其意，而与君子断事，是能成其欲于天下。今季孙养孔子之徒，所

朝服而与坐者以十数，而与优侏儒断事，是以遇贼。故曰：不在所与居，在所与谋也。"

【注释】

①南宫敬子：即南宫叔敬，春秋末期鲁国人。颜涿聚：齐景公的臣子，孔子的学生。

【译文】

还有一种说法是：南宫敬叔问颜涿聚说："季孙供养孔子学生，穿着上朝时所穿的礼服而和他坐在一起的达十几个人，然而他终被刺杀，为什么呢？"颜涿聚说："过去周成王亲近优伶和侏儒来放松他的思想，但要与德高望重的君子一起来决定重大的事情，因此能够满足他想得到天下的欲望。现在季孙供养孔子学生，穿着上朝时所穿的礼服而和他坐在一起的达十几个人，但却和优伶和侏儒一同决定事情，因此就遇害了。所以说：问题的关键不在于平时和什么人相处。而在于和什么人商量大事。"

【原典】

孔子御坐于鲁哀公，哀公赐之桃与黍。哀公曰："请用。"仲尼先饭黍而后啖桃，左右皆掩口而笑。哀公曰："黍者，非饭之也，以雪桃也。"仲尼对曰："丘知之矣。夫黍者，五谷之长也，祭先王为上盛。果蓏有六①，而桃为下，祭先王不得入庙。丘之闻也，君子以贱雪贵，不闻以贵雪贱。今以五谷之长雪果蓏之下，是以上雪下也。丘以为妨义，故不敢以先于宗庙之盛也。"

【注释】

①蓏（luǒ）：草本植物的果实。

【译文】

孔子在鲁哀公处侍坐，鲁哀公赏给他桃子和黍子。鲁哀公说："请吃吧。"孔子先吃黍子，然后吃桃子，旁边的人都捂嘴偷笑。哀公说："黍子并非用来吃的，是用来擦拭桃子的。"孔子回答说："我早就知道。黍子是五谷之首，祭祀古代圣明帝王时它是作为上等的祭品。瓜果有六种，桃子属于最下等的，祭祀古代圣明帝王时不得拿进庙中。我听说，君子是用低贱东西来擦拭高贵的东西，而没听说过用高贵的东西反去擦拭低贱的东西。现在用五谷之首的黍去擦拭瓜果中最下等的桃子，这是用高贵的东西反去擦拭低贱的东西。我认为这有害于礼义，所以不敢把桃子放到宗庙祭品的前面来吃。"

【原典】

简主谓左右："车席泰美。夫冠虽贱，头必戴之；屦虽贵，足必履之。今车席如此，太美，吾将何屦以履之？夫美下而耗上，妨义之本也。"

【译文】

赵简子对身边的侍从说："车上铺的席子太过华丽了。帽子即使做得很粗糙而价格低廉，一定要戴在头上；鞋子即使做得精美而价格昂贵，一定是踩在脚下。现在车上铺的席子太过华丽，我该用什么鞋子去踩在上面呢？美化了下面的东西而使上面的鞋帽服装更为破费，就是妨害了义的根本。"

【原典】

费仲说纣曰："西伯昌贤①，百姓悦之，诸侯附焉，不可不诛；不诛，必为殷祸。"纣曰："子言，义主，何可诛？"费仲曰："冠虽穿弊，必戴于头；履虽五采，必践之于地。今西伯昌，人臣也，修义而人向之，卒为天下患，其必昌乎？人臣不以其贤为其主，非可不诛也。且主而诛臣，焉有过？"纣曰："夫仁义者，上所以劝下也。今昌好仁义，诛之不可。"三说不用，故亡。

【注释】

①西伯昌：即周文王姬昌。"西伯"为商纣王为了笼络姬昌而赐给他的封号。

【译文】

商纣王的宠臣费仲劝说纣王说："西伯姬昌非常有才干，百姓都拥护他，诸侯都依附他，不能不把他杀掉；如果不将他杀掉，一定会成为商朝的祸根。"纣王说："照您所说，他是一个讲求仁义的君主，哪能杀呢？"费仲说："帽子虽然破旧，一定要戴在头上；鞋子虽然华丽，一定要踩到地上。现在西伯姬昌作为臣子，修行仁义而人心归附，最终成为天下祸患的，恐怕一定是西伯姬昌了吧？臣子不用他的才能为君主效力，是不能不杀掉的。况且是君主杀臣子，怎么会有过错呢？"商纣说："仁义，是君主用来勉励群臣和人民的。现在西伯昌爱好仁义，杀掉他是不行的。"再三劝说纣王都不听，所以商朝终于灭亡了。

【原典】

齐宣王问匡倩，曰："儒者博乎①?"曰："不也。"王曰："何也？"匡倩对曰："博贵枭②，胜者必杀枭。杀枭者，是杀所贵也。儒者以为害义，故不博也。"又问曰："儒者弋乎？"曰："不也。弋者，从下害于上者也，是从下伤君也，儒者以为害义，故不弋。"又问："儒者鼓瑟乎？"曰："不也。夫瑟以小弦为大声，以大弦为小声，是大小易序，贵贱易位，儒者以为害义，故不鼓也。"宣王曰："善。"仲尼曰："与其使民谄下也，宁使民谄上。"

【注释】

①博：古代的一种棋类游戏。②枭：博戏中的彩名。

【译文】

齐宣王问匡倩说："儒家的学者下棋吗？"匡倩说："不下棋。"齐宣王说："为什么？"匡倩回答说："下棋的人看重枭这颗棋子，取胜的一方一定要杀掉枭这颗棋子。杀枭，也就是杀掉尊贵的东西。儒家的学者认为这损害了礼义，所以不下棋。"齐宣王又问道："儒家的学者用带丝线的箭射鸟吗？"匡倩说："不射。用带丝线的箭射鸟，是从下面向上面射去，正像臣下伤害君主。儒家的学者认为这损害了礼义，所以不射。"齐宣王又问："儒家的学者弹瑟吗？"匡倩说："不弹。瑟是弹小弦发出大声，弹大弦发出小声，即是大小颠倒了次序，儒家的学者认为这损害了礼义，所以不弹奏。"齐宣王说："说得好。"孔子说："与其使人们讨好下级，不如使他们奉承上级。"

经四

【原典】

利所禁，禁所利，虽神不行。誉所罪，毁所赏，虽尧不治。夫为门而不使入，委利而不使进，乱之所以产也。齐侯不听左右，魏主不听誉者，而明察照群臣，则钜不费金钱①，屖不用璧②。西门豹请复治邺，足以知之。犹盗婴儿之矜裘与刖危子荣衣。子绰左右画，去蚁驱蝇。安得无桓公之忧索官与宣主之患臞马也③？

【注释】

①钜：假设的人名。②屖：假设的人名。③臞（qú）：瘦。

【译文】

经四

应当禁止的，反而使其得利；对于有利的，反而加以禁止，像这样，即便是神也无法将事情做好；该惩罚的，反而加以称赞，该奖赏的，反而加以诋毁，像这样，即便是尧也无法将国家治理好。建造了门而又不让人进去，积聚了财利而又不让人去取，这就是祸乱产生的根源。如果齐国的君主不听从身边亲信的说情，魏王不听信捧场的人，而能洞察臣下的一切，那么钜也就不会破费金钱去买通齐国国君的亲信，而屖也不会用玉璧行贿去求官做。从西门豹请求治理邺地这件事，就足以明白这个道理。这就好比窃贼的孩子夸耀父亲的皮衣和受刑断足之人的孩子为他父亲冬天不费裤子而感到荣耀一样。子绰说人不能同时用左手画方、用右手画圆，以及拿肉去赶蚂蚁，拿鱼去驱苍蝇。如果只听从身边的亲信而不依法治国，那怎么能不发生齐桓公为臣下要官做而忧虑和韩宣公为马的消瘦而发愁这一类的事情呢？

说四

【原典】

钜者，齐之居士；屖者，魏之居士。齐、魏之君不明，不能亲照境内而听左右之言，故二子费金璧而求入仕也。

【译文】

钜是齐国的隐士，屖是魏国的隐士。由于齐国、魏国的君主不英明，不能亲

自洞悉国内情况。却偏听亲信的话，所以这两个隐士花费金钱玉璧来请求进朝做官。

【原典】

西门豹为邺令，清克洁悫①，秋毫之端无私利也，而甚简左右。左右因相与比周而恶之。居期年，上计，君收其玺。豹自请曰："臣昔者不知所以治邺，今臣得矣，原请玺，复以治邺。不当，请伏斧锧之罪。"文侯不忍而复与之。豹因重敛百姓，急事左右。期年，上计，文侯迎而拜之。豹对曰："往年臣为君治邺，而君夺臣玺；今臣为左右治邺，而君拜臣。臣不能治矣。"遂纳玺而去。文侯不受，曰："寡人曩不知子，今知矣。愿子勉为寡人治之。"遂不受。

【注释】

① 克：通"刻"严格。悫（què）：诚实，谨慎。

【译文】

西门豹做邺地的行政长官，克己奉公、清廉正直，一丝半毫都不谋私利，但却十分怠慢君主身边的侍从。君主身边的侍从因此相互勾结诬陷西门豹。过了一年，西门豹去上缴赋税，汇报政绩，魏文侯没收了他的官印而把他罢免了。西门豹请求说："我过去不知道治理邺地的方法，现在我懂了，希望发还官印，再用我去治理邺地，如果治理不好，愿意受到腰斩的惩罚。"魏文侯不忍心拒绝，又把官印交给他。西门豹因而加重搜刮百姓钱财，极力奉承君主身边的侍从。过了一年，西门豹前去上缴赋税，汇报政绩，魏文侯亲自迎接，并向他作揖致礼。西门豹回答说："往年我为您治理邺地，而您要收回我的官印，现在我为您身边的侍从治理邺地，您反而向我作揖致礼。我无法治理邺地了。"于是交还官印离去。魏文侯不肯接受官印，说："我过去不了解您，现在了解了。希望您尽力为我治理邺地。"终于没有接收西门豹所交的官印。

【原典】

齐有狗盗之子与刖危子戏而相夸。盗子曰："吾父之裘独有尾。"刖危子曰："吾父独冬不失裤。"

【译文】

齐国有个披上狗皮伪装狗去行窃的贼的儿子与受刑砍断脚的人的儿子在一起开玩笑并相互夸耀。盗贼的儿子说："唯独我父亲的皮衣上有尾巴。"断脚人的儿子说："唯独我父亲冬天不费裤子。"

【原典】

子绰曰："人莫能左画方而右画圆也。以肉去蚁，蚁愈多；以鱼驱蝇，蝇愈至。"

【译文】

子绰说："人不能同时用左手画方、用右手画圆。用肉去赶蚂蚁，蚂蚁会越来越多；用鱼去赶苍蝇，苍蝇会越聚越多。"

【原典】

桓公谓管仲曰："官少而索者众，寡人忧之。"管仲曰："君无听左右之请，因能而受禄，录功而与官，则莫敢索官。君何患焉？"

【译文】

齐桓公对管仲说："官位少，但求官的人却多，我很为此担忧。"管仲说："您不要听从身边亲信的请求，根据才能而授予俸禄，记录功劳而给予官职，那就没有人敢来要官做了。您还担忧什么呢？"

【原典】

韩宣子曰："吾马菽粟多矣，甚臞，何也？寡人患之。"周市对曰："使驺尽粟以食，虽无肥，不可得也。名为多与之，其实少，虽无臞，亦不可得也。主不审其情实，坐而患之，马犹不肥也。"

【译文】

韩宣子说："我的马，豆类谷物等饲料已经给得很多了，马却很瘦，这是什么原因呢？我为此担忧啊。"周市回答说："让养马的人用充足的饲料去喂马，即使不想让它肥，也是不可能的。名义上是给了马很多饲料，实际上马吃到的饲料很少，即使不想要它瘦，那也是不可能的。君王不去考察实情，只是坐着为此发愁，马还是不会肥的。"

【原典】

桓公问置吏于管仲，管仲曰："辩察于辞，清洁于货，习人情，夷吾不如弦商，请立以为大理。登降肃让，以明礼待宾，臣不如隰朋，请立以为大行。垦草仞邑，辟地生粟，臣不如宁戚，请以为大田。三军既成陈，使士视死如归，臣不如公子成父，请以为大司马。犯颜极谏，臣不如东郭牙，请立以为谏臣。治齐，此五子足矣；将欲霸王，夷吾在此。"

【译文】

齐桓公向管仲询问安排官吏的事，管仲说："辨别清楚诉讼双方的言辞，廉洁不贪财物，熟悉人情世故，我比不上弦商，请安排他当司法大臣。在迎送宾客上下周旋时区别尊卑、作揖谦让，用明确无误的礼仪接待宾客，我比不上隰朋，请安排他当外交大臣。开垦荒地，充实城市，开辟土地，种植粮食，我比不上宁戚，请安排他做主管农业的官。三军已经摆好阵势，使战士们能视死如归，我比不上公子成父，请安排他做主管军政的官。冒着君主恼怒的脸色而尽力规劝君主，极力劝谏，我比不上东郭牙，请安排他做主管谏议的官。治理好齐国，这五个人就够用了；若要成就霸王之业，则有我管夷吾在这里。"

经五

【原典】

臣以卑俭为行，则爵不足以观赏；宠光无节，则臣下侵逼。说在苗贲皇非献伯[1]，孔子议晏婴。故仲尼论管仲与孙叔敖。而出入之容变，阳虎之言见其臣。而简主之应人臣也失主术。朋党相和，臣下得欲，则人主孤；群臣公举，下不相和，则人主明。阳虎将为赵武之贤、解狐之公，而简主以为枳棘，非所以教国也。

【注释】

①苗贲皇：晋国大夫。献伯：即孟献伯，春秋时晋国的卿。

【译文】

经五

如果臣下把谦卑、节俭作为自己的行为准则，那么爵位就不足以鼓励他们；如果臣下骄纵荣耀没有节制，那么臣下就会侵害、威胁君主。有关的解说在"说五"中苗贲皇非难献伯，孔子议论晏婴。所以孔丘又议论管仲太奢侈与孙叔敖太节俭。阳虎说他在鲁、齐两国所荐举的臣子，当他在职时和出逃时态度完全不同。但赵简子在答复臣子阳虎时所说的话却背离了君主的统治原则。朋党勾结，互相应和，臣下得以实现他们的私欲，君主就会孤立。群臣都为公推举人才，下面不互相拉拢，君主就能明察。阳虎将要在赵国做到赵武般的贤良、解狐般的无私，而赵简子却以为是栽了多刺的枳棘，这绝不是用来教育国人的方法啊。

说五

【原典】

孟献伯相晋，堂下生藿藜，门外长荆棘，食不二味，坐不重席，晋无衣帛之妾，居不粟马，出不从车。叔向闻之，以告苗贲皇。贲皇非之曰："是出主之爵禄以附下也。"

【译文】

孟献伯做晋国的相国，院子里生出野草，大门外长起荆棘，吃饭不超过两种食物，坐时不垫两层席，家里没有穿丝织品的姬妾，居家不用谷子喂马，外出没有副车随从。叔向听说了这些事，把这件事告诉给苗贲皇。苗贲皇非难孟献伯说："这是弃置君主的爵禄赏赐而讨好下人。"

【原典】

一曰：孟献伯拜上卿，叔向往贺，门有御，马不食禾。向曰："子无二马二舆，何也？"献伯曰："吾观国人尚有饥色，是以不秣马；班白者多以徒行，故不二舆。"向曰："吾始贺子之拜卿，今贺子之俭也。"向出，语苗贲皇曰："助吾贺献伯之俭也。"苗子曰："何贺焉？夫爵禄旗章①，所以异功伐别贤不肖也。故晋国之法，上大夫二舆二乘，中大夫二舆一乘，下大夫专乘，此明等级也。且夫卿必有军事，是故修车马，比卒乘②，以备戎事。有难则以备不虞；平夷则以给朝事。今乱晋国之政，乏不虞之备，以成节，以絜私名③，献伯之俭也可与？又何贺？"

【注释】

①旗章：旗帜，古时用来标识职位和身份。②卒乘：指步兵和战车。③絜：通"洁"，清白，光耀。

【译文】

还有一种说法是：孟献伯被封为上卿，叔向前去祝贺，孟家门外有车马，看见大门口有人喂马不给马吃谷子。叔向说："您没有两套马、两辆车，这是什么原因呢？"献伯说："我看到国内民众的脸上还有饥饿的气色，因此喂马的时候不用谷子；看到头发花白的老年人多半靠自己徒步行走，所以不用两辆车子。"叔向说："我开始来祝贺您被任命为上卿，现在要祝贺您的节俭了。"叔向出来，告诉苗贲皇说："帮我去庆贺献伯的节俭。"苗贲皇说："这有什么好祝贺的呢？爵禄和旗帜是用来标明功劳大小、区别贤和不贤的。所以晋国的法律规定，上大夫拥有两套车马。中大夫拥有两辆车一套马,下大夫拥有一套车马,这是用来标明等级的。况且那当上了卿相的一定要掌管军事,因而要修整车马,训练步卒、战车,用它们来防备战争。国家有难时就可以用来防备意外,太平时就可以供朝事使用。在他扰乱了晋国的政治措施,缺乏预防不测的准备,用这种方法来成全自己的节操,用来光耀私人的名声,孟献伯的这种俭省,能容许吗?又有什么值得庆贺的呢?"

【原典】

管仲相齐,曰:"臣贵矣,然而臣贫。"桓公曰:"使子有三归之家①。"曰:"臣富矣,然而臣卑。"桓公使立于高、国之上。曰:"臣尊矣,然而臣疏。"乃立为仲父。孔子闻而非之曰:"泰侈逼上。"

【注释】

①三归:指将齐国商税的十分之三归于个人。

【译文】

管仲做了齐国的相国,说:"我尊贵了,但我还是贫困。"齐桓公说:"我让你拥有相当于齐国商税十分之三的俸禄。"管仲说:"我富有了,但我地位还是低下。"桓公就将管仲的地位提高到在高氏、国氏两大贵族之上。管仲说:"我地位尊贵了,但是我和您的关系疏远。"桓公就称管仲为"仲父"。孔子听到后反对说:"管仲过于奢侈,

威胁到了君主。"

【原典】

一曰：管仲父出，朱盖青衣，置鼓而归，庭有陈鼎，家有三鼎。孔子曰："良大夫也，其侈逼上。"

【译文】

还有一种说法是：管仲出门时，乘的是高贵的带有朱红色车盖的帝王之车，穿的是帝王穿的青色礼服，回来时，用鼓乐引路，庭院有陈列的大鼎，家里有十分之三的商税收入。孔子说："管仲是个好大夫，但他的奢侈放纵威胁到了君主。"

【原典】

孙叔敖相楚，栈车牝马，粝饼菜羹，枯鱼之膳，冬羔裘，夏葛衣，面有饥色，则良大夫也。其俭逼下。

【译文】

孙叔敖做楚庄王的宰相，乘坐的是母马拉的简陋车子，吃的是粗米做成的饼、蔬菜煮成的羹以及干鱼之类的食物，冬天只穿小羊皮做的皮袄，夏天只穿粗布衣服，脸上有受饥挨饿的气色。他确实是个好大夫了，但过于节俭，从而威胁到了下层官员。

【原典】

阳虎去齐走赵，简主问曰："吾闻子善树人。"虎曰："臣居鲁，树三人，皆为令尹；及虎抵罪于鲁，皆搜索于虎也。臣居齐，荐三人，一人得近王，一人为县令，一人为候吏；及臣得罪，近王者不见臣，县令者迎臣执缚，候吏者追臣至境上，不及而止。虎不善树人。"主俯而笑曰："树橘柚者，食之则甘，嗅之则香；树枳棘者，成而刺人。故君子慎所树。"

【译文】

阳虎离开齐国逃跑到赵国，赵简子对他说："我听说你善于培养人才。"阳虎说："我住在鲁国时，栽培过三个人，都做了宰相；等到我在鲁国获了罪，他们到处寻找抓我。我住在齐国时，推荐了三个人，一个人可以接近齐王，一个人做县令，一个人做边防官；等到我有了罪，接近齐王的那个人回避我，做县令的那个人前来捉拿捆绑我。做边防官的那个人追我直到边境，没有追上才罢休。我阳虎根本不善于培植人才。"赵简子低头笑着说："种植橘柚，吃起来是甜的，闻起来是香的；种植枳棘，长大后反而刺人。所以君子十分慎重地考虑自己所要培植的人选。"

【原典】

中牟无令，晋平公问赵武曰："中牟，三国之股肱，邯郸之肩髀，寡人欲得其良令也，谁使而可？"武曰："邢伯子可。"公曰："非子之仇也？"曰："私仇不入公门。"公又问曰："中府之令①，谁使而可？"曰："臣子可。"故曰："外举不避仇，内举不避子。"赵武所荐四十六人于其君，及武死，各就宾位，其无私德若此也。

【注释】

①中府：即内库。

【译文】

中牟县还没有县令。晋平公问赵武说："中牟县是我国的要地，是邯郸的重镇。我想找一个治理中牟的好县令，派谁去好呢？"赵武说："邢伯子可以。"晋平公说："他与你不是仇人吗？"赵武说："私人的仇怨我不把它带到君主的朝廷上来。"晋平公又问道："内库的主管，派谁好呢？"赵武说："我的儿子就行。"所以说："对外举荐不避开仇人，对内举荐不避开儿子。赵武所推荐的四十六个人，到他去世之后，来吊丧、慰问的时候都坐在客位上，他就是这样的不会去考虑个人恩德。

【原典】

平公问叔向曰："群臣孰贤？"曰："赵武。"公曰："子党于师人。"向曰："武立如不胜衣，言如不出口，然所举士也数十人，皆得其意，而公家甚赖之。况武子之生也不利于家，死不托于孤，臣敢以为贤也。"

【译文】

晋平公问叔向说:"群臣之中谁最有德才?"叔向说:"赵武。"平公说:"您这是在袒护您所尊奉的上司。"叔向说:"赵武站立的时候好像衰弱得连穿的衣服都负担不了,说话的时候好像笨拙得连话也说不出口,可是他举荐的几十个人,个个都发挥了自己才能,因而国家非常得力于他们。赵武活着的时候不为赵家牟取私利,死了又不将自己的儿子委托给国家,因此我敢认为他最有德才。"

【原典】

解狐荐其仇于简主以为相。其仇以为且幸释己也,乃因往拜谢。狐乃引弓迎而射之,曰:"夫荐汝,公也,以汝能当之也。夫仇汝,吾私怨也,不以私怨汝之故拥汝于吾君。"故私怨不入公门。

【译文】

解狐举荐他的仇人做赵简子的相。他的仇人以为有幸能得到解狐消除对自己的仇怨,就前去拜谢,解狐于是拉开弓迎头射去,说:"我推荐你,是为了公事,是因为你能胜任。和你有仇,这是我的私怨。我不能因为自己怨恨你的缘故而在我的君主那里埋没你。"所以私怨不关公事。

【原典】

一曰:解狐举邢伯柳为上党守,柳往谢之,曰:"子释罪,敢不再拜?"曰:"举子,公也;怨子,私也。子往矣,怨子如初也。"

【译文】

还有一种说法是:解狐推荐邢伯柳做上党地区的太守,邢伯柳前往拜谢,说:"您不再怪罪我,怎敢不来拜谢?"解狐说:"我推荐你,是为了公事;怨恨你,是因为我们之间有私仇。你走吧,我跟原先一样怨恨你。"

【原典】

郑县人卖豚,人问其价。曰:"道远日暮,安暇语汝。"

【译文】

郑县人卖小猪,别人问他价钱,他说:"路远,天晚,我哪有空告诉你。"

经六

【原典】

公室卑则忌直言，私行胜则少公功。说在文子之直言①，武子之用杖；子产忠谏②，子国谯怒；梁车用法而成侯收玺③；管仲以公而国人谤怨。

【注释】

①文子：即范燮，晋国的卿。下文"武子"是文子的父亲，也为晋国的卿。②子产：即公孙侨，郑国的相。下文"子国"是子产的父亲，曾任郑国执政的卿。③成侯：即赵成侯，战国初期赵国的君主。

【译文】

经六

皇家的实力微弱，就会忌讳直言；牟取私利的行为占了优势，就没有人为国立功。有关的解说在"说六"中范文子喜欢直言不讳而父亲武子用手杖打他，子产忠君进谏而父亲子国对他加以怒责，梁东行法不避亲贵而赵成侯没收了他的官印，管仲公心待人而遭到边防官的怨恨这几则故事中。

说六

【原典】

范文子喜直言，武子击之以杖："夫直议者不为人所容，无所容则危身，非徒危身，又将危父。"

【译文】

范文子喜欢直言不讳，他父亲武子用手杖打他："说直话的人不能被人容忍，

不能被人容忍就危及自身。不只是危及自身，还将危及父亲。"

【原典】

子产者，子国之子也。子产忠于郑君，子国谯怒之曰："夫介异于人臣，而独忠于主。主贤明，能听汝；不明，将不汝听。听与不听，未可必知，而汝已离于群臣。离于群臣，则必危汝身矣。非徒危己也，又且危父也。"

【译文】

子产是子国的儿子，子产忠于郑国国君，子国怒责他说："你卓然独特不同于群臣，而独自一个人忠于君主。君主贤明，能听从你；君主不贤明，就不会听从你。是听从你还是不听从你，还是个未知数，你却已经与群臣脱离了。与群臣脱离，就一定会危及自身了。不只是危及自身，又将危及你的父亲。"

【原典】

梁车新为邺令，其姊往看之，暮而后，门闭；因逾郭而入。车遂刖其足。赵成侯以为不慈，夺之玺而免之令。

【译文】

梁车刚担任邺县县令，他姐姐前去看他，天黑以后她才来到邺县，城门已关，她便翻越外城的城墙进去了。梁车就依法砍断了她的脚。赵成侯认为梁车不慈善，就没收了他的官印，罢免了他的官职。

【原典】

　　管仲束缚，自鲁之齐，道而饥渴，过绮乌封人而乞食①。乌封人跪而食之，甚敬。封人因窃谓仲曰："适幸，及齐不死而用齐，将何报我？"曰："如子之言，我且贤之用，能之使，劳之论。我何以报子？"封人怨之。

【注释】

①绮乌：春秋时鲁国地名，所在地不详。

【译文】

　　管仲被捆绑着从鲁国押到齐国，路上又饥又渴，他路过绮乌边防时，就向边防官讨饭吃。绮乌边防官跪着喂他吃，十分恭敬。边防官于是趁此机会偷偷地对管仲说："如能侥幸到齐国不死，并在齐国执政，该怎样报答我呢？"管仲说："果真如你所说的那样，那么我将任用有德才的人，使用有能力的人，选用有功劳的人。我能用什么报答你呢？"边防官因此怨恨管仲。

问田

【原典】

　　徐渠问田鸠曰①："臣闻智士不袭下而遇君②，圣人不见功而接上③。令阳城义渠，明将也，而措于屯伯④；公孙亶回，圣相也，而关于州部⑤，何哉？"田鸠曰："此无他故异物，主有度、上有术之故也。且足下独不闻楚将宋觚而失其政⑥，魏相冯离而亡其国？二君者驱于声词，眩乎辩说，不试于屯伯，不关乎州部，故有失政亡国之患。由是观之，夫无屯伯之试，州部之关，岂明主之备哉！"

【注释】

①田鸠：一作田俅，战国时齐国人，墨家学者。②袭下：从低级的官员做起，逐级上升。袭：沿袭，沿着。遇君：得到君主的赏识。③见：通"现"，表

现。接上：得到了君主的重用。④屯伯：下级军官。⑤关：涉及，此处引申为安置。州部：地方官署，即当时的基层行政单位。

【译文】

徐渠问田鸠说："我听说聪明而有智慧的人不用沿着低级的官职逐级上升就可以得到君主的赏识，圣明的人不用表现出自己的功绩就能够直接得到君主的重用。现在的阳城义渠是个英明的将领，可他却被安置在屯长这样一个下级军官的职位上；公孙宣回是个杰出的相国，可他却被安置在一个地方基层行政单位的职务上，这是什么原因呢？"田鸠说："没有别的原因，只是因为君主掌握了治国法度、懂得了治国法术。况且，难道您没听说楚国用宋觚为将而败坏了政事，魏国因为任用冯离为相而使魏国陷入危亡的事情吗？两国的君主被花言巧语所驱使，被诡辩利说所迷惑，楚王没有把宋觚安置在屯长的官职上进行考察，魏王也没有把冯离安排在州部的职务上加以考验，结果有败坏政事和断送国家的祸患。由此看来，如果不把军事人才安置在低级职务上进行考察，不把政治人才安置在基层行政单位的职务上进行考验，怎么能算是英明君主所采用的措施呢？"

【原典】

堂谿公谓韩子曰①："臣闻服礼辞让，全之术也；修行退智，遂之道也。今先生立法术，设度数，臣窃以为危于身而殆于躯。何以效之？所闻先生术曰：'楚不用吴起而削乱，秦行商君而富强②。二子之言已当矣，然而吴起支解而商君车裂者，不逢世遇主之患也。'逢遇不可必也，患祸不可斥也。夫舍乎全遂之道而肆乎危殆之行，窃为先生无取焉。"韩子曰："臣明先生之言矣。夫治天下之柄，齐民萌之度③，甚未易处也。然所以废先王之教，而行贱臣之所取者，窃以为立法术，设度数，所以利民萌便众庶之道也。故不惮乱主暗上之患祸，而必思以齐民萌之资利者，仁智之行也。惮乱主暗上之患祸，而避乎死亡之害，知明而不见民萌之资利者，贪鄙之为也。臣不忍向贪鄙之为，不敢伤仁智之行。先王有幸臣之意，然有大伤臣之实。"

【注释】

①韩子：即韩非。②商君：商鞅，战国时卫国人，为秦孝公主持变法。③民

萌：民众。

【译文】

　　堂谿公对韩非说："我听说遵循古礼、讲究谦让，是用来保全自身的方法；修养品行、隐藏才智，是用来成就自我的途径。现在您建立起法治术治的学说。我私下认为会给您的生命带来危险。用什么可以证明我的这个看法呢？我曾听您的论述说：'楚国因为没有任用吴起而变得衰弱混乱，秦国实行商鞅的主张而使国家富足强大。这两位先生的治国主张已经被证明是正确的，然而吴起遭受肢解的酷刑，商鞅被五马分尸，是因为没碰上好世道和遇到好君主而产生的祸患。'一个人的遭遇是不可能事先设定的，灾祸也是不可能凭主观意愿加以排除的。如果放弃能够保全自我的原则而竭力地采取一些危险的行为，我个人认为您不应该采取这样的做法。"韩非说："我明白先生说的意思了。整治天下的权柄，统一民众的法度，的确是很难推行的。但之所以要废除先王的礼治，推行我所认为正确的主张，是由于我抱定了这样的主张，使用法术，建立制度，这是有利于百姓、有利于民众的行为。我之所以不怕昏君乱主带来的祸患，而坚定不移地为民众的利益考虑，是因为这是仁爱明智的行为。害怕昏君乱主带来的祸患，于是就去逃避死亡的危险，只知道明哲保身而看不见民众的利益，这是一种贪生怕死、卑鄙无耻的行为。我不愿选择贪生而卑鄙的做法，也不敢伤害仁义而明智的行动。您有爱护我的心意，然而实际上却大大地伤害了我的情感啊。"

定法

【原典】

　　问者曰①："申不害、公孙鞅②，此二家之言孰急于国？"

　　应之曰："是不可程也。人不食，十日则死；大寒之隆，不衣亦死。谓之衣食孰急于人，则是不可一无也，皆养生之具也。今申不害言术而公孙鞅为法。术者，因任而授官，循名而责实，操杀生之柄，课群臣之能者也。此人主之所执也。法者，宪令著于官府，刑罚必于民心，赏存乎慎法，而罚加乎奸令者也③。此臣之所师也④。君无术则弊于上，臣无法则乱于下，此不可一无，皆帝王之具也。"

【注释】

①问者：指假设发问的人。②申不害：战国时郑国人，曾任韩昭侯相，属于法家人物。③奸令：此处指触犯禁令。

【译文】

有人问："申不害和商鞅，这两家的学说哪一家对治理国家更急需？"

韩非回答他说："这两个人的主张是不可以进行衡量和比较的。人假如不吃食物，十天就会饿死；在极寒冷的天气下，人假如不穿衣服也会被冻死。若问衣服和食物哪一种对人更急需，那么更确切地说这两样东西缺一不可，都是维持生命所必需的条件。如今申不害主张君主驾驭臣民的权术而公孙鞅重视治国的法令。所谓权术，就是依据才能授予与之相匹配的官职，按照官职名分来责求其实际的功效，掌握生杀大权，考核群臣的能力。这种权术是君主所要掌握的。所谓法令，就是由官府明文公布，刑罚制度一定要贯彻到民众的心中，对于谨慎守法的人给予奖赏，而对于触犯法令的人进行惩罚。这是臣下应该遵循的。君主如果不懂得权术就会在上面受到臣民的蒙蔽，臣下如果没有法令就会在下面惹是生非；所以权术和法令是缺一不可的，都是称王天下必须具备的东西。"

【原典】

问者曰："徒术而无法，徒法而无术，其不可何哉？"

对曰："申不害，韩昭侯之佐也。韩者，晋之别国也①。晋之故法未息，而韩之新法又生；先君之令未收，而后君之令又下。申不害不擅其法，不一其宪令，则奸多。故利在故法前令则道之，利在新法后令则道之，利在故新相反，前后相勃②，则申不害虽十使昭侯用术，而奸臣犹有所谲其辞矣。故托万乘之劲韩，七十年而不至于霸王者，虽用术于上，法不勤饰于官之患也③。公孙鞅之治秦也，设告相坐而责其实④，连什伍而同其罪⑤，赏厚而信，刑重而必。是以其民用力劳而不休，逐敌危而不却，故其国富而兵强；然而无术以知奸，则以其富强也资人臣而已矣。及孝公、商君死，惠王即位，秦法未败也，而张仪以秦殉韩、魏。惠王死，武王即位，甘茂以秦殉周⑥。武王死，昭襄王即位，穰侯越韩、魏而东攻齐⑦，五年而秦不益尺土之地，乃城其陶邑之封⑧。应侯攻韩八年，成其汝南之封。自是以来，诸用秦者，皆应、穰之类也。故战胜，则大臣尊；益地，则私封立：主无术以知奸也。商君虽十饰其法，人臣反用其资。故乘强秦之资数十年而不至于帝王者，法不勤饰于官，主无术于上之患也。"

【注释】

①晋之别国：晋国后来分裂成韩、魏、赵三国，故有此说。②勃：通"悖"，背离，违背。③饰：通"饬"，整饬，整顿。④坐：坐罪，定罪。⑤什伍：十家为什，五家为伍，秦国的户籍制度规定，告奸以什伍连坐。即：一家有奸，九家同告，如不同告，九家连坐。⑥甘茂：战国时楚国人，曾任秦相。周：指东周。⑦穰侯：即魏冉，战国时楚国人，曾四次出任秦相，因封于穰（今河南邓县），故有"穰侯"之称。⑧陶邑：地名，在今山东定陶北。公元前284年，秦、燕等国联合进攻齐国，秦国攻取了齐国陶邑之后，穰侯将其占为己有。

【译文】

有人问:"只使用权术而不使用法令,或者只使用法令而不使用权术,两种情况都不可取,这是什么原因呢?"

韩非回答他说:"申不害是韩昭侯的辅佐大臣,而韩国则是从晋国分裂出来的一个国家。晋国的旧有法制还没有加以废除,而韩国的新法制又产生了;晋国君主的旧有法令还没有收回,而韩国君主的新法令就已经下达了。申不害不专一地推行新法,不统一韩国的法令,于是奸邪的事情就层出不穷。所以奸人认为旧法令对自己有利,就遵照旧法令办事,认为新法令对自己有利,就遵照新法令办事;他们从旧法和新法的矛盾、前后政令的对立中取利,那么即使申不害反复多次地劝告韩昭侯使用权术,奸臣仍然有办法进行诡辩。所以,因此韩国的君主虽然能够拥有万乘兵车,而经过十七年的努力还没有成就霸业,这就是君主虽然在上面使用权术,但没有在官吏中经常整顿法令,结果给自身带来了祸患。商鞅治理秦国,设立了告发罪犯相互连坐的制度以查获犯法的真实情况,把民众连结成以十家为一什、五家为一伍的联保组织而对这些人定同样的罪,该厚赏就一定厚赏,该重罚就一定重罚。因此秦国的民众努力劳作,劳累了也不休息;追击敌人,再危险也不退却,所以秦国变得富裕而且军队强大;但是他没有运用权术来对奸臣加以识别,那不过是用秦国的富强帮助群臣罢了。等到秦孝公、商君去世之后,秦惠王即位,秦国的法治还没有败坏,于是张仪就凭借着秦国的力量在韩国、魏国那里捞取自己的利益。秦惠王去世之后,秦武王即位,甘茂把秦国的力量牺牲在与东周打仗上。秦武王去世之后,秦昭襄王即位,穰侯越过韩、魏两国向东攻打齐国,打了五年而秦国没有增加尺寸土地,而穰侯却增加了陶邑的封地。应侯范雎攻打韩国达八年之久,也建成了他在汝水以南的封地。从那时以后,秦国的很多执政者,几乎都成为穰侯、应侯之类的人了。所以打了胜仗,大臣就尊贵起来;扩大地盘,就建立了私人的封地。这就是因为君主没有使用权术去了解大臣的奸邪之情啊。商鞅纵然频繁地整顿法令,臣下反而利用了他变法的成果。因此秦国的君主凭借着如此强大的秦国,几十年还没有成就帝王霸业,这就是因为秦国没有使用法令不断地整顿各级官吏,但君主在上面不能使用权术,结果给自身带来了祸患。"

【原典】

问者曰："主用申子之术，而官行商君之法，可乎？"

对曰："申子未尽于术①，商君未尽于法也。申子言：'治不逾官，虽知弗言。'治不逾官，谓之守职也可；知而弗言，是不谓过也。人主以一国目视，故视莫明焉；以一国耳听，故听莫聪焉。今知而弗言，则人主尚安假借矣？商君之法曰：'斩一首者爵一级②，欲为官者为五十石之官③；斩二首者爵二级，欲为官者为百石之官。官爵之迁与斩首之功相称也。今有法曰：'斩首者令为医、匠。'则屋不成而病不已。夫匠者手巧也，而医者齐药也，而以斩首之功为之，则不当其能。今治官者，智能也；今斩首者，勇力之所加也。以勇力之所加而治智能之官，是以斩首之功为医、匠也。故曰：二子之于法术，皆未尽善也。"

【注释】

①未尽：不够完善。②首：此处指披铠甲的小军官的头。③石：容量单位，十斗为一石。

【译文】

有人问："君主使用申不害的权术，而官府实行商鞅的法令，可以吗？"

韩非回答说："申不害的权术思想还不够完善，而商鞅的法制理论也不够完善。申不害说：'办事不超越自己的职权范围，对于权限之外的事情即使知道了也不要多嘴。'办事不超越职权范围，把它称之为恪守职责还是可以的；即使知道了也不多嘴，这是不告发罪过了。君主用全国人的眼睛去看，因此就没有人能够比君主观察得更为清楚的；用全国人的耳朵去听，因此就没有人能够比君主听得更为明白的。假如知道了都不报告，那么君主还靠什么来做自己的耳目呢？商鞅的法令规定：'斩杀一个敌人的首级，升爵一级，若想当官就可以担任每年有五十石粮食俸禄的官职；杀死两个敌人小头目的，升爵两级，若想当官就可以担任每年有一百石粮食俸禄的官职。'官职和爵位的提升跟杀敌立功的多少是相当的。如果有法令规定：'斩杀了敌人首级的人就让他当医生、工匠。'那么他房屋也盖不成，病也治不好。工匠靠的是手艺技巧，医生是会配制药物的，而让那些立下斩杀敌人首级功劳的人去当医生、工匠，那就与他们的才能不相吻合。那些处理政务的官员，要有智慧和才能；如今那些能够斩杀敌人首级的人，靠的是勇气和力量。让依靠勇敢和力量而立功的人担任需要智慧和才能的职务，那就等于让杀敌立功的人去当医生、工匠一样。所以说：这两位先生有关法治和权术的理论，都还没有达到很完善的地步。"

说疑

【原典】

凡治之大者，非谓其赏罚之当也。赏无功之人，罚不辜之民①，非所谓明也。赏有功，罚有罪，而不失其人，方在于人者也，非能生功止过者也。是故禁奸之法，太上禁其心②，其次禁其言，其次禁其事。今世皆曰"尊主安国者，必以仁义智能"，而不知卑主危国者之必以仁义智能也。故有道之主，远仁义，去智能，服之以法。是以誉广而名威，民治而国安，知用民之法也。凡术也者，主之所以执也；法也者，官之所以师也③。然使郎中日闻道于郎门之外，以至于境内日见法，又非其难者也。

【注释】

①不辜：无罪。辜：罪。②太上：最重要的，第一位的。③师：学习，遵循。

【译文】

治国的大事，不仅仅指赏罚得当。奖赏没有功劳的臣民，惩罚没有罪过的民众，这自然不能称作明察。在奖赏有功之人的时候，在惩罚有罪之人的时候，即使做到没有任何一处遗漏，其作用仅仅局限在个别人身上，并不能因此而产生新的功劳和禁止新的罪过。所以，禁止邪恶的方法，首先是禁止奸邪的思想，其次是禁止奸邪的言论，再次是禁止奸邪的行为。如今社会上的人们都说："要使君主地位尊贵，使国家局势安定，就必定要凭借仁爱、道义、才智、贤能。"却不知道导致君主卑下、国家危乱的，恰恰就是那些所谓的仁爱、道义、才智、贤能所致。因此掌握了正确治国原则的君主，必定会排斥仁爱、道义，废除才智、贤能，用法制来使民众臣服。通过这种方式，君主就能够获得广泛的赞誉和显赫的名声，百姓太平而国家安定，这是因为君主懂得了治理民众的正确原则。一般而论，权术是君主应该掌握的，法令是官吏应该遵循的。既然这样，想让那些郎中们每天在廊门之外都能够听到治国的法制原则，甚至境内的民众每天都看到法令，也不是一件困难的事。

【原典】

昔者有扈氏有失度①，讙兜氏有孤男②，三苗有成驹③，桀有侯侈④，纣有崇侯虎⑤，晋有优施⑥，此六人者，亡国之臣也。言是如非，言非如是，内险以贼，其外小谨，以征其善⑦；称道往古，使良事沮；善禅其主⑧，以集精微，乱之以其所好：此夫郎中左右之类者也。往世之主，有得人而身安国存者，有得人而身危国亡者。得人之名一也，而利害相千万也，故人主左右不可不慎也。为人主者诚明于臣之所言，则别贤不肖如黑白矣。

【注释】

①有扈氏：夏朝时部落之一。失度：相传为有扈氏的大臣。②讙兜氏：尧时部落之一。孤男：相传是讙兜氏的大臣。③三苗：古时南方部落之一。成驹：三苗族的大臣。④侯侈：相传为夏桀的宠臣。⑤崇侯虎：商纣的宠臣。⑥优施：春秋时晋献公的优伶。曾唆使晋献公的宠妾骊姬杀害太子申，招致内乱。⑦征：通"证"，证明。⑧禅：通"擅"，控制。

【译文】

从前有扈氏有个叫失度的臣子，讙兜氏有个叫孤男的臣子，三苗有个叫成驹的臣子，夏桀有个叫侯侈的臣子，商纣有个叫崇侯虎的臣子，晋国有个叫优施的臣子，这六个人，都是造成国家危亡的臣子。他们把正确的说得好像是错误的，把错误的说得好像是正确的，内心阴险毒辣，外表小心谨慎，以此来表示自己的善良；他们称道远古的事情，使原本美好的新生事物遭到遏止和破坏；他们善于

控制君主，收集君主隐微的意向，利用君主的某些爱好去扰乱君主的思想；这就是那还总侍奉君主在君主身边的一类人。以往的君主，有的得到了自以为合适的人才之后自身安定而国家得以保全，有的得到了自以为合适的人才之后导致了自身的危险和国家的灭亡。得到自以为合适的人才这一名声是相同的，但利弊相差极大，所以君主对于左右近臣不能不加倍小心。做君主的如果能够真正地了解臣子所说的话，那么区别贤与不贤的人就像区别黑白那样清楚了。

【原典】

若夫许由、续牙、晋伯阳、秦颠颉、卫侨如、狐不稽、重明、董不识、卞随、务光、伯夷、叔齐①，此十二人者，皆上见利不喜②，下临难不恐，或与之天下而不取，有莘辱之名③，则不乐食谷之利④。夫见利不喜，上虽厚赏，无以劝之⑤；临难不恐，上虽严刑，无以威之：此之谓不令之民也。此十二人者，或伏死于窟穴⑥，或槁死于草木，或饥饿于山谷，或沉溺于水泉。有民如此，先古圣王皆不能臣，当今之世，将安用之？

【注释】

①许由：相传为尧时的隐士，他不接受尧传给自己的帝位而隐居于箕山。续牙：相传为舜时的隐士，舜的七友之一。晋伯阳：相传为舜时的隐士，舜的七友

之一。秦颠颉：古时的隐士。卫侨如：古时的隐士。狐不稽：古时的隐士。重明：古时的隐士。董不识：古时的隐士。疑为董不譬，相传为舜时的隐士，舜的七友之一。卞随、务光：均为商汤王时的隐士，相传商汤灭夏后想将帝位禅让给他们，他俩均不肯接受投河而死。伯夷、叔齐：商朝末年，孤竹国君主的两个儿子，都不肯继承君位，后逃隐到首阳山而饿死。古人视他们为廉洁的典范。②上：好的方面。③萃：通"悴"，憔悴，劳苦。④食谷：享受俸禄。谷：粮食，此处引申为俸禄。⑤无以：没有办法。⑥伏死：隐居而死。

【译文】

至于许由、续牙、晋伯阳、秦颠颉、卫侨如、狐不稽、重明、董不识、卞随、务光、伯夷、叔齐，这十二个人，都是看到利益而不动心，临危难而不会感到恐惧的。有的是把统治整个天下的大权送给他们而不肯接受，有了忍辱负重的名声，却不愿接受官府的俸禄。看到利益而不动心，即使君主厚赏，也不能勉励他；临危难而不会感到恐惧，即使君主重罚，也不能镇服他；这叫作不服从命令的人。这十二个人，有的隐匿生活而死在了山洞里，有的憔悴不堪而死于山林，有的在深山里饿死，有的投水自尽。像这样的一些人，古代的圣王都不能让他们做臣子，如今这个时代，又怎么能够使用呢？

【原典】

若夫关龙逢、王子比干、随季梁、陈泄治、楚申胥、吴子胥①，此六人者，皆疾争强谏以胜其君。言听事行，则如师徒之势；一言而不听，一事则不行，则陵其主以语，待之以其身，虽身死家破，要领不属②，手足异处，不难为也。如此臣者，先古圣王皆不能忍也，当今之时，将安用之？

【注释】

①关龙逢（páng）：夏桀的大臣，因直谏遭到杀害。随：诸侯国名，在今湖北北部。季梁：随国大夫，劝随侯内修国政，外不与楚国为敌。陈：诸侯国名，在今河南淮阳。泄治：陈国大夫，因直谏遭到杀害。申胥：即葆申，楚文王时的大臣。②要：同"腰"。领：头颅。属：连接。

【译文】

至于夏桀时的关龙逄，商纣时的王子比干、随国的季梁、陈国的泄冶、楚国的申胥、吴国的伍子胥，这六个人，都凭激烈争辩或强行劝谏来压服君主。如果君主接受了他们的意见并按照他们的意见行事，就会出现如同师徒之间的不平等关系；如果有一句话未被君主接受，一件事情未按照他们的意见办理，他们就用强硬的话语来侮辱君主，豁出自己的生命等待君主的处理，即使家破人亡，身首异处，手脚被肢解得不在一处，也不畏惧。像这样的臣子，古代的圣王都不能容忍，在当今这个社会里，又怎么能够使用他们呢？

【原典】

若夫齐田恒、宋子罕、鲁季孙意如、晋侨如、卫子南劲、郑太宰欣、楚白公、周单荼、燕子之①，此九人者之为其臣也，皆朋党比周以事其君②，隐正道而行私曲，上逼君，下乱治，援外以挠内，亲下以谋上，不难为也。如此臣者，唯圣王智主能禁之，若夫昏乱之君，能见之乎？

【注释】

①田恒：即田成子，春秋时齐国大臣。前481年，他发动政变，杀掉齐简公而立齐平公，控制了齐国政权。子罕：战国时宋国大臣，后废掉宋桓侯，夺取了宋国政权。季孙意如：即季平子，春秋末期鲁国执政大臣。侨如：疑为鲁国叔孙侨如。叔孙侨如与鲁成公的母亲私通，又在晋厉公面前诋毁鲁成公，事情败露后逃到齐国。子南劲：卫国贵族，为卫国将军子南弥牟的后代，后投靠魏国，在卫国被魏国消灭之后，魏惠成王封他为侯。白公：即白公胜楚国贵族，为谋取楚国王位，于前479年发动政变，杀死令尹子西，废除楚惠王自立，失败后自杀。子之：战国时期燕王哙的相。②比周：相互勾结。

【译文】

至于齐国的田成子、宋国的子罕、鲁国的季孙如意、晋国的孙侨如、卫国的子南劲、郑国的太宰欣、楚国的白公胜、周国的单荼、燕国的子之，这九个人作为臣子，他们的行事，都是在拉帮结派、结党营私以对付自己的君主，不走正道而大搞谋私的勾当，对上威逼君主，对下破坏国家安定，他们勾结外国作为自己的外援以扰乱国内的政务，拉拢下属来对付君主，做起这些事情来一点也不会感到为难。像这样的臣子，只有圣王明主才能予以控制，如果是昏聩糊涂的君主，能够识破得出来吗？

【原典】

若夫后稷、皋陶、伊尹、周公旦、太公望、管仲、隰朋、百里奚、蹇叔、舅犯、赵衰、范蠡、大夫种、逢同、华登①，此十五人者为其臣也，皆夙兴夜寐，卑身贱体，竦心白意；明刑辟、治官职以事其君，进善言、通道法而不敢矜其善，有成功立事而不敢伐其劳；不难破家以便国，杀身以安主，以其主为高天泰山之尊，而以其身为壑谷鬴洧之卑②；主有明名广誉于国，而身不难受壑谷鬴洧之卑。如此臣者，虽当昏乱之主尚可致功，况于显明之主乎？此谓霸王之佐也。

【注释】

①皋陶：东夷部落的首领，相传为舜帝和夏朝初期的一位贤臣。隰朋：齐桓公的右相，协助管仲进行改革，齐国大治。蹇叔：春秋时秦国大夫，为百里奚所推荐，二人共同辅佐秦穆公成就霸业。舅犯：即狐偃，字子犯，春秋时晋国大臣。赵衰（cuī）：晋文公的大臣，曾跟随晋文公一起逃亡，辅助晋文公成就霸业。范蠡：春秋时越国大夫。大夫种：即文种，越国大夫，与范蠡一同辅助越王勾践灭掉吴国，建立霸业。逢同：越王勾践的大臣，曾劝说越王勾践联合齐、楚、晋三国，布置对吴国的外交攻势。华登：春秋时宋国大夫。②鬴（fǔ）：即复鬴，古代九河之一，在今河北境内。洧：今双洎河，在今河南境内。

【译文】

至于后稷、皋陶、伊尹、周公旦、太公望、管仲、隰朋、百里奚、蹇叔、舅犯、赵衰、范蠡、文种、逢同、华登，这十五个人作为臣子，他们的行事，都能够夙兴夜寐，委屈自我而任劳任怨，恭敬地表达自己的心意；他们修明刑法、做好职事来侍奉自己的君主；他们提出美好的建议、通晓统治法术而不敢自我夸耀，建功立业之后也不敢炫耀自己的成就；他们能够不惜倾家荡产以有利于国家，为了君主安全而不惜献出生命；他们把自己的君主看得像上天、泰山那样高贵，把自身看成谷底和河床一样低下；君主在国内享有英明的名声和广泛的称誉，而自己安于接受谷底和河床一样低下的地位。像这样的臣子，即使遇到昏聩糊涂的君主依然能够建功立业，何况遇到贤明君主呢？这样的人就可以称之为霸王的辅佐大臣。

【原典】

若夫周滑之、郑王孙申、陈公孙宁、仪行父、荆芋尹申亥、随少师、越种干、吴王孙頟、晋阳成泄、齐竖刁、易牙，此十二人者之为其臣也①，皆思小利而忘法义，进则掩蔽贤良以阴暗其主②，退则挠乱百官而为祸难；皆辅其君，共其欲③，苟得一说于主，虽破国杀众，不难为也。有臣如此，虽当圣王尚恐夺之，而况昏乱之君，其能无失乎？有臣如此者，皆身死国亡，为天下笑。故周威公身杀，国分为二；郑子阳身杀④，国分为三；陈灵公身死于夏征舒氏；荆灵王死于乾溪之上⑤；随亡于荆；吴并于越；知伯灭于晋阳之下；桓公身死七日不收⑥。故曰：谄谀之臣，唯圣王知之，而乱主近之，故至身死国亡。

【注释】

①滑之：战国时西周威公的大夫。公孙宁、仪行父：均为春秋时陈国大夫，二人共同引诱陈灵公与夏姬淫乱。芋尹：楚国田猎时主管驱兽的官职。申亥：楚灵王的臣子。随：诸侯国名，在今湖北北部。少师：春秋时随国大夫。种干：春秋时越国大夫。王孙頟（é）：春秋时吴国大夫。阳成泄：春秋末期晋国智伯瑶的家臣。②掩蔽：腰肢埋没。③共：通"供"，满足。④子阳：战国时郑国的相，因执政太过苛刻而被杀。⑤乾溪：地名，在今安徽亳州东南。⑥七日：不同史书记载不同。

【译文】

至于西周的滑之、郑国的王孙申、陈国的公孙宁、仪行父、楚国的芋尹申亥、随国的少师、越国的种干、吴国的王孙頟、晋国的阳成泄、齐国的竖刁、易牙等，这十二个人作为臣子，都是见小利而忘法纪，他们在君主面前就压制埋没贤良之人以蒙蔽君主，离开君主后就扰乱百官的政务以制造各种祸端；他们都辅佐自己的君主，一味地去满足君主的私欲，假如能取得君主的一点欢心，即使败坏国家、残杀民众，他们也在所不惜。像这样的臣子，即使是圣明的君王尚且会害怕政权被别人夺去，更何况是昏君的乱主，怎么能够不失去自己的国家呢？假如有了这样的臣子，君主都身死国亡，被天下人所耻笑。所以周威王被杀，周国被分裂为西周和东周两个小国；郑国的子阳被杀，其国家一分为三。陈灵公死在夏征舒的手里，楚灵王死于乾溪边上，随国被楚国灭掉，吴国被越国吞并，智伯被消灭在晋阳城下，桓公死后七天不得收殓。所以说：阿谀奉承的臣子，唯有英名的君主才可以将他们识别出来，而昏君乱主却去亲近他们，这才招致身死国亡的境遇。

【原典】

圣王明君则不然，内举不避亲，外举不避仇。是在焉，从而举之；非在焉，从而罚之。是以贤良遂进而奸邪并退①，故一举而能服诸侯。其在记曰②：尧有丹朱③，而舜有商均④，启有五观⑤，商有太甲⑥，武王有管、蔡⑦。五王之所诛者，皆父兄子弟之亲也，而所杀亡其身残破其家者何也？以其害国伤民败法类也。观其所举，或在山林薮泽岩穴之间，或在囹圄缧绁缠索之中⑧，或在割烹刍牧饭牛之事。然明主不羞其卑贱也，以其能，为可以明法，便国利民，从而举之，身安名尊。

【注释】

① 并：通"屏"，屏除，排除。

②记：史书，典籍。③丹朱：相传为尧的儿子，因不具备德行和才能，尧将帝位传给舜。④商均：相传为舜的儿子，因不具备德行和才能，舜将帝位传给禹。⑤启：夏禹的儿子，继承君位。五观：启的五个儿子，因发动叛乱失败被流放。⑥太甲：商汤的长孙。太甲刚登上地位时，暴虐乱德，伊尹代政，将他流放到桐（在今河南虞城南）。三年之后，太甲悔过自责，于是伊尹将政权重新交还于他。⑦管、蔡：周武王的两个弟弟管叔和蔡叔。周武王去世之后，年幼的周成王即位，管叔和蔡叔勾结商纣王的儿子武庚发动叛乱，由当时摄政的周公旦平反。⑧缧绁（xiè xiè）：绳索。

【译文】

圣王明君就不是这样，他们在选用人才的时候，对内不回避自己的亲属，对外不排除自己的仇敌。正确的，就任用他；错误的，就处罚他。因此贤良的人能够得到任用而奸邪的人会被排斥，所以一举就能使诸侯臣服。据史书记载：尧的儿子丹朱，舜的儿子商均，夏启的儿子太康等五人，商汤的孙子太甲，武王的弟弟管叔、蔡叔，都受到了惩处。尧、舜、夏启、商汤和武王这五位帝王惩处的，都是自己的父兄子弟一类的亲属，然而杀死或流放他们并让他们的家庭残破的原因是什么呢？因为他们祸国殃民，败坏法治。再看看这些圣明的君主所提拔任用的人：有的隐居在山林、洞穴之中，有的囚禁在监狱桎梏之中，有的从事宰割烹调、割草放牧、喂牛等活计。然而圣君并没有嫌弃他们的地位卑贱，认为他们具有治国才能，可以彰明法度，有利于国计民生，于是就举荐任用他们，君主地位得以巩固，声望得以提高。

【原典】

乱主则不然，不知其臣之意行，而任之以国，故小之名卑地削，大之国亡身死。不明于用臣也。无数以度其臣者，必以其众人之口断之。众人所誉，从而悦之；众之所非，从而憎之。故为人臣者破家残賕，内构党与、外接巷族以为誉，从阴约结以相固也，虚相与爵禄以相劝也。曰："与我者将利之，不与我者将害之。"众贪其利，劫其威："彼诚喜，则能利己；忌怒，则能害己。"众归而民留之，以誉盈于国，发闻于主。主不能理其情，因以为贤。彼又使谲诈之士，外假为诸侯之宠使，假之以舆马，信之以瑞节①，镇之以辞令②，资之以币帛③，使诸侯淫说其主，微挟私而公议。所为使者，异国之主也；所为谈者，左右之人也。主说其言而辩其辞，以此人者天下之贤士也。内外之于左右，其讽一而语同。大者不难卑身尊位以下之④，小者高爵重禄以利之。夫奸人之爵禄重而党与弥众，又有奸邪之意，则奸臣愈反而说之，曰："古之所谓圣君明王者，非长幼世及以次序也⑤；以其构党与，聚巷族，逼上弑君而求其利也。"彼曰："何知其然也？"因曰："舜逼尧⑥，禹逼舜⑦，汤放桀，武王伐纣。此四王者，人臣弑其君者也，而天下誉之。察四王之情，贪得之意也；度其行，暴乱之兵也。然四王自广措也，而天下称大焉；自显名也，而天下称明焉。则威足以临天下，利足以盖世，天下从之。"又曰："以今时之所闻，田成子取齐，司城子罕取宋，太宰欣取郑，单氏取周，易牙之取卫⑧，韩、魏、赵三子分晋，此八人者，臣之弑其君者也。"奸臣闻此，蹷然举耳以为是也⑨。故内构党与，外挠巷族，观时发事，一举而取国家。且夫内以党与劫弑其君，外以诸侯之权矫易其国，隐正道，持私曲，上禁君，下挠治者，不可胜数也。是何也？则不明于择臣也。记曰："周宣王以来，亡国数十，其臣弑其君而取国者众矣。"然则难之从内起与从外作者相半也。能一尽其民力，破国杀身者，尚皆贤主也。若夫转身易位，全众传国，最其病也。

【注释】

①瑞节：古代朝廷用作凭证的信物，君主与臣子各执一半。瑞：玉做的凭证。节：竹做的凭证。②镇：庄重严肃。③币帛：古代赠送用的礼物。④尊：通"撙"，限制，节省。⑤世及：指王位传承。父亲将君位传给自己的儿子称"世"，兄长将君位传给自己的弟弟称"及"。⑥舜逼尧：相传尧德衰，被舜囚禁。⑦禹逼舜：相传夏禹废除舜而立商均。⑧易牙之取卫：疑为"易牙取齐"之误。易牙为齐桓公的宠臣，与卫国无涉。⑨蹷然：形容急忙的样子。举耳：竖起耳朵。

【译文】

那些昏聩糊涂的君主就不是这样了，他们并不了解臣子的思想和行为，却把国家大权委任给他们，因此造成的危害，轻者使君主的名声受到损害、国土被人侵占，重者国家灭亡、君主身死，这都是由于在任用臣子的问题上不明智所造成的。不能使用法度去考察自己的臣子，必然根据众人的议论来判断他们的好坏。如果是众人称赞的人，君主也就跟着喜爱他；如果是众人诽谤的人，君主也就跟着憎恶他。于是那些做臣子的人就会破费自己的家产，在朝廷内结成同党、在朝廷外勾结地方势力来制造声誉，还会在暗中订立同盟来巩固彼此之间的关系，凭借口头上封官许愿的手段来给予鼓励。说什么"依附于我的将会得到好处，不依附于我的只能得到祸害"。众人贪图奸臣给的利益，又迫于他的威势，由此认为："如果他真的喜欢自己，就会让我得到好处；如果他恼怒、嫉恨自己，就会迫害我。"于是众人都依附于他归顺于他，民众也向他靠拢，把一片赞美声传遍全国，一直传到君主耳朵里。君主又不能弄清楚实情，就认为他真的很贤良。奸臣又会派出诡诈的人，假扮成外国诸侯所宠幸的使者，把马车借给他，送给他们瑞玉符节以取信于人，教他外交辞令使他庄重，还让他们带着许多贵重的礼品，让他作为外国使者来游说本国君主，让这些使者暗中带着私人的目的去讨论国家的政事。为谁做使者呢，是为别国的君主；为谁讲话呢，是为君主身边的那些奸臣。于是君主听了这些使者的言谈十分高兴，认为他讲得头头是道，就认为这些使者所称赞的奸臣真的就是天下最为贤良的人。这样一来，国家内外对于君主身边的那个奸臣，都异口同声地为那个权奸说好话。于是君主对这个权奸，重者甘愿卑身让位而居于他之下，轻者赏赐高爵厚禄使他得利。这个奸臣的官爵越尊贵而他的党羽就会越多，又有篡夺君权的野心，这个权奸手下的党羽也就会更加迎合他的心意而劝他说："古代的所谓圣明的君主，并不是父子兄弟依次传授王位；而是依靠拉帮结派，勾结乡党宗族，威逼和杀害君主而谋求大利的。"于是那个奸臣就问："怎么知道是这样的？"那些党羽们就说："舜逼迫尧，禹逼迫舜，商汤王流放了夏桀，武王讨伐纣。这四个君主，都是作为臣子而杀了自己的君主，而天下的人都赞美他们。考察这四个君主的真情，是出于贪得天下的野心；考察这四个君主的行为，是使用了暴乱的武力。这四个君主都是在为了自己去扩充实力，天下的人却称赞他们了不起；这四个君主都是在为了自己去宣扬名声，天下的人却称赞他们很高明。如此，有了权势足以统治整个天下，有了贪欲足以压倒整个社会，于是天下的人也就都服从了他们。"那些党羽们还说："根据现在知道的，田成子篡夺了齐国的政权，司城子罕篡夺了宋国的政权，太宰欣篡夺了郑国的政权，单荼篡夺了周国的政权，易牙篡夺了卫国的政权，韩、赵、魏三家瓜分了晋国，这八个人，都是臣子杀死自己的君主而自立的。"奸臣听到这些话，急忙竖起耳朵点头称是。因此这个奸臣就在朝廷内部拉帮结派，在朝廷外勾结地方势力，窥测时机，发动政变，企图一举夺得国家政权。再说，对内利用党羽挟持或杀害君主，对外利用诸侯势力来颠覆自己的国家，他们放弃正确的原则，心怀阴谋，对上钳制君主，对下扰乱法治，他们的罪恶数不胜数。这是为什么呢？原因就在于君主不懂得选择臣子。史书记载说："周宣王以来，灭亡的国家有数十个，其中臣子杀死君主而夺取国家政权的有许多。"亡国的灾难从国内产生的和从国外产生的各自占了一半。能集中民力抵抗祸乱，但最终依然国破身死的，还都算是贤明的君主。像那些改变自己的法度而与臣下调换位子，把整个国家和全体民众拱手交给别人，才是最让人感到痛心的。

【原典】

为人主者，诚明于臣之所言，则虽罼弋驰骋①，撞钟舞女，国犹且存也；不明臣之所言，虽节俭勤劳，布衣恶食，国犹自亡也。赵之先君敬侯②，不修德行，而好纵欲，适身体之所安，耳目之所乐，冬日罼弋，夏浮淫③，为长夜，数日不废御觞④，不能饮者以筒灌其口，进退不肃、应对不恭者斩于前。故居处饮食如此其不节也。制刑杀戮如此其无度也，然敬侯享国数十年，兵不顿于敌国⑤，地不亏于四邻，内无群臣百官之乱，外无诸侯邻国之患，明于所以任臣也。燕君子哙⑥，邵公奭之后也⑦，地方数千里，持戟数十万，不安子女之乐，不听钟石之声，内不堙污池台榭，外不罼弋田猎，又亲操耒耨以修畎亩⑧。子哙之苦身以忧民如此其甚也，虽古之所谓圣王明君者，其勤身而忧世不甚于此矣。然而子哙身死国亡，夺于子之，而天下笑之。此其何故也？不明乎所以任臣也。

【注释】

①罼（bì）弋：打猎。罼：用来捕捉鸟兽的长柄小网。弋：用带丝绳的箭去射猎。②敬侯：即赵敬侯，战国时赵国的君主。③浮淫：沉溺于到处玩乐。④御觞：饮酒。⑤顿：挫败，失败。⑥燕君子哙：即燕王哙。公元前316年，他将君

位传给相子之,引起太子平的不满,兴兵反抗,得到齐宣王出兵相助,将燕王哙和子之杀死。⑦邵公奭(shì):周武王之弟,封于燕。⑧耒耨(lěi nòu):农具。耒:耕地用的一种农具。耨:除草用的一种农具。畎(quǎn)亩:田地。

【译文】

做君主的,假如真能洞察臣子的言论,那么即使坐着马车到处打猎,沉溺于音乐舞蹈,国家还是可保全的;不能洞察臣子的言论,那么即使是生活节俭勤劳,穿粗衣吃粗粮,国家仍是要灭亡的。赵国的前任君主赵敬侯,不努力提高自己的品德修养,而喜欢尽情享乐,满足于身体安适,尽情地享受耳目的快乐,冬天射箭打猎,夏天泛舟游玩,通宵达旦地游戏,一连几天都不放下酒杯,不会喝酒的用竹筒对着嘴巴往里灌,对于那些举止不够严肃、回答不够恭敬的臣下就当场处死。请看,起居饮食像这样没有节制,处罚杀戮像这样没有标准,然而赵敬侯在位数十年,军队不曾被敌国挫败,土地不曾被四邻侵占,在内没有群臣百官的叛乱,外面没有邻国侵略的祸患,这就是因为赵敬侯知道该如何去任用自己的臣子。燕王哙是召公奭的后裔,拥有方圆几千里国土,军队有数十万,他不沉迷于女色,不听妙音佳乐,不在宫内修筑池塘台榭,也不到野外猎取鸟兽,还亲自拿着农具来整治田地。燕王哙吃苦耐劳、忧国忧民竟然达到了如此程度,即使古代所说的圣王明君,他们不辞为天下操心而使自己劳苦的程度也没有比燕王哙更厉害的了，然而燕王哙身死国灭，君位被子之篡夺，被天下人所耻笑，这是为什么呢？就是因为不懂得如何任用臣子啊。

【原典】

故曰：人臣有五奸，而主不知也。为人臣者，有侈用财货赂以取誉者，有务庆赏赐予以移众者，有务朋党徇智尊士以擅逞者，有务解免赦罪狱以事威者，有务奉下直曲、怪言、伟服、瑰称以眩民耳目者。此五者，明君之所疑也，而圣主之所禁也。去此五者，则譟诈之人不敢北面谈立①；文言多、实行寡而不当法者②，不敢诬情以谈说③。是以群臣居则修身，动则任力，非上之令不敢擅作疾言诬事，此圣王之所以牧臣下也④。彼圣主明君，不适疑物以窥其臣也。见疑物而无反者，天下鲜矣。故曰：孽有拟适之子⑤，配有拟妻之妾，廷有拟相之臣，臣有拟主之宠，此四者，国之所危也。故曰：内宠并后，外宠贰政，枝子配适，大臣拟主，乱之道也。故《周记》曰⑥："无尊妾而卑妻，无孽适子而尊小枝，无尊嬖臣而匹上卿⑦，无尊大臣以拟其主也。"四拟者破，则上无意、下无怪也⑧；四拟不破，则陨身灭国矣。

【注释】

①譟（zào）诈：浮躁而奸诈之人。②文言：华丽的言辞。③诬情：隐瞒真实情况。④牧：治理，管理。⑤孽：孽子，庶子，妾生的儿子。适：通"嫡"，嫡子，正妻所生的儿子。⑥《周记》：《周书》，主要用来记载周代的训诂、誓命等内容，今本《尚书》保存有一部分。⑦嬖（bì）臣：宠臣。⑧意：通"臆"，怀疑，顾虑。

【译文】

所以说：臣子中有五种奸邪行为，而君主却不曾识别。作为臣子，有的滥用财物进行贿赂以获取个人的美名，有的致力于用奖赏恩赐的方法去拉拢民众，有的致力于结党营私网罗智士来胡作非为，有的致力于解除赋税徭役、赦免犯人的罪行来提高声威，有的致力于迎合下属而颠倒是非和用危言耸听、奇装异服、打起奇伟的称号来惑乱民众视听。这五类臣子，是英明的君主所不信任的、也是圣贤的君主所禁止的；铲除这五类臣子，那么诡辩和奸诈的人就不敢在君主面前乱说乱动了；那些华丽的辞藻说得多、实际的事情做得少而且不按照法令办事的人，就不敢歪曲事实来夸夸其谈了。因此那些大臣们平时无事时就会注意提高自身的修养，办事时就会尽力守职，没有君主的命令就不敢擅自在那里轻率发言、歪曲事实了。这就是圣明的君主之所以能够统治臣下的原因啊。那些圣明的君主，并不局限于在可疑的事上观测臣子。见到可疑的事而不反过来联系到其他事而弄清真相的，这是天下很少见的行为。所以说：妾生的儿子中有了和正妻生的儿子地位相匹敌的，配偶之中如果有了和正妻地位一样的姬妾，朝廷中有和相国权势相同的大臣，臣子中有了和君主同样尊贵的宠臣，这四种情况，是使国家陷于危险的根源。所以说：内宫得宠的妃子和皇后同起同坐，外朝宠臣和君主争权，妾生的儿子和正妻生的儿子地位相当，大臣和君主的尊贵相等，都是通向祸乱的必由之路。所以《周记》上说："不要抬高妾的身价而压低正妻的地位，不要把正妻生的儿子当作妾生的儿子来看待而抬高妾所生儿子的身份，不要推重宠臣而使他们与上卿匹敌，不要让大臣的地位高贵得可以与君主分庭抗礼。"上述四种混淆上下关系的做法一旦被摧毁，那么君主就不再有什么值得怀疑的臣子，而臣子也就不会对一些不正常的现象感到惊异了；这四种做法要是不被摧毁，那么君主就会使自身被杀、使国家灭亡了。

六反

【原典】

畏死远难，降北之民也①，而世尊之曰"贵生之士"。学道立方②，离法之民也，而世尊之曰"文学之士"③。游居厚养，牟食之民也④，而世尊之曰"有能之士"。语曲牟知⑤，伪诈之民也，而世尊之曰"辩智之士"。行剑攻杀，暴憿之民也⑥，而世尊之曰"磏勇之士⑦"。活贼匿奸⑧，当死之民也，而世尊之曰"任誉之士"。此六民者，世之所誉也。赴险殉诚，死节之民，而世少之曰"失计之民"也。寡闻从令，全法之民也，而世少之曰"朴陋之民"也。力作而食，生利之民也，而世少之曰"寡能之民"也。嘉厚纯粹，整谷之民也，而世少之曰"愚戆之民"也⑨。重命畏事，尊上之民也，而世少之曰"怯慑之民"也。挫贼遏奸，明上之民也，而世少之曰"谄谗之民"也。此六民者，世之所毁也。奸伪无益之民六，而世誉之如彼；耕战有益之民六，而世毁之如此：此之谓"六反"。布衣循私利而誉之，世主听虚声而礼之，礼之所在，利必加焉。百姓循私害而訾之，世主壅于俗而贱之⑩，贱之所在，害必加焉。故名赏在乎私恶当罪之民，而毁害在乎公善宜赏之士，索国之富强，不可得也。

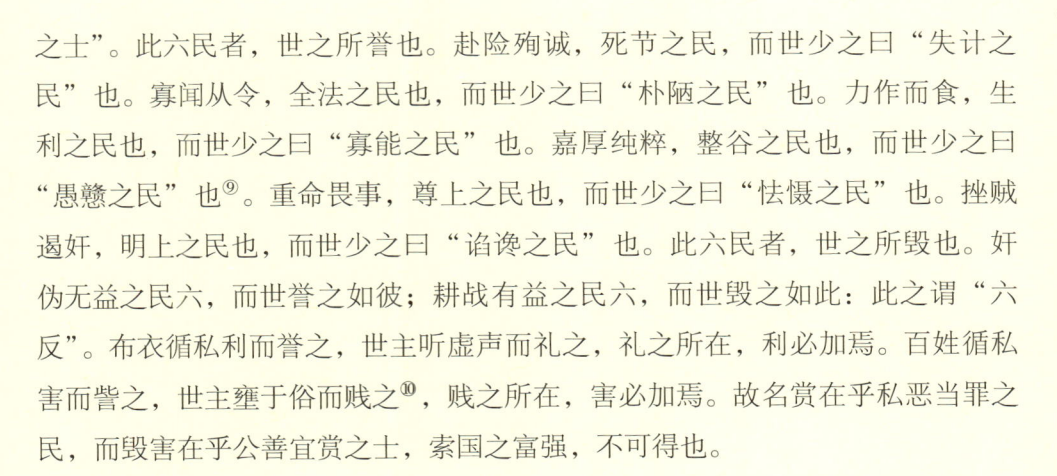

【注释】

①降北：投降败逃。民：人。②方：方术；学说。③文学：学术。④牟食：混饭吃。⑤语曲：诡辩。牟知：玩弄智巧。牟：通"务"。知：通"智"。⑥暴憿（jī）：凶暴而冒险的人。⑦磏（lián）：有棱角，方正。⑧活贼：包庇罪犯。⑨戆（gàng）：愚笨。⑩壅：蒙蔽。

【译文】

贪生怕死、逃避危难，这是在战场上容易降敌败逃的人，世俗却称誉他们是珍惜生命的雅士。学习古代帝王之道而创立自己的学说，这是违背国家法度的人，世俗却称誉他们是大有学问的文士。到处游说、寄居他国以取得丰厚的给养，这是只会混饭吃的人，世俗却称誉他们是有能耐的人。讲起歪理来很聪明，这是虚伪诡诈的人，世俗却称誉他们是辩士智士。动用利剑行凶杀人，这是凶残暴躁的人，世俗却称誉他们是刚强威武的勇士。救活乱臣贼子、窝藏邪恶之人，这是应当判处死罪的人，世俗却称誉他们是仗义舍身的名士。这六种人，是社会上所称赞的。为国家赴汤蹈火、为君主尽忠捐躯，这是能够为了坚守臣节而牺牲自我的人，世俗却贬斥他们是失多得少的人。少听那些胡言乱语而一心服从君主的命令，这是遵守国家法令的人，世俗却贬斥他们是浅薄愚昧的人。努力耕作来谋生，是创造财富的能人，这是生产财富的人，世俗却贬斥他们是没有才能的人。善良厚道单纯质朴，这是正派优秀的人，世俗却贬斥他们是蠢笨呆板的人。

重视命令而小心谨慎地去办公事，这是尊敬君主的人，世俗却贬斥他们是胆小怕事的人。挫败乱臣贼子、制止坏人作恶，这是使君主明察而不受蒙蔽的人，世俗却贬斥他们是奉承讨好的人。这六种人，是社会上所贬低的人。奸诈虚伪而无益于国家的六种人，但社会上竟像那样来称赞他们；努力耕战而有益于国家的六种人，但社会上却像这样来诋毁他们：这就是"六种反常的现象"。平民百姓考虑到私利因而称赞那些无益于国家的人，君主听到这些虚假的名声之后就礼遇他们，而得到礼遇的，一定会得到好处。平民百姓考虑到对自己有害而诋毁那些有益于国家的人，君主受到世俗意见的蒙蔽而鄙视他们，而受到鄙视的，一定会受到迫害。所以，名誉、奖赏给了那些谋私作恶、该受惩罚的人，而诋毁和迫害却给了为国家做好事、应当奖赏的人。如此还想求得国家的富强，这是不可能的事情。

【原典】

古者有谚曰："为政犹沐也①，虽有弃发，必为之。"爱弃发之费而忘长发之利，不知权者也。夫弹痤者痛②，饮药者苦，为苦惫之故不弹痤饮药，则身不活，病不已矣③。今上下之接，无子父之泽，而欲以行义禁下，则交必有郤矣④。且父母之于子也，产男则相贺，产女则杀之。此俱出父母之怀衽⑤，然男子受贺，女子杀之者，虑其后便⑥，计之长利也。故父母之于子也，犹用计算之心以相待也，而况无父子之泽乎？今学者之说人主也，皆去求利之心，出相爱之道，是求人主之过父母之亲也，此不熟于论恩，诈而诬也，故明主不受也。圣人之治也，审于法禁，法禁明著，则官治；必于赏罚，赏罚不阿，则民用。民用官治则国富，国富则兵强，而霸王之业成矣。霸王者，人主之大利也。人主挟大利以听治，故其任官者当能，其赏罚无私。使士民明焉，尽力致死，则功伐可立而爵禄可致，爵禄致而富贵之业成矣。富贵者，人臣之大利也。人臣挟大利以从事，故其行危至死，其力尽而不望。此谓君不仁，臣不忠，则可以霸王矣。

【注释】

①沐：洗头。②弹痤：治疗痤疮。弹：针刺，治疗。③已：痊愈。④郤：缝隙，矛盾。⑤怀衽：怀抱。⑥后便：对以后生活的便利。

【译文】

　　古代有句谚语说："治理国家就如同洗头一样，洗头虽然会掉下一些头发，但还是必须要洗头的。"看重掉头发的耗费而忘记了洗头能促使头发生长的好处，是不懂得权衡利弊的人。用针刺疮是很疼的，吃药是苦的；如果因为苦涩、疼痛的缘故就不去刺疮、吃药，就救不了命，治不了病。现在君臣之间的接触交往，没有父子间的恩泽，而君主想用施行仁义的方式约束自己的臣民，那么君臣之间的交往必定会出现裂痕。况且父母对于子女，生了男孩就互相祝贺，生了女孩就会把她溺杀。子女都出自父母的怀抱，但是儿子却受到祝贺，生了女儿就把她溺杀的原因，是考虑到今后的利益，从长远利益打算的。所以，父、母亲对于子女，尚且用计算利弊相对待，何况是对于没有父子间恩泽的人呢？如今的学者在游说君主的时候，都要君主抛弃求利的打算，而采用相爱的原则，这是要求君主对臣民的爱超过父母对子女的爱，也就属于不善于谈论恩泽问题的谎言和欺诈了，因此那些明智的君主是不会接受的。圣人治理国家，一是要制定出明确的法律禁令，法律禁令彰明了，官员们就能够处理好各自的政事；二是能坚决地实行赏罚，赏罚不出偏差，那么民众就愿意为国出力。民众听从使唤，整个官

僚机构治理好了，国家就富强了；国家富强，兵力就强盛。结果，称霸称王的大业也就随之完成了。称霸称王，是君主最大的利益。君主怀着称霸称王的目的来治理国家，因此他在任命官员的时候就会要求这个官员具备相应的才能，实行赏罚没有私心。如果士人和百姓都知道君主的这一做法，他们就会为国家尽力拼死，能够建功立业，爵禄就可获得；获得爵禄，荣华富贵的事业就完成了。荣华富贵，是臣子最大的利益。臣子怀着取得荣华富贵的目的来办事，所以他们的行动即使很危险也能坚持到死，他们的力量即使用尽了也不会有什么怨恨。这叫作君主不讲仁爱，臣下不讲忠心，就可以称王称霸了。

【原典】

夫奸必知则备，必诛则止；不知则肆，不诛则行。夫陈轻货于幽隐，虽曾、史可疑也；悬百金于市，虽大盗不取也。不知，则曾、史可疑于幽隐；必知，则大盗不取悬金于市。故明主之治国也，众其守而重其罪，使民以法禁而不以廉止。母之爱子也倍父，父令之行于子者十母；吏之于民无爱，令之行于民也万父。母积爱而令穷，吏威严而民听从，严爱之策亦可决矣。且父母之所以求于子也，动作则欲其安利也，行身则欲其远罪也。君上之于民也，有难则用其死，安平则尽其力。亲以厚爱关子于安利而不听，君以无爱利求民之死力而令行。明主知之，故不养恩爱之心而增威严之势。故母厚爱处，子多败，推爱也；父薄爱教笞①，子多善，用严也。

【注释】

①笞：用竹板施行的一种体罚。

【译文】

如果那些奸邪的事情一定会被发觉，那么奸邪之人就会有所戒惧；在一定要受惩罚的情况下，他才会停止作恶；在不能被察觉的情况下，他就会放肆作恶；在不会受惩罚的情况下，他就会为所欲为。如果把容易随身携带的财物放在无人知晓的隐蔽之处，即使是曾参、史䲡这样有修养的人也有偷窃的嫌疑；如果把百金悬挂在人来人往的市场上，即使出名的盗贼也不敢取走。假如不被察觉，那么在隐蔽之处即使像曾参、史䲡那样的廉洁之士是否会偷盗也值得怀疑；假如一定察觉；那么惯偷大贼不会去拿悬挂在市场上的黄金。因此明智的君主在治理国家时，会设置对奸邪的众多防范措施而加重对奸邪的惩处，使民众由于法令而受到约束，不依赖他们因为品德的廉洁而停止作恶。母亲对于子女的爱加倍于父亲，然而父亲严令子女的效果更十倍于母亲；官吏对于百姓没有什么爱心，然而对于民众发号施令，其效果更要万倍于父亲。母亲厚爱子女，母亲的命令在子女那里却行不通；官吏运用刑罚的威严，命令就能让人服从；威严和仁爱的策略究竟应该采用哪一种也就可以决断了。况且父母寄希望于子女的，行动上是想让他们安全有利，在立身处世方面则希望他们远离罪过。君主对于民众，危难时就要他们拼死作战，安定太平时就使他们为自己竭尽全力。父母怀着深厚的爱，把子女安排在安全有利的环境中，子女仍然不听从他们；君主在不用爱与利的条件下要求民众为自己拼命卖力而命令却能贯彻执行。明君懂得这些，所以不培养仁爱之心而加强威严之势。所以母亲以深厚的爱心对待自己的子女，子女多数不好，是因为宠爱的结果；父亲怀着较为淡薄的爱意，子女多半品行善良，是因为严厉的结果。

【原典】

今家人之治产也，相忍以饥寒，相强以劳苦，虽犯军旅之难，饥馑之患①，温衣美食者，必是家也；相怜以衣食，相惠以佚乐，天饥岁荒，嫁妻卖子者，必是家也。故法之为道，前苦而长利；仁之为道，偷乐而后穷。圣人权其轻重，出其大利，故用法之相忍，而弃仁人之相怜也。学者之言皆曰"轻刑"，此乱亡之术也。凡赏罚之必者，劝禁也。赏厚，则所欲之得也疾；罚重，则所恶之禁也急。夫欲利者必恶害，害者，利之反也。反于所欲，焉得无恶？欲治者必恶乱，乱者，治之反也。是故欲治甚者，其赏必厚矣；其恶乱甚者，其罚必重矣。今取于轻刑者，其恶乱不甚也，其欲治又不甚也。此非特无术也，又乃无行。是故决贤、不肖、愚、知之策，在赏罚之轻重。且夫重刑者，非为罪人也。明主之法，揆也。治贼，非治所治也；治所治也者，是治死人也。刑盗，非治所刑也；治所刑也者，是治胥靡也②。故曰：重一奸之罪而止境内之邪，此所以为治也。重罚者，盗贼也；而悼惧者，良民也。欲治者奚疑于重刑！若夫厚赏者，非独赏功也，又劝一国。受赏者甘利，未赏者慕业，是报一人之功而劝境内之众也，欲治者何疑于厚赏！今不知治者皆曰："重刑伤民，轻刑可以止奸，何必于重哉？"

此不察于治者也。夫以重止者，未必以轻止也；以轻止者，必以重止矣。是以上设重刑者而奸尽止，奸尽止，则此奚伤于民也？所谓重刑者，奸之所利者细，而上之所加焉者大也。民不以小利加大罪，故奸必止者也。所谓轻刑者，奸之所利者大，上之所加焉者小也。民慕其利而傲其罪，故奸不止也。故先圣有谚曰："不踬于山③，而踬于垤④。"山者大，故人顺之；垤微小，故人易之也。今轻刑罚，民必易之。犯而不诛，是驱国而弃之也；犯而诛之，是为民设陷也。是故轻罪也，民之垤也。是以轻罪之为民道也，非乱国也，则设民陷也，此则可谓伤民矣！

【注释】

①饥馑：荒年。②胥靡：犯轻罪被罚苦役的人。③踬：绊倒。④垤：小土堆。

【译文】

现在普通人家治理产业，用忍受饥寒来相互勉励，用吃苦耐劳来相互督促，即使遭到战争的祸患、荒年的灾难，仍然能吃饱穿暖的，一定是这种人家；如果家长用丰衣足食来怜爱家庭成员，用安逸享乐来相互照顾，一旦遇上自然灾害所造成的饥荒，卖掉妻子和子女的，一定是这种人家。所以把法令作为治国原则，虽在开始时艰苦，但能够获得长远的利益；把仁爱作为治国原则，虽有一时的快乐，但后来却会陷入困窘的境地。圣人权衡法令和仁爱的轻重，从长远的最大利益出发，所以用法令来相互强制，而抛弃仁人的相互怜爱。学者的话都说要减轻刑罚，这是一种导致国家动乱灭亡的做法。大凡赏罚坚决，是为了鼓励立功和禁止犯罪。奖赏丰厚了，想要的东西就会迅速得到；惩罚严厉了，厌恶的东西就能很快禁止。想要获取利益的人就必然厌恶灾难。祸害是和利益相反的东西。既然祸害与自己希望获取的利益相反，怎能不令人厌恶呢？希望国家安定的君主必然会厌恶国家动乱，动乱是安定的反面。因此那些特别希望国家安定的君主，赏赐一定优厚；那些特别厌恶国家动乱的君主，刑罚一定很严厉。那些采取减轻刑罚这一措施的君主，不太厌恶动乱，也不太想治理好国家。这样的君主不仅不懂得治国之道，而且也没有合乎法治的德行。因此判断一个君主贤明与不贤明、愚钝与聪明的方法，就在于他执行赏罚的轻重。况且严厉的刑罚的目的，并不仅仅是为了惩治这个罪犯本人；英明君主的法度，是供人度量行为的准则。惩治大盗，不只是惩治大盗本人；如果仅仅是为了惩办这个大盗本人，那不过是惩治了一个死囚。对小偷用刑，并不只是为了惩治小偷本人；如果只是惩治小偷本人，那就是在惩办即将服苦役的囚犯了。所以说：严惩一个坏人的罪行来禁止境内的奸邪，这才是惩罚邪恶之人的目的。受到严惩的是盗贼，因而害怕犯罪的是良民。希望国家安定的君主怎么能够怀疑严刑的作用呢？至于优厚的赏赐，其目的也并不仅仅是为了奖赏那个建立功劳的人，还可以勉励全国民众。获得奖赏的人因为得到利益而感到快乐，未得赏赐的美慕受赏者的功业。这是酬劳一个人的功业而勉励了国内民众。希望国家安定的君主又怎么能够怀疑丰厚奖赏的作用呢？现在不懂治国的人都说："严刑会伤害民众，如果轻刑已能制止那些坏人坏事了，何苦定要实行严刑呢？"这是不懂得治国之道的观点。用严刑能制止的，用轻刑未必能制止；用轻刑能制止的，用严刑一定能制止。因此君主设立了严刑的，那些坏人坏事全能得到制止；那些坏人坏事全能得到制止，对于百姓又有什么伤害呢？所谓严刑，是要使奸人得到的利益小，而君主加到他们头上的罪名却很大。人们不想因小利而蒙受大罪，因此那些坏人坏事就一定会被禁止。所谓轻刑，是要使奸人得到的利益大，而君主加到他们头上的罪名却很小。百姓美慕那些大的利益而忽略了很轻的惩罚，因此那些坏人坏事制止不了。所以先圣有句谚语说："人不会被高山绊倒，却会被小土堆绊倒。"山大，所以人们会小心遵循；土堆小，所以人们粗心大意。现在如果刑罚很轻，民众一定忽视它。百姓违反了法律而不被惩处，等于驱使国人犯罪而抛弃他们；等到百姓违反法律之后再去惩处他们，等于给民众设置了陷阱。因此，轻刑正如会使民众不经意而摔跤的小土堆。由此可见，把轻刑作为治理百姓的原则，不是导致国家混乱，就是为民众设置陷阱，这才是伤害了百姓啊！

【原典】

今学者皆道书策之颂语①，不察当世之实事，曰："上不爱民，赋敛常重②，则用不足而下恐上，故天下大乱。"此以为足其财用以加爱焉，虽轻刑罚，可以治也。此言不然矣。凡人之取重罚，固已足之后也；虽财用足而后厚爱之，然

而轻刑，犹之乱也。夫当家之爱子，财货足用，货财足用则轻用，轻用则侈泰。亲爱之则不忍，不忍则骄恣。侈泰则家贫，骄恣则行暴。此虽财用足而爱厚，轻刑之患也。凡人之生也，财用足则隳于用力，上懦则肆于为非。财用足而力作者，神农也③；上治懦而行修者，曾、史也，夫民之不及神农、曾、史亦明矣。老聃有言曰："知足不辱，知止不殆。"④夫以殆辱之故而不求于足之外者，老聃也。今以为足民而可以治，是以民为皆如老聃也。故桀贵在天子而不足于尊，富有四海之内而不足于宝。君人者虽足民，不能足使为君天子，而桀未必以为天子为足也，则虽足民，何可以为治也？故明主之治国也，适其时事以致财物，论其税赋以均贫富，厚其爵禄以尽贤能，重其刑罚以禁奸邪，使民以力得富，以事致贵，以过受罪，以功致赏，而不念慈惠之赐，此帝王之政也。

【注释】

①策：通"册"，古时用来写字的竹简。②赋敛：征收赋税。③神农：相传为发明农耕的人。④引文见《老子·四十四章》。

【译文】

现在的学者都称引典籍中歌功颂德的话，而不了解现代社会的实际情况，说什么："君主不爱民众，赋税总是很重，那么百姓就会因为衣食不足而怨恨自己的君主，所以导致天下大乱。"这是认为使百姓财物富足并施加仁爱，那么即使使用轻刑，也能够保证国家的安定。这种说法是不对的。大凡受到严惩的人，本来就是在财物富足后才犯罪的；虽然在民众资财富足以后再去深深地爱他们，但是若只使用轻刑，还是会走向混乱的。母亲溺爱子女，让他们拥有足够的财富，拥有足够的财富之后，就会轻易挥霍它们；一旦去轻易挥霍它们，就会变得奢侈无度。溺爱子女，就不能坚决加以约束；不能坚决加以约束，他们就会变得骄横淫逸。奢侈无度，家境就会贫困；骄横淫逸，行为就会暴虐。这就是财物富足并加以厚爱、使用轻刑造成的祸患。大凡人的本性，在财物富足之后就会惰于努力劳作；君主软弱了，他们就会肆无忌惮地为非作歹。财物富足还努力劳作的，只有像古代神农那样的人了；君主治国的手段软弱而自己行为保持美好的，是像曾参、史䲙这样的人。民众比不上神农、曾参、史䲙这些人是很清楚的。老子有这样一句话："懂得满足就不会遭受耻辱，知道适可而止就不会有危险。"因为担心危险和耻辱，在满足之后不再要求什么的人，只有老子。如今以为满足百姓衣食之后就能够保证国家安定，这是把民众都看作如同老子一样的人了。因此夏桀在贵为天子之后并不满足于自己的高贵，富有四海而不满足于自己的财宝。君主即使想使百姓满足，但不能使他们富足得像天子一样，更何况夏桀一类的人还不一定会把当上天子视为满足，那么纵然使民众富足，又怎么能够保证国家的安定太平呢？所以英明的君主在治理国家时，顺应时务来获得财物，研究赋税征收的多少去调节贫富差距，厚赏爵禄使人们竭尽才能，用严厉的惩罚禁止奸人为非作歹，使民众依靠出力得到富裕，凭借为国办事有功而获取尊贵地位。因犯罪受到惩罚，因立功获得奖赏，而不考虑仁慈恩惠的赏赐，这才是成就帝王大业所应采取的政治措施啊。

【原典】

人皆寐，则盲者不知；皆嘿①，则喑者不知②。觉而使之视，问而使之对，则喑盲者穷矣。不听其言也，则无术者不知；不任其身也，则不肖者不知。听其言而求其当，任其身而责其功，则无术不肖者穷矣。夫欲得力士而听其自言，虽庸人与乌获不可别也③；授之以鼎俎，则罢健效矣④。故官职者，能士之鼎俎也，任之以事而愚智分矣。故无术者得于不用，不肖者得于不任。言不用而自文以为辩，身不任而自饰以为高。世主眩其辩、滥其高而尊贵之，是不须视而定明也，不待对而定辩也，喑盲者不得矣。明主听其言必责其用，观其行必求其功，然则虚旧之学不谈，矜诬之行不饰矣。

【注释】

①嘿：通"默"，沉默。②喑：哑巴。③乌获：战国秦武王时的大力士，据说可以力举千钧。④罢：通"疲"，疲弱。

【译文】

大家都睡着了，那么盲人就不会被人发现；大家都沉默不语，那么哑巴也不会被人察觉。睡醒后让他们看东西，提问题让他们来回答，那么哑巴、盲人就会原形毕露了。不去听取他们的建议，那么即使是没有学识的人也不会被发觉；不去任用他们做事，那么即使是没有才干的人也不会被看透。听取他的言论而要求它和事实相符，任用他们做事而要求他们建立实际的功劳，那么没有本领、德才不好的人就会原形毕露了。想要得到大力士，而只是听他们的自我介绍，那么即使普通人与大力士乌获也无法区别；把巨鼎大案交给他们举，那么无力之人与强健之人就一目了然。所以官职就是试验人们才能的巨鼎大案，把政务交给他们处理，是愚蠢还是聪明就区别出来了。因此，没有本领的人由于君主没有采纳他们的建议而得志，德才不好的人由于君主任用他们本人而得志。君主没有采纳他们的建议，他们就自吹善辩；君主没有任用他们做事，他们就自命高明。君主迷惑于他们的口才，轻易相信他的高明，从而尊重他们；这是不等到他们看东西就确定他们视力好，不等到他们说话就判定他们口才好，这样，哑巴和盲人就无从得知了。明智的君主听取他们的建议就一定要求他们拿出实际功效，观察行为一定要责求功效，这样，人们就不会再去谈论陈腐空洞的无用学说了，虚妄自大的行为就掩饰不住了。

五蠹

【原典】

上古之世，人民少而禽兽众，人民不胜禽兽虫蛇。有圣人作，构木为巢以避群害，而民悦之，使王天下，号曰有巢氏①。民食果蓏蚌蛤②，腥臊恶臭而伤害腹胃，民多疾病。有圣人作，钻燧取火以化腥臊，而民说之，使王天下，号之曰燧人氏③。中古之世，天下大水，而鲧、禹决渎。近古之世，桀、纣暴乱，而汤、武征伐。今有构木钻燧于夏后氏之世者，必为鲧、禹笑矣；有决渎于殷、周之世者，必为汤、武笑矣。然则今有美尧、舜、汤、武、禹之道于当今之世者，必为新圣笑矣。是以圣人不期修古，不法常可，论世之事，因为之备。宋人有耕田者，田中有株，兔走触株，折颈而死，因释其耒而守株，冀复得兔，兔不可复得，而身为宋国笑。今欲以先王之政，治当世之民，皆守株之类也。

【注释】

①有巢氏：相传为发现巢居的人。②果蓏（luǒ）：瓜果的总称。蓏：草本植物的果实。③燧人氏：相传为发明钻木取火的人。

【译文】

在上古时代，人口稀少而鸟兽众多，人民受不了禽兽虫蛇的侵害。这时候有一位圣人出现了，他教会人们在树上构建像鸟巢一样的住处，用来避免遭到的各种伤害；因而百姓们都很爱戴他，推举他来治理天下，称他为有巢氏。人们生食瓜果、河蚌、蛤蜊等，腥臭难闻而且伤害肠胃，许多人都患上了疾病。这时候又有一位圣人出现了，他发明钻木取火的方法烧烤食物，以除去腥臊难闻的气味，因而百姓们都拥戴他，推举他治理天下，称他为燧人氏。到了中古时代，天下洪水泛滥，鲧和他的儿子禹共同疏通了河道，排洪治灾。近古时代，夏桀、商纣王残暴昏乱，于是商汤和周武王起兵讨伐。如果有人在夏朝时期还以构木为巢、钻木取火的方式生活，那一定会被鲧、禹耻笑了；如果有人在商、周时期还忙着疏通河道，那就一定会被商汤、武王所耻笑。既然如此，如果有人在现在的时代里还赞美尧、舜、商汤、周武、夏禹的治国原则，定然要被现代的圣人耻笑了。因此，圣人不期望照搬古法，不死守陈规旧俗，而是观察研究当今的社会情况，进而制定相应的政治措施。宋国有个种地的人，田中有一个树桩，一只兔子奔跑时撞在树桩上碰断了脖子死了。这个种地的人就丢掉自己的农具，守在树桩旁边，希望能再捡到死兔子。他当然不可能再得到兔子，而自己却受到宋国人的嘲笑。现在假使还要用先王的政治来治理当代的民众，这就是守株待兔之类的事情啊。

【原典】

古者丈夫不耕①，草木之实足食也；妇人不织，禽兽之皮足衣也。不事力而养足，人民少而财有余，故民不争。是以厚赏不行，重罚不用，而民自治。今人有五子不为多，子又有五子，大父未死而有二十五孙。是以人民众而货财寡，事力劳而供养薄，故民争，虽倍赏累罚而不免于乱②。

【注释】

①丈夫：泛指成年的男子。②累罚：屡次进行惩罚。

【译文】

古时候，成年的男子不耕种，野草树木结的果实就足够人们食用；妇女不用纺织，禽兽的皮毛就足够人们穿。不用费力而供养充足。人口稀少而财物充足，因此人们不用互相争夺。因而不实行丰厚的奖赏，也不必使用严刑，而民众自然安定无事。如今一个男子生五个儿子还不算多，每个儿子又各有五个儿子，做祖父的还没有去世就有二十五个孙子。因此，人口多了，而财物缺乏；费尽力气劳动，还是不够吃用。所以民众开始互相争夺，即使加倍地奖赏和不断地惩罚，依然无法避免社会的动乱。

【原典】

尧之王天下也，茅茨不翦①，采椽不斫②；粝粢之食③，藜④藿之羹；冬日麑裘⑤，夏日葛衣；虽监门之服养，不亏于此矣。禹之王天下也，身执耒臿以为民先⑥，股无胈⑦，胫不生毛⑧，虽臣虏之劳，不苦于此矣。以是言之，夫古之让天子者，是去监门之养，而离臣虏之劳也，古传天下而不足多也。今之县令，一日身死，子孙累世絜驾⑨，故人重之。是以人之于让也，轻辞古之天子，难去今之县令者，薄厚之实异也。夫山居而谷汲者，膢腊而相遗以水⑩；泽居苦水者，买庸而决窦。故饥岁之春，幼弟不饷；穰岁之秋，疏客必食。非疏骨肉爱过客也，多少之实异也。是以古之易财，非仁也，财多也；今之争夺，非鄙也，财寡也。轻辞天子，非高也，势薄也；争士橐，非下也，权重也。故圣人议多少、论薄厚为之政。故罚薄不为慈，诛严不为戾，称俗而行也。故事因于世，而备适于事。

【注释】

①茅茨（cí）：茅草盖的屋顶，此处代指茅屋。②采：栎树。斫（zhuó）：砍削。③粝粢（lì zī）：粗劣的饭食。粝：粗米。粢：谷类。④藜：通"藜"，一年生草本植物。藿（huò）：豆叶。⑤麑（ní）裘：泛指质量差的衣服。麑：幼鹿。⑥臿：锹一类的农具。⑦胈：肌肉。⑧胫：小腿。⑨絜驾：系马套车。此处指有马车坐之意。

⑩腊：楚国于二月祭祀的饮食神的节日。腊：每年十二月祭祀百神的节日。

【译文】

尧统治天下的时候，住的是没经修整的茅草房，栎木做的椽也没有加以砍削；吃的是粗粮，喝的是野菜煮的羹汤；冬天披的是质量很差的兽皮衣，夏天穿着麻布衣。就是现在看门奴仆的生活，也不会比这个更差。禹统治天下的时候，亲自拿着锹锄带领人们干活，累得大腿消瘦，小腿上的汗毛全被磨掉，就是奴隶们的劳役也不比这辛苦。由此看来，古代把天子的位置让给别人，不过是逃避看门奴仆般的供养，摆脱奴隶样的繁重苦劳罢了；所以把统治天下的大权传给别人并不值得称赞。如今的县令，一旦自己死了，他的子子孙孙连续好几代人，都能够享受出门乘车的富裕生活，所以对这个职务人们都非常看重。因此，人们对于让位这件事，可以轻易地辞去古代的天子职位，却难以舍弃今天的县官；这是因为他们所获取的实际利益的多少大不一样。在山上居住而从山谷中取水的人们，逢年过节用水作为礼品互相赠送；而居住在湿地里被水涝所苦的人们，却要雇人来挖渠排水。所以在荒年青黄不接的时候，即便是自己的幼小弟弟也不愿意给他饭吃；在好年成的收获季节，即便是关系疏远的过往路人也愿意招待他们吃饭。这不是有意疏远自己的骨肉而偏爱过路的客人，而是因为粮食或多余或缺少的实际情况不一样啊。因此古代的人们看轻钱财，并不是因为他们心地仁慈，而是因为财物绰绰有余；如今的人们争夺财物，并不是因为卑鄙，而是因为财物太少了。古人轻易辞掉天子的职位，并不是什么风格高尚，而是因为天子的权势实在是太小了；今人争夺官位或依附权势，也不是什么品德低下，而是因为当官的权势实在太大了。所以圣人要衡量财物多少、权势大小的实况制定政策。以前处罚轻微并不是因为仁慈，现在刑罚严厉也并不是因为残暴，而都是适应了社会的实际情况来办事罢了。因此，政事要根据时代变化，措施要针对社会事务。

【原典】

古者文王处丰、镐之间，地方百里，行仁义而怀西戎①，遂王天下。徐偃王处汉东②，地方五百里，行仁义，割地而朝者三十有六国。荆文王恐其害己也，举兵伐徐，遂灭之。故文王行仁义而王天下，偃王行仁义而丧其国，是仁义用于

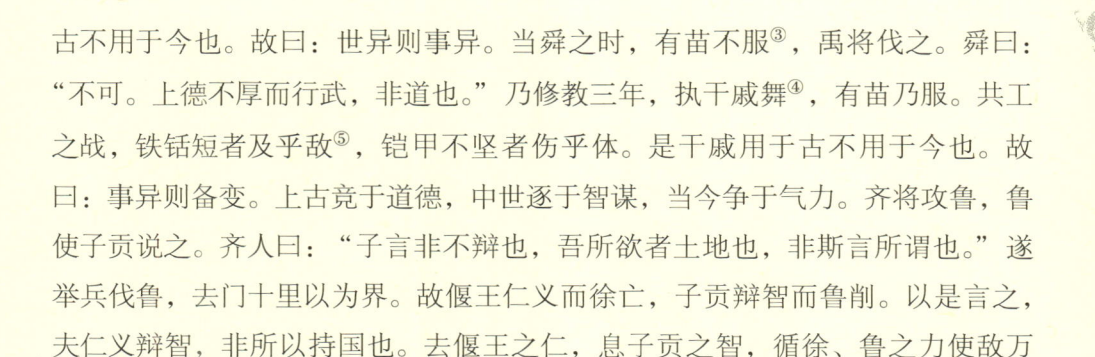

古不用于今也。故曰：世异则事异。当舜之时，有苗不服③，禹将伐之。舜曰："不可。上德不厚而行武，非道也。"乃修教三年，执干戚舞④，有苗乃服。共工之战，铁铦短者及乎敌⑤，铠甲不坚者伤乎体。是干戚用于古不用于今也。故曰：事异则备变。上古竞于道德，中世逐于智谋，当今争于气力。齐将攻鲁，鲁使子贡说之。齐人曰："子言非不辩也，吾所欲者土地也，非斯言所谓也。"遂举兵伐鲁，去门十里以为界。故偃王仁义而徐亡，子贡辩智而鲁削。以是言之，夫仁义辩智，非所以持国也。去偃王之仁，息子贡之智，循徐、鲁之力使敌万乘，则齐、荆之欲不得行于二国矣。

【注释】

①怀：怀柔、感化。②徐偃王：徐国的君主。徐：古代国名，在今安徽泗县一带。③有苗：又称"三苗"，我国古代少数民族，在今长江流域。④干：盾牌。戚：一种像大斧的兵器。⑤铁铦（xiān）：铁制的锋利武器。铦：锋利。

【译文】

古代周文王地处丰、镐一带，方圆不过百里，他推行仁义政治而感化了西边的戎族，结果便统治了天下。徐偃王统治着汉水东面的地方，方圆有五百里，他也推行仁义之道，割让土地给他并向他朝拜的国家有三十六个。楚文王害怕徐国会危害到自己，便出兵伐徐灭了徐国。因此周文王推行仁义政治而称王于天下，徐偃王推行仁义政治却亡了国；这证明仁义只适用于古代而不适用于今天。所以说：时代不同了，那么社会上的事情也就不一样了。在舜治理天下的时候，苗族不驯服，禹主张用武力去讨伐，舜说："不可以啊。君主的品德不高尚而使用武力征讨，这不合乎情理。"于是就修养美德推行文教三年，拿着盾牌和大斧跳舞，苗族终于归服了。到了与共工作战之时，武器短的会被敌人击中，铠甲不坚固的便会伤及身体；这就说明用盾牌和大斧做道具跳舞的事情只适用于古代而不适用于今天。所以说：情况变了，具体的政治措施也要跟着变化。上古时候人们在道德上竞争高下，中古时代的人们在智谋方面相互角逐，当今社会人们在力量上较量输赢。齐国将要进攻鲁国的时候，鲁国派子贡去说服齐国人。齐国人说："您讲的话不是不动听，然而我想要的是土地，不是你所说的这套空话。"随后就发兵攻打鲁国，把距离鲁国国都城门十里的地方作为国界。所以说徐偃王施行仁义而徐国亡了国，子贡有口才、多智慧而鲁国却丧失了自己的土地。由此说来，仁义道德、机智善辩之类，都不是用来保全国家的正道。假如抛弃徐偃王的仁义，丢掉子贡的智慧，依靠徐、鲁两国的力量让他们去抵抗拥有万辆兵车的强国，那么齐国和楚国的野心也就不会在鲁、徐这两个国家得逞了。

【原典】

夫古今异俗，新故异备。如欲以宽缓之政，治急世之民，犹无辔策而御駻马①，此不知之患也。今儒、墨皆称先王兼爱天下，则视民如父母。何以明其然也？曰："司寇行刑②，君为之不举乐；闻死刑之报，君为流涕。"此所举先王也。夫以君臣为如父子则必治，推是言之，是无乱父子也。人之情性莫先于父母，皆见爱而未必治也③，虽厚爱矣，奚遽不乱？今先王之爱民，不过父母之爱子，子未必不乱也，则民奚遽治哉？且夫以法行刑，而君为之流涕，此以效仁，非以为治。夫垂泣不欲刑者，仁也；然而不可不刑者，法也。先王胜其法，不听其泣，则仁之不可以为治亦明矣。

【注释】

①辔：马缰绳。策：马鞭。駻马：烈马。②司寇：古代掌管刑狱的高级官吏。③见：通"现"，表现。

【译文】

古代和现代的社会习俗不一样，新旧政治措施也不一样。如果想用宽容和缓的政治措施去治理剧变时代的民众，就如同没有缰绳和马鞭去驾驭凶悍的烈马一般，这就是缺乏智慧所造成的灾难啊。如今，儒家和墨家都称颂先王，说他们博爱天下一切人，就像父母那样来对待民众。拿什么来证明是这样呢？他们说："司寇执行刑法的时候，君主为此而停止演奏音乐；听到罪犯被处决的报告后，君主就会为此而伤心流泪。"这就是他们所赞美的先王。他们认为君、臣之间的关系如果能够像父、子之间的关系那样，天下就肯定能够治理好，由此推知，就不会存在父、子之间产生纠纷的事了。就人的本性上而言，没有什么感情可以超过父母疼爱子女的，但父母都付出了对子女的爱而家庭却未必就能和睦。君主即使深爱臣民，怎么就能够保证家庭不发生矛盾冲突呢？何况先王的爱民不会超过父母爱子女，然而做子女的未必就不对父母叛逆，民众哪能就可以治理好呢？再说按照法令执行刑法，君主就会为此而伤心流泪；这不过是用来表现仁爱罢了，却并非用来治理国家的。流着眼泪不愿执行刑罚，这是君主的仁爱；然而不得不用刑，这是国家的法令。先王把依法治国放在优先地位，并不会因为同情而废去刑法，那么仁慈情感不可以用来治国的道理也就很明白了。

【原典】

且民者固服于势，寡能怀于义。仲尼，天下圣人也，修行明道以游海内，海内说其仁、美其义而为服役者七十人。盖贵仁者寡，能义者难也。故以天下之大，而为服役者七十人，而仁义者一人。鲁哀公，下主也，南面君国，境内之民莫敢不臣。民者固服于势，势诚易以服人，故仲尼反为臣而哀公顾为君。仲尼非怀其义，服其势也。故以义则仲尼不服于哀公，乘势则哀公臣仲尼。今学者之说人主也，不乘必胜之势，而务行仁义则可以王，是求人主之必及仲尼，而以世之凡民皆如列徒，此必不得之数也。

【译文】

况且民众本来就容易屈服于权势，很少能被仁义感化的。孔子是天下的圣人，他修养德行、宣扬儒家学说而周游天下，然而天下能够喜欢他的仁慈、赞美他的道义而跟着他当弟子的只有七十人。可见看重仁的人少，能行义的人实在难得。因此以这么广大的天下，愿意为他效劳的只有七十人，而倡导仁义的只有孔子一个。鲁哀公是个不高明的君主，他向南坐在朝廷上统治鲁国，国内的人没有敢不服从的。民众本来就容易屈服于权势，权势也确实容易使人服从；所以孔子虽然是圣人，而鲁哀公反而做了君主。孔子并不是服从于鲁哀公的仁义，而是屈服于他的权势。因此，如果按照道义的原则，孔子就不会屈服于鲁哀公；然而凭借着权势，鲁哀公却可以使孔子俯首称臣。如今的学者在游说君主的时候，不是要君主依靠可以取胜的权势，而是努力鼓吹只要推行仁义就可以称王于天下，这就是要求君主一定能像孔子那样，要求天下民众都像孔子门徒。这肯定是做不到的事情。

【原典】

今有不才之子，父母怒之弗为改，乡人谯之弗为动①，师长教之弗为变。夫以父母之爱、乡人之行、师长之智，三美加焉，而终不动，其胫毛不改②。州部之吏③，操官兵，推公法，而求索奸人，然后恐惧，变其节，易其行矣。故父母之爱不足以教子，必待州部之严刑者，民固骄于爱、听于威矣。故十仞之城④，楼季弗能逾者⑤，峭也；千仞之山，跛牂易牧者⑥，夷也。故明王峭其法而严其刑也。布帛寻常⑦，庸人不释；铄金百溢，盗跖不掇。不必害，则不释寻常；必害手，则不掇百溢。故明主必其诛也。是以赏莫如厚而信，使民利之；罚莫如重而必，使民畏之；法莫如一而固，使民知之。故主施赏不迁，行诛无赦，誉辅其赏，毁随其罚⑧，则贤、不肖俱尽其力矣。

【注释】

①谯：通"诮"，责骂。②胫毛：小腿上的汗毛，形容细小。③州部：地方基层行政机关。④仞：古代高度计算单位。八尺为一仞。⑤楼季：相传为魏文帝之弟，擅长攀登跳跃。⑥跛牂（bǒ zāng）：瘸腿的母羊。牂：母羊。⑦寻常：古代长度计算单位。八尺为一寻，两寻为一常。⑧毁：批判。

【译文】

现在假定有这么一个不成才的儿子，父

母愤怒地训斥他，他并不悔改；乡亲们责备他，他却无动于衷；师长教训他，他也不改变。用父母的疼爱、乡亲的劝导、老师的智慧这三样美好的东西同时加在他的身上，而他却始终不受感动，没有丝毫变化。直到地方上的官吏拿着武器，执行国家的法令，而搜捕坏人的时候，他这才害怕起来，于是改变过去的品行，纠正过去的坏行为。所以父母的慈爱不足以教育好子女，必须依靠衙门中的严厉刑罚才能使那些不成器的子女改邪归正；这是由于人们总是受到慈爱就娇纵，见到威势就屈服的缘故。因此，七丈高的城墙，即使善于跳跃的楼季也不可能逾越，因为太陡；数百丈高的山峰，就是瘸腿的母羊也可以被赶上去放牧，因为坡度平缓。因此明智的君王要制定出严峻的法律并严厉地执行刑罚。十几尺布帛，一般人见了也舍不得放手；熔化着的百镒黄金，就连盗跖也不敢去拾取。不一定受害的时候，即使十几尺的布帛也舍不得放手；肯定会烧伤手时，即使百镒的黄金也不敢去拾取。所以英明的君主一定要严格执行刑罚。因此，奖赏最好要丰厚而且讲究信用，使人们有所贪图；惩罚最好要严厉而且坚决执行，使人们有所畏惧；法律最好要统一而且固定不变，使人们有所了解。所以君主施行奖赏不随意改变，执行刑罚不轻易赦免，对受赏的人同时给予荣誉，对受罚的人同时给予谴责。这样一来，那么贤能之人与不肖之徒都会竭尽全力地为国效忠了。

【原典】

今则不然。以其有功也爵之，而卑其士官也；以其耕作也赏之，而少其家业也；以其不收也外之，而高其轻世也；以其犯禁也罪之，而多其有勇也。毁誉、赏罚之所加者，相与悖缪也①，故法禁坏而民愈乱。今兄弟被侵，必攻者，廉也②；知友辱，随仇者，贞也。廉贞之行成，而君上之法犯矣。人主尊贞廉之行，而忘犯禁之罪，故民程于勇③，而吏不能胜也。不事力而衣食，则谓之能；不战功而尊，则谓之贤。贤能之行成，而兵弱而地荒矣。人主说贤能之行，而忘兵弱地荒之祸，则私行立而公利灭矣。

【注释】

①悖缪：矛盾、冲突。缪：通"谬"。②廉：品行方正。③程：通"逞"，炫耀。

【译文】

现在就不是这样。正是因为他有功劳才授予他爵位的,却又鄙视他出仕做官的行为;因为他从事耕种才奖赏他,却又轻视他以这种方式创立家业;因为他不接受官爵而疏远他,却又推崇他轻视社会名利的志趣;因为他违犯禁令才给他定罪,却又赞美他的勇敢。诋毁和赞誉、奖赏和惩罚所施加的对象是这样的互相矛盾错乱,所以法令遭到破坏,民众更加混乱。如果自己的兄弟受到侵害就一定帮他反击的人,被认为是正直;如果知心朋友受到了羞辱就跟随着去报仇的人,被认为是忠贞。这种正直和忠贞的风气形成了,君主的法令就被违犯了。君主推崇这种忠贞正直的品行,而忘记了他们所犯下的触犯法令的罪过,所以人们敢于逞勇犯禁,官府也就无法控制他们。对于不从事耕作就有吃有穿的人,被称为有本事;对于没有军功就获得官爵的人,被称为有才能。这种本事和才能养成了,国家的军队就会衰弱、土地就会荒芜。君主赞赏这种本事和才能,而忘记了军队衰弱、土地荒芜的灾难,结果谋私的行为就会得逞,而国家的利益就会完全丧失。

【原典】

儒以文乱法,侠以武犯禁,而人主兼礼之,此所以乱也。夫离法者罪①,而诸先生以文学取;犯禁者诛,而群侠以私剑养②。故法之所非,君之所取;吏之所诛,上之所养也。法、趣、上、下③,四相反也,而无所定,虽有十黄帝不能治也。故行仁义者非所誉,誉之则害功;文学者非所用,用之则乱法。楚之有直躬④,其父窃羊,而谒之吏。令尹曰:"杀之!"以为直于君而曲于父⑤,报而罪之⑥。以是观之,夫君之直臣,父之暴子也。鲁人从君战,三战三北。仲尼问其故,对曰:"吾有老父,身死莫之养也。"仲尼以为孝,举而上之。以是观之,夫父之孝子,君之背臣也。故令尹诛而楚奸不上闻,仲尼赏而鲁民易降北。上下之利,若是其异也,而人主兼举匹夫之行,而求致社稷之福,必不几矣⑦。

【注释】

①离:通"罹",触犯。②私剑:不遵守国家法令而仗剑行凶。③趣:通"取",被君主取用。④直躬:人名。相传此名因其正直而来。⑤曲:偏邪。此处引申为不孝。⑥报:判刑。⑦几:通"冀",希望。

【译文】

儒家用文献典籍中的知识扰乱国家的法律，游侠使用武力违犯国家的禁令，而君主对这两种人都以礼相待，这就是国家混乱的根源。触犯法律的人就应该予以治罪，而那些儒生却靠着文章学说得到任用；违犯禁令的人就应该受到惩处，而那些游侠却靠着充当刺客得到豢养。因此法律所要制裁的人，却成了君主重用的；官吏所要惩处的人，却成了权贵豢养的。法律所要制裁的、君主所要录取的、官吏所要惩处的、君主所要供养的，这四者互相矛盾，而没有确立一定标准，即使有十个黄帝，也不能治好天下。那些推行仁义的人并不值得赞许，如果赞许了，就会危害耕战的工作；对于从事文章学术的人不应当加以任用，如果任用了，就会扰乱国家的法律。楚国有个叫直躬的人，他的父亲偷了人家的羊，他就把这件事情告发给官吏。令尹说："杀掉他！"认为他对君主虽算正直而对父亲却属不孝。结果给他判了死罪。由此看来，那些对君主正直忠诚的臣民，却是父亲的逆子。鲁国有个人跟随君主去打仗，多次交战多次败逃；孔子向他询问原因，他说："我家中有年老的父亲，如果我死了就没有人赡养他了。"孔子认为这是孝子，便推举他做丁官。由此看来。那些对父亲孝敬的儿子，却是君主的叛臣。所以令尹杀了直躬，楚国的坏人坏事就没有人再向上告发了；孔子奖赏逃兵，鲁国的民众就轻易临阵败逃了。君臣之间的利害得失是如此不同，君主想在推崇百姓个人私利行为的同时，又想求得国家的繁荣富强，这是肯定没指望的。

【原典】

古者苍颉之作书也①，自环者谓之私，背私谓之公，公私之相背也，乃苍颉固以知之矣。今以为同利者，不察之患也，然则为匹夫计者，莫如修行义而习文学②。行义修则见信，见信则受事；文学习则为明师，为明师则显荣：此匹夫之美也。然则无功而受事，无爵而显荣，为有政如此，则国必乱，主必危矣。故不相容之事，不两立也。斩敌者受赏，而高慈惠之行；拔城者受爵禄，而信廉爱之说；坚甲厉兵以备难，而美荐绅之饰③；富国以农，距敌恃卒④，而贵文学之士；废敬上畏法之民，而养游侠私剑之属。举行如此，治强不可得也。国平养儒侠，难至用介士，所利非所用，所用非所利。是故服事者简其业，而游学者日众，是世之所以乱也。

【注释】

①苍颉（jié）：即仓颉，相传为黄帝时的史官，创造了汉字。②行义：通"行谊"，品德。③荐绅：古代官吏上朝时将手版插在衣带间。此处指穿着宽袍大袖。④距：通"拒"，抗拒。

【译文】

古时候，仓颉创造文字，把自己围绕着自己转的字形"厶"叫作"私"，把与"厶"字相背的字形称为"公"。公和私相反的道理，这是仓颉早就已经知道的事情。现在还有人认为公私利益相同，这是他们没有仔细考察所犯的错误。那么为个人打算的话，就不如修养仁义的品德、学习文献经典。修养仁义的品德就会得到君主信任。得到君主信任就能够获取官职；学习文献经典就可以成为高明的老师。成了高明的老师就能够名声显赫荣耀无比。对个人来说，这是最美的事了。然而没有建功立业就可以获取官职，没有爵位也可以显赫荣耀，形成这样的政治局面，国家就一定陷入混乱，君主也必然会陷入危险境地。所以，互不相容的事情，是不能并存的。勇敢杀敌的人受到奖赏，却又崇尚仁爱慈惠的行为；攻占敌人城池的人获得爵位俸禄，却又信奉兼爱的学说；加固铠甲、磨砺兵器可以防备灾难的发生，却又提倡宽袍大带的服饰；要想使国家富裕依靠的是农民，打击敌人依靠的是士兵，却又看重从事于文章学术事业的儒生；抛弃尊敬君主、敬畏法律的民众，而去收养游侠刺客之类的人。君主如果这样治理国家，要想使国家太平和强盛是不可能的。国家太平的时候收养儒生和游侠，一旦发生战争却要依赖战士；国家给予利益的人并不是国家所要用的人，君主所要使用的人又不是君主给予利益的人。结果从事耕战的人荒废了自己的事业，而游侠和儒生却一天天多了起来，这就是社会混乱的原因啊。

【原典】

且世之所谓贤者，贞信之行也；所谓智者，微妙之言也。微妙之言，上智之所难知也。今为众人法，而以上智之所难知，则民无从识之矣。故糟糠不饱者不务粱肉①，短褐不完者不待文绣②。夫治世之事，急者不得，则缓者非所务也。

今所治之政，民间之事，夫妇所明知者不用，而慕上知之论，则其于治反矣。故微妙之言，非民务也。若夫贤良贞信之行者，必将贵不欺之士；不欺之士者，亦无不欺之术也。布衣相与交，无富厚以相利，无威势以相惧也，故求不欺之士。今人主处制人之势，有一国之厚，重赏严诛，得操其柄，以修明术之所烛，虽有田常、子罕之臣，不敢欺也，奚待于不欺之士？今贞信之士不盈于十，而境内之官以百数，必任贞信之士，则人不足官。人不足官，则治者寡而乱者众矣。故明主之道，一法而不求智，固术而不慕信，故法不败，而群官无奸诈矣。

【注释】

①粱肉：泛指精美的饭食。②短褐：粗布短衣。文绣：有刺绣的华丽服饰。

【译文】

再说社会上所谓的贤良之人，是指忠贞不欺的行为；所谓的有智慧之人，是指深奥玄妙的言辞。那些深奥玄妙的言辞，就连最聪明的人也难以理解。如今为一般的民众制定法律法规，却采用那些连最聪明的人也难以理解的言辞，那么一般民众就更没有办法理解了。所以，连糟糠都吃不饱的人，是不会追求精美饭菜的；连一件完整的粗布短衣都穿不上的人，是不会期盼华美衣服的。治理社会事务，如果紧急的还没有办好，那么不太紧迫的事务就不要急着去处理。现在用来治理国家的政治措施，凡属民间

习以为常的事，一般百姓都能明白的道理不去使用，却去期求连最聪明的人都难以理解的说教，这就与正确的治理原则背道而驰了。所以那些深奥玄妙的言辞，不是应该让民众追求的。至于推崇忠贞信义的品行，必将尊重那些诚实不欺的人；而诚实不欺的人，也就不懂得不被别人欺骗的办法。平民之间彼此交往，没有大宗钱财可以互相利用，也没有权威可以恐吓对方，所以才要寻求诚实不欺的人。如今的君主拥有制服民众的权势，拥有整个国家的财富，无论是丰厚的赏赐还是严厉的惩罚，都可以运用法术来观察和处理问题；那么即使有田常、子罕之类的奸臣也是不敢行欺的，何必寻找那些诚实不欺的人呢？如今能够做到忠贞诚实的人还不到十位，而国家需要的官吏却数以百计；如果一定要任用那些忠贞诚实的人，能做官的合格人才不够用来应付官职的需要；合格人才不够用来应付官职的需要，那么能够把政事治理好的官就会少，而会把政事搞乱的官就会多了。因此明智君主的治国原则，在于专实行法治，而不寻求有智的人；坚定地使用治国权术而不羡慕所谓的诚信，而不欣赏忠信的人。这样，法治就不会遭到破坏而官吏们也不敢胡作非为了。

【原典】

今人主之于言也，说其辩而不求其当焉；其用于行也，美其声而不责其功。是以天下之众，其谈言者务为辩而不周于用①，故举先王言仁义者盈廷，而政不免于乱；行身者竞于为高而不合于功，故智士退处岩穴，归禄不受，而兵不免于弱，政不免于乱，此其故何也？民之所誉，上之所礼，乱国之术也。今境内之民皆言治，藏商、管之法者家有之，而国贫，言耕者众，执耒者寡也；境内皆言兵，藏孙、吴之书者家有之，而兵愈弱，言战者多，被甲者少也②。故明主用其力，不听其言；赏其功，伐禁无用。故民尽死力以从其上。夫耕之用力也劳，而民为之者，曰：可得以富也。战之事也危，而民为之者，曰：可得以贵也。今修文学，习言谈，则无耕之劳而有富之实，无战之危而有贵之尊，则人孰不为也？是以百人事智而一人用力。事智者众，则法败；用力者寡，则国贫：此世之所以乱也。

【注释】

①谈言者：长于言辞的人。辨：通"辩"。②被甲：当兵。被：通"披"。

【译文】

　　现在君主对于臣下的言论，喜欢悦耳动听而不管是否恰当；君主用臣下去做事，仅欣赏他的名声而不责求做出成效。因此天下很多人就致力于巧言善辩，却根本不切合实用，因此赞扬先王、宣扬仁义的人就挤满朝廷，而政局仍不免于混乱；善于践行的人竞相标榜自己的清高，却不去为国家建功立业；有智慧的人隐居到深山老林，推辞俸禄而不接受，而兵力仍不免于削弱。政局不免于混乱，其中的原因是什么呢？因为民众所称赞的，君主所优待的，都是一些能够导致国家混乱的做法。现在全国的民众都在谈论如何治国，家家收藏有商鞅、管仲谈论治国方法的著作，国家却越来越穷，原因就在于空谈耕作的人太多，而亲自拿着农具去种地的人却很少。全国的民众都在谈论如何打仗，家家收藏有孙子、吴起研究军事的著作，国家的兵力却越来越弱，这就是因为口头谈论战争谋略的人很多，而真正穿起铠甲上阵的人太少。因此明智的君主要使用臣民的力气，不听信高谈阔论；赏赐臣民所建立的功劳，坚决禁止那些无用的言行。所以民众就会拼死尽力地跟随着自己的君主。耕种是需要花费气力吃苦耐劳的事情，而民众之所以愿意做这些事情，是因为他们认为可以由此得到富足。从军打仗是一件非常危险的事情，而民众却愿意去干，因为他们认为可以由此获得显贵。如今那些研习古代文献知识的人，那些学习言谈辩论的人，无须有耕种的劳苦就可以获得富足的实惠，无须参加战争的危险而有了显贵的尊位，那么人们谁不乐意这样干呢？因此就有上百的人从事智力、辩论的活动，却只有一个人致力于耕战事业的状况。从事智力辩论活动的人多了，法治就要遭到破坏；使用力气愿意吃苦的人少了，国家就会变得贫穷。这就是社会之所以混乱的原因。

【原典】

　　故明主之国，无书简之文①，以法为教；无先王之语，以吏为师；无私剑之捍②，以斩首为勇。是境内之民，其言谈者必轨于法，动作者归之于功，为勇者尽之于军。是故无事则国富，有事则兵强，此之谓王资。既畜王资而承敌国之衅③，超五帝侔三王者，必此法也。

【注释】

　　①书简：书籍。②捍：通"悍"，强悍。③衅（xìn）：同"衅"，缝隙，此

处引申为弱点。

【译文】

因此，在英明君主所治理的国家中，不用有关学术的文献典籍，而是用法律教育百姓；禁绝先王的言论，而是把执法的官吏当作百姓的老师；没有游侠刺客的凶悍，而是把上阵杀敌视为勇敢。这样，国内民众的一切言论都必须遵循法令，他们有所言谈就一定会遵循法律，一切勇力都必须用到从军打仗上。正因如此，太平无事时国家就会富有，战争时期兵力就会强盛，这就是称王于天下的资本。既拥有称王天下的资本，又能利用敌国的弱点，建立超过五帝、赶上三王的功业，就一定要依靠这种方法。

【原典】

今则不然，士民纵恣于内①，言谈者为势于外，外内称恶，以待强敌，不亦殆乎！故群臣之言外事者，非有分于从衡之党，则有仇雠之忠②，而借力于国也。从者，合众弱以攻一强也；而衡者，事一强以攻众弱也：皆非所以持国也。今人臣之言衡者，皆曰："不事大，则遇敌受祸矣。"事大未必有实，则举图而委，效玺而请兵矣③。献图则地削，效玺则名卑，地削则国削，名卑则政乱矣。事大为衡，未见其利也，而亡地乱政矣。人臣之言从者，皆曰："不救小而伐大，则失天下，失天下则国危，国危而主卑。"救小未必有实，则起兵而敌大矣。救小未必能存，而伐大未必不有疏，有疏则为强国制矣。出兵则军败，退守则城拔。救小为从，未见其利，而亡地败军矣。是故事强，则以外权士官于内；救小，则以内重求利于外。国利未立，封土厚禄至矣；主上虽卑，人臣尊矣；国地虽削，私家富矣。事成，则以权长重；事败，则以富退处。人主之于其听说也于其臣，事未成则爵禄已尊矣；事败而弗诛，则游说之士孰不为用矰缴之说而侥幸其后④？故破国亡主以听言谈者之浮说。此其故何也？是人君不明乎公私之利，不察当否之言，而诛罚不必其后也。皆曰："外事，大可以王，小可以安。"夫王者，能攻人者也；而安，则不可攻也。强，则能攻人者也；治，则不可攻也。治强不可责于外，内政之有也。今不行法术于内，而事智于外，则不至于治强矣。

【注释】

①士民：此处主要指儒生、游侠。②忠：通"衷"，内心；心思。③效玺：

献上自己的玉玺。这是取消独立地位臣服他国的表示。④矰（zēng）：用来射鸟的带丝绳的短箭。缴（zhuó）：拴在箭上的生丝绳，用于射鸟。

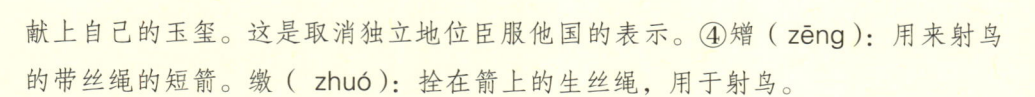

【译文】

现在却不是这样。儒士、游侠在国内恣意妄为，游说君主的纵横家在国外造就自己的势力。内外形势尽行恶化，以此来对抗强大的敌国，不是太危险了吗？因此那些热衷于谈论外交事务的大臣，不是属于合纵或连横中的哪一派，就是内心里对某个国家怀有仇恨。所谓合纵，就是联合众多弱小国家去攻打一个强大国家；而所谓的连横，就是依附于一个强大的国家去攻打其他弱小的国家。这些都不是可以用来保护国家的办法。现在那些主张连横的臣子都说："不依附大国，那么一旦遇到敌人就会遭受灾难。"侍奉大国不一定有什么实际效应，却要拿出国家的地图交给这个大国，并献上君主的玉玺来请求军事援助，这样才得以请求军事援助。献出地图，本国的版域就缩小了；献上君主的玉玺，君主的声望就降低了。版域缩小，那么国家就被削弱了；声望降低，那么政事就会混乱了。侍奉大国实行连衡，还没来得及看到什么好处，却丧失了土地、搞乱了政事。那些主张合纵的臣子都说："如果不去救援弱小的国家，就失去了各国的信任；失去了各国的信任，那么国家就危险了；国家危险了，君主地位就降低了。"救援弱小的国家未必就能够获取什么实际好处，倒要起兵去和大国为敌；援救小国未必能使它保存下来，而与大国交战未必就没有疏漏之处，一旦有了疏漏之处，就要被大国控制了。如果出兵进攻大国，军队就要吃败仗；如果退守，城池就会被攻破。援救小国实行合纵，还没有看到其中的任何好处，却已使国土被侵吞，军队吃败仗。因此，那些主张依附于大国的臣子们，只能使那些搞连横的人凭借外国势力在国内捞取高官；那些主张救援弱国的臣子们，只能使那些搞合纵的人凭借国内势力从国外得到好处。国家的利益还没有获取，搞合纵连横的人却得到了分封的领地和优厚的爵禄；尽管君主地位降低了，而这些大臣们的地位却尊贵了；尽管国家的土地削减了，而这些大臣们的家庭却富裕了。事情如能成功，纵横家们就会依仗权势长期受到重用；事情失败的话，那么他们就依靠获得的财富隐居起来。君主如果听信臣下的游说，事情还没有办成功，就已给了他们很高的爵位俸禄，事情失败了也不会受到惩处，那么，那些游说之士谁不愿意用猎取名利的言辞不断去

279

进行投机活动呢？那些国破家亡的君主听信这些善于辞令者的空谈，都是因为听信了纵横家的花言巧语造成的。这其中的缘故是什么呢？这是因为君主分不清公私利益，不考察言论是否正确，而在事后又不能进行坚决的惩处。纵横家们都说："进行外交活动，收效大的可以统一天下，收效小的也可以保证安全。"所谓统一天下，是指那些有能力进攻别人的人；所谓保证安全，就是指自己的国家不可能被别国攻破。国家的强盛和安定并不能通过外交活动取得，只能依靠搞好国内政治。现在不在国内推行法术，却在外交上费尽心机，就必然达不到使国家安定富强的目的了。

【原典】

鄙谚曰①："长袖善舞，多钱善贾。"此言多资之易为工也②。故治强易为谋，弱乱难为计。故用于秦者，十变而谋希失③；用于燕者，一变而计希得。非用于秦者必智，用于燕者必愚也，盖治乱之资异也。故周去秦为从，期年而举；卫离魏为衡，半岁而亡。是周灭于从，卫亡于衡也。使周、卫缓其从衡之计，而严其境内之治，明其法禁，必其赏罚，尽其地力以多其积，致其民死以坚其城守，天下得其地则其利少，攻其国则其伤大，万乘之国莫敢自顿于坚城之下④，而使强敌裁其弊也，此必不亡之术也。舍必不亡之术而道必灭之事，治国者之过也。智困于内而政乱于外，则亡不可振也⑤。

【注释】

①鄙谚：民谚，俗语。②工：通"功"，功效。③希：通"稀"，很少。

④顿：受到挫折。⑤振：挽救。

【译文】

俗语说："袖子长了方便跳舞，本钱多了有利于经商。"这就是说，物质条件越好就越容易取得功效。因此安定强大的国家就容易为它出谋划策，衰弱混乱的国家就难以给它想办法。所以那些为秦国出谋划策的人，即使改变十次也很少失败；而那些为燕国出谋划策的人，即使改变一次也很难成功。这并不是因为那些为秦国出谋划策的人就一定具备智慧，而被燕国任用的人一定愚蠢，而是因为这两个国家的治乱条件大不相同。因此周国背离秦国而去参与合纵，只一年工夫就被吞灭了；卫国脱离魏国而去参与连横，仅半年工夫就被消灭了。这就说明周国是灭亡于合纵这一策略，卫国是由于连横这一策略而亡了国。假使西周和卫国不急于听从合纵连横的计谋，而是严格地加强国内的治理，明定法律禁令，信守赏罚制度，努力开发土地来增加积累，劝导他们的民众拼死尽力坚守城池，那么，别的国家夺得他们的土地吧，获取的利益也会很少；而进攻这个国家吧，伤亡也会十分惨重。那么即使是拥有万辆兵车的大国也不敢在这种坚固的城防之下把自己拖得困顿不堪，从而促使强敌自己去衡量其中的害处，这才是保证自己的国家一定不被别人消灭的办法啊。丢掉这种必然不会亡国的办法，而去干一些必然会招致灭亡的事情，这是治理国家的人的过错。外交努力陷于困境，而国内的政治又陷入混乱，那么国家的灭亡就无法挽救了。

【原典】

民之政计①，皆就安利如辟危穷②。今为之攻战，进则死于敌，退则死于诛，则危矣。弃私家之事而必汗马之劳③，家困而上弗论，则穷矣。穷危之所在也，民安得勿避？故事私门而完解舍④，解舍完则远战，远战则安。行货赂而袭当涂者则求得⑤，求得则私安，私安则利之所在，安得勿就？是以公民少而私人众矣。

【注释】

①政计：通常的打算。政：通"正"。②辟：通"避"。③汗马之劳：指战争的劳苦。④私门：指权贵。解舍：官署房屋。⑤当涂：通"途"。

【译文】

人们的通常的打算，就是要追求安全和利益而避开危险和穷苦。如果让他们去打仗，向前冲锋就会死于敌人之手，后退又要受军法处置，就处于危险之中了。抛弃自己的家庭事务，承受作战的劳苦，家庭陷入贫困而君主又不加以关心，就置于穷困之中了。穷困和危险交加，民众怎能不逃避呢？因此侍奉权贵重臣就能够出仕为官，出仕为官就可以远离战争，远离战争也就安全了。或者用钱财贿赂当权者就可以达到个人欲望，欲望一旦达到，那么个人就安逸了。个人安逸，就是有利的事情，民众怎能不去追求呢？这样一来，为公出力的人就少了，而为权贵私人出力的人就多了。

【原典】

夫明王治国之政，使其商工游食之民少而名卑，以寡趣本务而趋末作[①]。今世近习之请行，则官爵可买；官爵可买，则商工不卑也矣。奸财货贾得用于市，则商人不少矣。聚敛倍农而致尊过耕战之士，则耿介之士寡而商贾之民多矣。

【注释】

①趣：通"趋"，走向。本务：指农业。末作：指工商。

【译文】

英明的君主治理国家的政治措施，总是要使工商业者和游手好闲的人尽量减少，而且使这些人的名位卑下；以免从事农耕的人少而致力于工商业的人多。现在社会上向君主亲近的侍臣受到贿赂托付而向君主说情请求的风气很流行，这样官爵就可以用钱买到；官爵可以用钱买到，那么从事工商业者的地位就不会卑贱了。投机取巧非法获利的活动可以在市场上通行，那么商人的收入就不会少了。他们搜括到的财富超过了农民收入的几倍，而且所获取的尊贵地位又超过种地打仗的人，结果刚正不阿的人就越来越少，而经营商业的人就越来越多。

【原典】

是故乱国之俗：其学者，则称先王之道以籍仁义[①]，盛容服而饰辩说，以疑当世之法，而贰人主之心。其言谈者，为设诈称[②]，借于外力，以成其私，而遗社稷之利。其带剑者，聚徒属，立节操，以显其名，而犯五官之禁③。其患御者，积于私门，尽货赂，而用重人之谒，退汗马之劳。其商工之民，修治苦窳之器，聚弗靡之财，蓄积待时，而侔农夫之利④。此五者，邦之蠹也。人主不除此五蠹之民，不养耿介之士，则海内虽有破亡之国，削灭之朝，亦勿怪矣。

【注释】

①籍：通"藉"，依托，凭借。②为：通"伪"，虚假。③五官之禁：泛指国家的法令。五官：司徒、司马、司空、司士、司寇。④侔（móu）：谋取。

【译文】

因此，造成国家混乱的风气是：那些研习古代文献典籍的学者，称引先王之道来宣扬仁义道德，讲究仪表服饰而修饰自己的理论言辞，用以扰乱当今的法令，动摇君主依法治国的决心。那些纵横家们，弄虚作假，招摇撞骗，借助于国外势力来达到私人目的，而抛弃国家利益。那些游侠刺客，聚集党徒，标榜气节，以此宣扬自己的名声，结果触犯国家禁令。那些不愿意当兵打仗的人，大批依附权臣贵族，肆意行贿，而借助于重臣的请托，来逃避作战的劳苦。那些从事工商业的人，制造粗劣的器具，赚取供人挥霍浪费的财物，将它们囤积起来等待时机，希图从农民身上牟取暴利。上述这五种人，都是国家的蛀虫。君主如果不除掉这五种像蛀虫一样的人，不任用光明耿直的人，那么，天下即使出现破败沦亡的国家、削弱覆灭的朝廷，也就不足为怪了。

显学

【原典】

世之显学，儒、墨也。儒之所至，孔丘也。墨之所至，墨翟也。自孔子之死也，有子张之儒，有子思之儒，有颜氏之儒，有孟氏之儒，有漆雕氏之儒①，有仲良氏之儒②，有孙氏之儒③，有乐正氏之儒④。自墨子之死也，有相里氏之墨⑤，有相夫氏之墨⑥，有邓陵氏之墨⑦。故孔、墨之后，儒分为八，墨离为三，取舍相反不同，而皆自谓真孔、墨，孔、墨不可复生，将谁使定世之学乎？孔子、墨子俱道尧、舜，而取舍不同，皆自谓真尧、舜，尧、舜不复生，将谁使定儒、墨之诚乎？殷、周七百余岁，虞、夏二千余岁，而不能定儒、墨之真；今乃欲审尧、舜之道于三千岁之前，意者其不可必乎！无参验而必之者，愚也；弗能必而据之者，诬也。故明据先王，必定尧、舜者，非愚则诬也。愚诬之学，杂反之行，明主弗受也。

【注释】

①漆雕氏：漆雕吕，孔子的学生。②仲良氏：疑为仲梁子，战国时鲁国人，儒家人物。③孙氏：公孙尼子，孔子的再传弟子。④乐正氏：乐正子春，曾参的学生。⑤相里氏：相里勤，墨家代表人物，主要继承了墨家勤俭力行的作风。⑥相夫氏：一作伯夫氏，墨家代表人物。⑦邓陵氏：邓陵子，楚国人，为后期墨家中的南方一派。

【译文】

当今世上最显赫的学派是儒家和墨家。儒家的代表人物是孔子，墨家的代表人物是墨翟。自从孔子去世之后，儒家有子张、子思、颜回、孟轲、漆雕吕、仲梁子、公孙尼子、乐正子春各流派。自从墨翟去世之后，墨学有相里勤、相夫氏、邓陵子各流派。所以孔子、墨翟去世之后，儒家分为八派，墨家分为三派，他们采取的和舍弃的主张互相对立，各有不同，却都称是得了孔、墨的真传，孔子、墨翟不可能再活过来，叫谁来判断社会上这些学派的真假呢？孔子、墨翟全都称道尧、舜，但他们所采取的和舍弃的主张也不同，却都自称得到了真正的尧舜之道。尧、舜不可能再活过来，该叫谁来判定儒、墨两家的真假呢？从儒家所崇尚的商、周之际到现在七百多年，自墨家所推崇的虞夏之际到现在两千多年，尚且不能断定儒家所宣扬的周道、墨家所称说的夏道在当时的真相；现在还要去考察三千多年前尧舜的思想，想来更是无法确定的吧！不用事实加以检验就对事物作出判断，是一种愚蠢；不能确定事物的真假就把它作为依据，那就是欺骗。

所以，公开宣称依据先王之道，肯定尧、舜事迹的行为，不是愚蠢，就是欺骗。对于这种愚蠢欺骗的学说，杂乱矛盾的行为，英明的君主是不会接受的啊。

【原典】

墨者之葬也，冬日冬服，夏日夏服，桐棺三寸①，服丧三月，世主以为俭而礼之。儒者破家而葬，服丧三年，大毁扶杖，世主以为孝而礼之。夫是墨子之俭，将非孔子之侈也；是孔子之孝，将非墨子之戾也。今孝、戾、侈、俭俱在儒、墨，而上兼礼之。漆雕之议，不色挠，不目逃，行曲则违于臧获②，行直则怒于诸侯，世主以为廉而礼之。宋荣子之议③，设不斗争，取不随仇，不羞囹圄，见侮不辱，世主以为宽而礼之。夫是漆雕之廉，将非宋荣之恕也；是宋荣之宽，将非漆雕之暴也。今宽、廉、恕、暴俱在二子，人主兼而礼之。自愚诬之学、杂反之辞争，而人主俱听之，故海内之士，言无定术，行无常议。夫冰炭不同器而久，寒暑不兼时而至，杂反之学不两立而治。今兼听杂学缪行同异之辞④，安得无乱乎？听行如此，其于治人又必然矣。

【注释】

①桐棺三寸：形容用桐木所做棺材的棺板非常薄。这是与儒家主张棺椁几重的厚葬制度相比较而言。②臧获：奴婢。③宋荣子：宋钘，战国时宋国人，为黄老学派，曾在齐国稷下地方游说。④缪：通"谬"，荒谬。

【译文】

墨家的葬礼主张，人死在冬天就穿着冬季的衣服下葬，死在夏天就穿着夏季的衣服下葬；只要三寸厚的桐木棺材，守丧三个月就可以了，当代的君主认为他们节俭而敬重他们。儒家主张倾家荡产地大办葬礼，为父母守丧要三年，要悲痛到身体受损伤、扶杖而行的程度，当代的君主认为他们孝顺父母而敬重他们。要是赞成墨子的节俭，就必定要否定孔子的奢侈浪费；要是赞成孔子的尽孝，就必定要反对墨子的违背人情。现在是尽孝和违背人情、奢侈浪费和节俭同时存在于儒、墨两家的学说之中，而君主却同时敬重他们。漆雕子的主张是脸上不露出屈服顺从的表情，眼里不显出怯懦逃避的神色；如果自己行为不正，即使对奴仆也要避让；如果自己行为正直，即使对于诸侯也敢于抗争。当代的君主认为他方正刚直而敬重他。宋荣子的主张则是不要斗争，不追逐仇人加以报复，进监狱不感到羞愧，被欺侮也不以为耻辱，当代的君主认为他宽宏大量而敬重他。要是赞成漆雕子的为人耿直，就必定要否定宋荣子的宽恕；要是赞成宋荣子的大度，那就应该反对漆雕氏的凶暴。现在是宽容与耿直、宽恕与凶暴同时存在于这两个人的主张中，君主却同时去敬重他们。显然属于愚蠢骗人的学说、杂乱相反的论争，君主对它们全都听从，结果世上的人，说话没有确定的思想原则，办事没有一定的准则。要知道，冰块和炭火放在同一个容器里不可能持久，寒冷和暑热不可能同时到来，杂乱矛盾的学说不可能同时并存而将国家治理好。现在君主对于那种杂乱、荒谬和矛盾百出的言行全都听信，国家哪能不混乱呢？听话、行事这个样子，那么他在治理民众方面也必定是这样的了。

【原典】

今世之学士语治者，多曰："与贫穷地以实无资。"今夫与人相若也，无丰年旁入之利而独以完给者，非力则俭也。与人相若也，无饥馑、疾疚、祸罪之殃独以贫穷者，非侈则堕也①。侈而堕者贫，而力而俭者富。今上征敛于富人以布施于贫家，是夺力俭而与侈堕也，而欲索民之疾作而节用，不可得也。

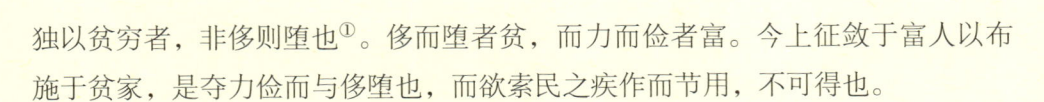

【注释】

①堕：通"惰"，懒惰。

【译文】

如今的学者一谈起国家治理问题。总是说："把土地赐给贫穷的人，以充实他们匮乏的资财。"现在的情况是，那些和别人条件相似，没有碰上丰年，没有额外收入的利益，而唯独能自给自足的人，这不是由于勤劳，就是由于节俭的缘故。和别人的条件差不多，也没有荒年、大病、横祸、犯罪这些灾祸，而偏偏贫穷的人，这不是由于奢侈，就是由于懒惰的缘故。奢侈而懒惰的人贫穷，勤劳而节俭的人富裕。现在君主向富足的人家征收财物去散给贫穷的人家，这是在掠夺勤劳节俭的人而赏赐奢侈懒惰的人，这样还想督促民众努力耕作，省吃俭用，是不可能的啊。

【原典】

今有人于此，义不入危城，不处军旅，不以天下大利易其胫一毛，世主必从而礼之，贵其智而高其行，以为轻物重生之士也。夫上所以陈良田大宅，设爵禄，所以易民死命也。今上尊贵轻物重生之士，而索民之出死而重殉上事，不可得也。藏书策①，习谈论，聚徒役，服文学而议说②，世主必从而礼之，曰："敬贤士，先王之道也。"夫吏之所税，耕者也；而上之所养，学士也。耕者则重税，学士则多赏，而索民之疾作而少言谈，不可得也。立节参明，执操不侵，怨言过于耳，必随之以剑，世主必从而礼之，以为自好之士。夫斩首之劳不赏，而家斗之勇尊显，而索民之疾战距敌而无私斗③，不可得也。国平则养儒侠，难至则用介士。所养者非所用，所用者非所养，此所以乱也。且夫人主于听学也，若是其言，宜布之官而用其身；若非其言，宜去其身而息其端。今以为是也，而弗布于官；以为非也，而不息其端。是而不用，非而不息，乱亡之道也。

【注释】

①策：通"册"，古时由竹简编成的书籍。②文学：指诗、书、礼、乐等。③距：通"拒"，抵抗。

【译文】

　　如果现在有一个人在这里，主张不进入有战争危险的城池、不参军打仗，不愿拿天下的大利来换自己小腿上的一根毫毛；当代的君主一定因此而优待他，看重他的见识，赞扬他的行为，把他看作是轻视物质利益、珍重自己生命的人。君主之所以拿出肥沃的田地和高大的住宅，设置官爵和俸禄，为的就是换取民众去拼死效命；现在君主尊重轻视物质利益而珍重自己生命的人，再想要求民众出生入死为国事做出牺牲，是不可能的啊。现在有人收藏图书典籍，练习言谈辩论，聚徒讲学，从事文章学术事业来高谈阔论进行游说；当代的君主一定因此而敬重他，说什么"尊敬贤士是先王的制度"。官吏征税的对象是种地的农民，而君主供养的却是那些著书立说的学士。种田的人负担沉重的赋税，不劳而食的学士却得到丰厚的奖赏，这样，要求得民众勤快地耕作而少去从事议论辩说，是根本不可能的。讲求气节，标榜高明，坚持操守而不容侵犯，怨恨他的话一传到他耳朵里，马上拔剑而起；对于这样的人。当代的君主一定因此而敬重他，以为这是爱惜自我的人。那为国杀敌的功劳得不到奖赏，对那些逞勇报私仇的人反要使之尊贵，这样要求得民众奋勇作战、抵抗敌人而不为私家争斗，是根本不可能的。国家太平时供养儒生和侠客，战事来临时却动用兵士前去作战。所供养的人不是所要用的人，所要用的人不是所供养的人，这是产生祸乱的原因所在。再说，君主在听取一种学说的时候，如果认为他讲得对，就应该正式向官府公布，并任用倡导的人。如果认为他讲得不对，就应该驱逐他们，并制止他们的言论。现在君主认为是对的，也不在官府中加以公布；认为错误的，又不从根本上加以禁止。认为对而不加采用，认为错而不加消灭，这是导致国家混乱和灭亡的做法。

【原典】

　　澹台子羽[①]，君子之容也，仲尼几而取之，与处久而行不称其貌。宰予之辞[②]，雅而文也，仲尼几而取之，与处久而智不充其辩。故孔子曰："以容取人乎，失之子羽；以言取人乎，失之宰予。"故以仲尼之智而有失实之声。今之新辩滥乎宰予，而世主之听眩乎仲尼，为悦其言，因任其身，则焉得无失乎？是以魏任孟卯之辩[③]，而有华下之患[④]；赵任马服之辩，而有长平之祸[⑤]。此二者，任辩之失也。夫视锻锡而察青黄⑥，区冶不能以必剑⑦；水击鹄雁，陆断驹马，则臧获不疑钝利。发齿吻形容，伯乐不能以必马；授车就驾，而观其末涂，则臧获不疑驽良。观容服，听辞言，仲尼不能以必士；试之官职，课其功伐，则庸人不疑于愚智。故明主之吏，宰相必起于州部，猛将必发于卒伍⑧。夫有功者必赏，则爵禄厚而愈劝；迁官袭级，则官职大而愈治。夫爵禄大而官职治，王之道也。

【注释】

①澹台子羽：姓澹台，名灭明，子羽为他的字，春秋时鲁国人，孔子的学生。②宰予：春秋时鲁国人，孔子的学生，以善辩著称。③孟卯：即芒卯，战国时魏相国，有口才。④华下之患：公元前273年，孟卯率领魏国军队并与赵国军队联合，攻打韩国，秦国将领白起前来救援，在华下开战，魏、赵两国联军大败，死伤人数达五十五万。华下：即华阳，韩国地名，在今河南密县东北。⑤长平之祸：公元前260年，秦国的将领白起攻打赵国，与赵国军队在长平相持不下。后来赵王中了秦国的反间计，让赵括代廉颇为将。好纸上谈兵的赵括，毫无战争经验，结果赵国的军队被一举击溃，四十五万大军全部被坑杀，赵括战死。长平：赵国地名，在今山西高平西。⑥锻锡：古人冶炼金属时掺的锡。⑦区冶：即欧冶子，春秋时越国人，善于铸剑。⑧卒伍：指军队的基层单位。

【译文】

澹台子羽有着君子的仪表，孔子察看了他的容貌就收他为弟子，同他相处时间长了，却发现他的品行和他的容貌很不相称。宰予说起话来非常文雅，孔子考察了他的言辞就收他为弟子，同他相处时间一长，却发现他的智力远不及他的口才。因此孔子说："按照容貌取人吧，我在子羽身上出了差错；按照言谈取人吧，我在宰予身上有了过失。"看来，即使凭借孔子那样的聪明才智，也还有考察结果不能符合实际的感叹之声。现在流行起来的巧辩大大超过了宰予，而当代的君主听起话来却比孔子还要糊涂，因为喜欢他的言论，就去任用他，那怎么可能没有过失呢？因此，魏国听信孟卯的花言巧语，结果就造成华阳城下的灾难；赵国听信赵括的纸上谈兵，结果就招致长平的灾祸。这两件事，都是任用能说会道的人而铸成了大错。细看冶炼时掺入多少锡以及观察铸剑时火色是青是黄，就是区冶也不能断定剑的好坏；在水面上砍杀天鹅和大雁，在陆上劈杀驹马，那么，就是奴仆也分得清剑的利钝；如果只是打开马口看牙齿，以及观察外形，就是善于相马的伯乐也不能凭此来肯定马的优劣；如果让马套上车，让马去拉着车跑，然后看它所能到达的终点，那么就是奴仆也可以将劣马或好马分辨出来；如果只看一个人的相貌、服饰，只听他说话议论，就是孔子也不能凭此来确定士人是否贤能；可是在官职上一试验，用办事成效一考察，那么就是平常的人也分得清他们是愚蠢还是聪明。所以，明主手下的官吏，宰相一定是从州部那样的基层衙署中提拔上来的，猛将一定是从士兵队伍中挑选出来的。有功劳的人一定给予奖赏，那么俸禄越优厚他们就越受鼓励；按照官阶等级逐渐提升官职，那么，官职越高他们就越能办事。用高爵厚禄大官要职来促使官吏把政事办好，是称王天下的正道。

【原典】

磐石千里①，不可谓富；象人百万②，不可谓强。石非不大，数非不众也，而不可谓富强者，磐不生粟，象人不可使距敌也。今商官技艺之士亦不垦而食，是地不垦，与磐石一贯也。儒侠毋军劳③，显而荣者，则民不使，与象人同事也。夫祸知磐石象人，而不知祸商官儒侠为不垦之地、不使之民，不知事类者也。

【注释】

①磐石：此处指石头地。②象人：即佣人，古时殉葬时用木头、陶泥等材料制作的假人。③毋：通"无"，不要。

【译文】

无法种庄稼的石头地，即使有一千里，也不能算富有；用木头、陶泥等材料制作的假人，纵然有一百万个，也不能算强大。石头地不是不广大，假人数目也不是不多，却不可以称为富强，原因在于石头地无法生产粮食，而假人也无法派他们去抵抗敌人。现在经商谋官和凭技艺谋利的人都是不靠种田吃饭的，这样，那么土地就和得不到开垦的石头地一样了；儒生和游侠没有军功，却得以显贵和出名，那么民众就会不听使唤而和用木头、陶泥等材料制作的假人有同样的使用价值了。现在只知道把石头地和假人看成是祸害，却不知道那些买官做的商人和儒生、侠客等在制造不开垦的土地和不听使唤的民众也同样是祸害，那就是不懂得据事类推的人了。

【原典】

故敌国之君王虽说吾义①，吾弗入贡而臣；关内之侯虽非吾行②，吾必使执禽而朝③。是故力多则人朝，力寡则朝于人，故明君务力。夫严家无悍虏，而慈母有败子。吾以此知威势之可以禁暴，而德厚之不足以止乱也。

【注释】

①说：同"悦"，喜欢，喜爱。②关内之侯：即关内侯，战国时设置的一种只有封号而没有封地的爵号。③执禽：古代的一种礼制，即臣下朝见君主时，必须拿着一定种类的禽类如大夫执雁（鹅）、卿执羔（小羊）等作为礼物，以表示顺服。

【译文】

因此，和自己势均力敌的周家的君主尽管喜欢我们的仁义，我们却并不能叫他进贡称臣；边关以内的封侯虽然反对我们的行为，我也一定能使他们拿着禽类的礼物来朝拜。可见力量大就有人来朝拜。力量小就得去朝拜别人，所以英明的君主致力于壮大自己的力量。在严厉的家庭中不会有强悍不驯的奴仆。而在慈母的溺爱下反而会出败家子。我由此得知威严和权势能够禁暴，而德行再深厚也无法用来制止祸乱。

【原典】

夫圣人之治国，不恃人之为吾善也，而用其不得为非也。恃人之为吾善也，境内不什数①；用人不得为非，一国可使齐。为治者用众而舍寡，故不务德而务法。夫必恃自直之箭，百世无矢；恃自圜之木②，千世无轮矣。自直之箭，自圜之木，百世无有一，然而世皆乘车射禽者何也？隐栝之道用也③。虽有不恃隐栝而有自直之箭、自圜之术，良工弗贵也。何则？乘者非一人，射者非一发也。不恃赏罚而恃自善之民，明主弗贵也。何则？国法不可失，而所治非一人也。故有术之君，不随适然之善，而行必然之道。

【注释】

①什：通"十"。②圜：通"圆"。下同。③隐栝：矫正竹木的工具。

【译文】

圣明的君主治理国家，不是依赖人们自觉为自己办事的善行，而要使他们不得为非作歹。要是靠人们自觉地为自己办事的善行，在国内数还不满十个；使人们不得为非作歹，就可以使全国整齐一致。治理国家的人需要采用多数人都得遵守的措施，舍弃只对少数人有效的政治措施，因此不应该推崇德治，而应该实行法治。一定要靠生来就笔直的竹竿去做箭，几千年也造不出箭来；一定要靠生来就很圆的树木去做车轮，几万年也造不成车轮。生来就笔直的竹竿，生来就很圆的树木，既然千年万载也没有一个，但是人们世世代代都能乘车子、射鸟兽，这是什么缘故呢？原因在于应用了加上木材的工具和方法。即使有不依靠加工整形而存在着生来就笔直的竹竿、生来就很圆的树木，但好工匠是不看重的。为什么呢？原因在于乘车的并不只是一个人，射箭打猎也不是只发一箭。不依靠赏罚而依靠生来就善良的人，但圣明的君主是不看重的。为什么呢？因为国家的法制不可以丢掉，而所要统治的也不是一个人。所以掌握了统治方法的君主，不追求偶然的天生善行，而推行必然的政治措施。

【原典】

今或谓人曰："使子必智而寿"，则世必以为狂①。夫智，性也；寿，命也。性命者，非所学于人也，而以人之所不能为说人②，此世之所以谓之为狂也。谓之不能然，则是谕也，夫谕性也。以仁义教人，是以智与寿说也，有度之主弗受也。故善毛嫱、西施之美③，无益吾面；用脂泽粉黛④，则倍其初。言先王之仁义，无益于治；明吾法度，必吾赏罚者，亦国之脂泽粉黛也。故明主急其助而缓其颂，故不道仁义。

【注释】

①狂：通"诳"，欺骗，下同。②说：同"悦"，讨好。③毛嫱：春秋末期著名的美女。④脂泽：化妆用的脂膏。

【译文】

如果现在有人对别人说："我让你一定又聪明又长寿。"那么人们一定会认为他是在骗人。因为一个人的智力，是先天造成的；一个人的寿限，是命里注定的。这种天性和命定的东西，不是从别人那里所能学得到的。用人家不能做到的事去讨好人家，这就是人们认为他是在

骗人的原因。向人家说那些无法做到的事，就是明白告诉人们，说明人们的本性就是如此。用仁义教人，这就是在用"使人聪明和长寿"的鬼话来劝说，实行法治的君主是不能接受的。所以赞美毛嫱、西施的美丽，对自己的容貌毫无益处；用脂泽粉黛化妆一番，就能使自己的容貌比原来加倍美丽。空谈先王的仁义，对于治理国家毫无好处；彰明自己国家的法度，在国内坚决实行赏罚，也就如同能使国家富强起来的脂泽粉黛。所以英明的君主加紧实行那些对治国有实际帮助的法度和赏罚而怠慢那些对古代帝王的称颂，所以不讲什么仁义道德。

【原典】

今巫祝之祝人曰①："使若千秋万岁。"千秋万岁之声括耳②，而一日之寿无征于人，此人所以简巫祝也。今世儒者之说人主，不善今之所以为治，而语已治之功；不审官法之事，不察奸邪之情，而皆道上古之传誉、先王之成功。儒者饰辞曰："听吾言，则可以霸王。"此说者之巫祝，有度之主不受也。故明主举实事，去无用，不道仁义者故，不听学者之言。

【注释】

①巫祝：古代以装神弄鬼为人祈祷、祝福的人。②括：通"聒"，声音吵闹。

【译文】

如今的巫祝为人祈祷时总是说："使你们长生千岁、延寿万年。"这种千秋万岁的声音在耳边喋喋不休，但在人们中连延长一天寿命的应验也没有，这就是人们之所以瞧不起巫师和祝告人的原因。现在世上的儒家游说君主时，不谈现在如何才能治理好国家，却谈论一些古代已经取得的政治业绩；不去考察官府法令这样的事务，不了解奸诈邪恶的实情，却都去称道远古的传说美谈和古代帝王的成就功绩。儒家侈谈什么："要是听从我的主张，就可以称王称霸。"这是游说者中的巫师和祝告人，实行法治的君主是不能接受的。所以，所以英明的君主做有实际效果的事情，不空谈什么仁义道德，也不听信学者的言论。

【原典】

今不知治者必曰："得民之心。"欲得民之心而可以为治，则是伊尹、管仲无所用也，将听民而已矣。民智之不可用，犹婴儿之心也。夫婴儿不剔首则腹痛①，不揊痤则寖益②。剔首、揊痤，必一人抱之，慈母治之，然犹啼呼不止，婴儿子不知犯其所小苦致其所大利也。今上急耕田垦草以厚民产也，而以上为酷；修刑重罚以为禁邪也，而以上为严；征赋钱粟以实仓库，且以救饥馑、备军旅也，而以上为贪；境内必知介而无私解，并力疾斗，所以禽虏也③，而以上为暴。此四者，所以治安也，而民不知悦也。夫求圣通之士者，为民知之不足师用。昔禹决江浚河，而民聚瓦石；子产开亩树桑，郑人谤訾。禹利天下，子产存郑人，皆以受谤，夫民智之不足用亦明矣。故举士而求贤智，为政而期适民，皆乱之端，未可与为治也。

【注释】

①剔首：剃头。②揊（pì）：剖开，割开。③禽：通"擒"。

【译文】

现在，不懂得治国方法的儒生总是说："要得民心。"如果得民心就可以治理好国家，那么伊尹、管仲就没有用处了，而只要听任民众就是了。就像婴儿的想法不可以采用一样。婴儿不剃头就会肚子痛，不割治疖子就会使病情逐渐加重。而要给婴儿剃头和剖疮，必须由一个人抱着，由仁慈的母亲给他医治，即使是这样他还会哭喊不止，因为婴儿并不知道给他吃点小苦会带来大的好处。现在君主加紧督促民众耕地开荒来增多民众的家产，却被认为太残酷；君主整治刑法、加重惩罚用来禁止邪恶，却被认为太严厉；君主征收赋税钱粮来充实粮仓国库，用于救济灾荒、供养军队，却被认为太贪婪；君主要求国内的民众必须懂得如何披上铠甲上阵杀敌而不准投靠私门贵族来免除兵役，为的是征服敌人，却被认为太凶狠。上述四项措施，是用来使国家长治久安的，可是民众却不欢迎。君主之所以要寻觅圣明通达的人才，就是因为民众的认识是不能信从和作为标准。从前夏禹开江挖河，而民众却用瓦石去填塞；子产提倡开荒种桑，而郑国人却咒骂他。大禹使天下人获得利益，子产使郑国得以保全，但都因此而遭到诽谤，可见民众的认识显然是靠不住的。所以君主选拔人才的时候去访求贤能智慧的儒生，治理国家时指望顺应民众心理，都是造成混乱的根源，是不能用来治理国家的。

忠孝

【原典】

　　天下皆以孝悌忠顺之道为是也，而莫知察孝悌忠顺之道而审行之，是以天下乱。皆以尧舜之道为是而法之，是以有弑君，有曲于父。尧、舜、汤、武或反君臣之义，乱后世之教者也。尧为人君而君其臣，舜为人臣而臣其君，汤、武为人臣而弑其主、刑其尸，而天下誉之，此天下所以至今不治者也。夫所谓明君者，能畜其臣者也；所谓贤臣者，能明法辟、治官职以戴其君者也。今尧自以为明而不能以畜舜，舜自以为贤而不能以戴尧；汤、武自以为义而弑其君长，此明君且常与而贤臣且常取也。故至今为人子者有取其父之家，为人臣者有取其君之国者矣。父而让子，君而让臣，此非所以定位一教之道也。臣之所闻曰："臣事君，子事父，妻事夫。三者顺则天下治，三者逆则天下乱，此天下之常道也。"明王贤臣而弗易也，则人主虽不肖，臣不敢侵也。今夫上贤任智无常[①]，逆道也，而天下常以为治。是故田氏夺吕氏于齐，戴氏夺子氏于宋[②]。此皆贤且智也，岂愚且不肖乎？是废常上贤则乱，舍法任智则危。故曰：上法而不上贤。

【注释】

　　①上：通"尚"，崇尚。②戴氏：即子罕，战国时任宋国主管土木工程的官。子氏：此处指宋桓侯。

【译文】

　　天下的人都认为孝顺父母、敬爱兄长、忠于君主、服从丈夫的道德准则是正确的，却没有什么人知道进一步对这一道德准则加以认真考察，然后再去慎重实行，因此天下就混乱了；都认为尧舜之道正确而加以效法，因此有杀死君主的，有背叛父亲的。尧、舜、汤、武或许正是违反君臣之间道义、扰乱后世教令的人物。尧当君主，却把自己的臣子舜奉为君主；舜本来是臣子，却把自己的君主贬为臣子；商汤、周武王作为臣子，却杀害自己的君主、斩割君主的尸体；对此，天下的人却都加以称赞，这就是天下直到现在都不太平的原因啊。所谓明君，应该是能够控制臣子的人；所谓贤臣，是能够彰明法度、忠实履行自己的职守来拥戴自己君主的人。现在情形则是，尧自以为明智，却不能对舜加以控制；舜自以为贤能，却不能用这种贤能来拥戴尧；商汤、周武自以为仗义，却杀了自己的君主。这就是一方面那些自以为是明君的常常交出权力，而另一方面自称为贤臣的却常常篡权的情形。所以直到现在，做儿子的有夺取父亲家业的，做臣子的有夺取君主政权的。照此看来，父亲把家业让给儿子，君主把王位让给臣下，绝不是什么确定名位统一教令的正确途径。我所听到的说法是："臣子服侍君

主，儿子服侍父亲，妻子服侍丈夫，顺从了这三种秩序，那么天下就太平了；如果违背了这三种秩序，天下就会混乱。"这是治理天下的永恒法则，就是明君、贤臣也不能变更。遵循了这永恒的政治法则，那么即使君主不够贤明，臣子也不敢侵犯。现在尊崇贤人、任用智者而不遵循这永恒的政治法则，是悖逆之道，一般人却总认为治国之道。正因如此，田成子在齐国夺取了吕氏的政权，子罕在宋国夺取了宋桓侯的政权。这些人都是有才能又有智慧的人，难道他们真的是愚蠢而不贤明吗？由此看来，废弃那永恒的政治原则而尊崇贤人，国家就混乱；舍弃法制而任用智者，君主就会产生危险。所以说：要尊尚法制而不能尊尚贤人。

【原典】

记曰："舜见瞽瞍，其容造焉①。孔子曰：'当是时也，危哉，天下岌岌！有道者，父固不得而子，君固不得而臣也。'"臣曰：孔子本未知孝悌忠顺之道也。然则有道者，进不为主臣，退不为父子耶？父之所以欲有贤子者，家贫则富之，父苦则乐之；君之所以欲有贤臣者，国乱则治之，主卑则尊之。今有贤子而不为父，则父之处家也苦；有贤臣而不为君，则君之处位也危。然则父有贤子，君有贤臣，适足以为害耳，岂得利焉哉？所谓忠臣，不危其君；孝子，不非其亲。今舜以贤取君之国，而汤、武以义放弑其君，此皆以贤而危主者也，而天下贤之。古之烈士，进不臣君，退不为家，是进则非其君，退则非其亲者也。且夫进不臣君，退不为家，乱世绝嗣之道也。是故贤尧、舜、汤、武而是烈士，天下之乱术也。瞽瞍为舜父而舜放之，象为舜弟而杀之②。放父杀弟，不可谓仁；妻帝二女而取天下，不可谓义。仁义无有，不可谓明。《诗》云③："普天之下，莫非王土；率土之滨，莫非王臣。"信若《诗》之言也，是舜出则臣其君，入则臣其父，妾其母，妻其主女也。故烈士内不为家，乱世绝嗣；而外矫于君，朽骨烂肉，施于土地，流于川谷，不避蹈水火。使天下从而效之，是天下遍死而愿夭也。此皆释世而不治是也。世之所为烈士者，离众独行，取异于人，为恬淡之学而理恍惚之言。臣以为恬淡，无用之教也；恍惚，无法之言也。言出于无法，教出于无用者，天下谓之察。臣以为人生必事君养亲，事君养亲不可以恬淡；治人必以言论忠信法术，言论忠信法术不可以恍惚。恍惚之言，恬淡之学，天下之惑术也。孝子之事父也，非竞取父之家也；忠臣之事君也，非竞取君之国也。夫为人子而常誉他人之亲曰："某子之亲，夜寝早起，强力生财以养子孙臣妾。"是诽谤其亲者也。为人臣常誉先王之德厚而愿之，诽谤其君者也。非其亲者知谓之不孝，而非其君者天下皆贤之，此所以乱也。故人臣毋称尧舜之贤，毋誉汤、武之伐，毋言烈士之高，尽力守法，专心于事主者为忠臣。

【注释】

①造：通"慼"，局促不安。②象：瞽瞍后妻所生的儿子，舜的异母弟。据《孟子》《史记》记载，象多次替瞽瞍策划要谋杀舜。舜不但没有怪罪他，反而给予他封地。此处韩非说舜杀死象，说法有所不同。③《诗》云：所引诗见《诗经·小雅·北山》。

【译文】

古代记载说："舜见到父亲瞽瞍来朝见他，表现出局促不安的样子。孔子说：'在那种时候，真危险啊，天下危险到极点了！像舜这样有道德的人，父亲的确不能再把舜当儿子看待，君主当然也不能将他当作臣子。'"我认为，孔子原本就不懂什么孝顺父母、敬爱兄长、忠于君主、服从丈夫的道德准则。如此说来，那么有道德的人，在朝廷就不能做君主的臣子，到家来就不能做父亲的儿子吗？父亲之所以希望自己有贤能的儿子，是因为家人贫穷时他能使家人富足，父亲痛苦时可以靠他使父亲高兴起来；做君主的之所以希望有贤能的臣下，是因为国家混乱时他能够加以治理，君主卑微时可以靠他们使君主尊贵起来。如有了贤子却不管父亲，那么父亲住在家里就很痛苦；现在情形是：有了贤臣却不管君主，那么君主处在君位上就很危险。既然如此，那么父亲有贤子、君主有贤臣倒恰好成为祸害罢了，哪里能从他们身上得到什么好处呢！所谓忠臣，应该不使君主处于危境；所谓孝子，应该不违拗自己的父母。现在情形是：舜靠着贤能夺取了君主的国家，而商汤、周武王凭着道义流放、杀害了自己的君主，他们都是因为贤能而危害君主的人，而天下的人却认为他们贤能。古代刚烈的人士，进不臣服君主，退不治家养亲；这是在朝廷上背叛自己的君主、在家里背叛自己父母的人啊。进一步说，进不向君主称臣，退又不治家养亲，这是扰乱社会秩序、断绝子孙后代的做法。因此，既要称颂尧、舜、汤、武贤能，又要肯定刚烈的人士，是社会上扰乱人心的学说啊。瞽瞍是舜的父亲而舜把他流放了，象是舜的弟弟却被舜杀死了。舜流放父亲、杀害弟弟，不能称为仁；娶了尧的两个女儿而夺取了尧的君位，不能称为义；仁、义全然没有，不能称为明智。《诗经·小雅·北山》说："普天之下，都是天子的土地；四海之内，都是天子的臣民。"假使真像《诗经·小雅·北山》上说的那样，舜倒会上朝把君主当臣子，回到家中就应该把自己的父亲当作臣仆、把自己的母亲当作奴婢、把他君主的女儿当作妻子了。所以，刚烈人士的行为是：对内不为家庭着想，扰乱社会，断绝后代；而走出家门来到社会上就和君主作对，不辞赴汤蹈火，不怕自己腐烂的尸骨被抛撒在野地、漂流在河川峡谷。如果让天下的人都仿效他们，而大家都不怕早死，这些都是置社会于不顾而不努力整治社会的人啊。他们都是置社会于不顾而不想把它治理好的人。社会上称道的烈士是这样的人，他们脱离众人而自行其是，有意与别人不同，提倡清心寡欲的学说，研究那种隐约模糊难以捉摸的言论。我认为，清心寡欲是毫无用处的说教，隐约模糊是荒谬的言论。对于这种无视法治的谬论和毫无用处的说教，天下的人却认为是明察。我认为，人生活在社会上一定要侍奉君主、赡养父母，而要侍奉君主、赡养父母就不可以清心寡欲；治理民众一定要提倡忠诚、守法的言论，要提倡忠诚、守法的言论，就不可以隐约模糊难以捉摸。隐约模糊难以捉摸的言辞，清心寡欲的学说，是社会上蛊惑人心的学说啊。孝子侍奉父亲，不是为了争夺父亲的事业；忠臣侍奉君主，不是为了夺取君主的政权。如果做儿子的常常称赞别人的父亲，说什么："某人的父亲，起早贪黑，努力创造财富来抚养子孙奴婢。"这就等于是在诽谤自己的父亲了。做臣子的如果常常赞誉古代帝王的德行深厚而仰慕他们，这就等于是在诽谤自己的君主了。做儿子的非议父亲，人们知道把他们称作为不孝；而做臣子的非议君主，天下的人却认为他们贤能，这就是天下混乱的根源。所以，做臣子的不称颂尧舜的贤德，不赞誉商汤周武王的征伐，不谈论刚烈人士的清高，而竭尽全力遵纪守法，专心一意地侍奉君主，才是真正的忠臣。

【原典】

古者黔首悗密蠢愚①，故可以虚名取也。今民儇诇智慧②，欲自用，不听上。上必且劝之以赏，然后可进；又且畏之以罚，然后不敢退。而世皆曰："许由让天下，赏不足以劝；盗跖犯刑赴难，罚不足以禁。"臣曰：未有天下而无以天下为者，许由是也；已有天下而无以天下为者，尧、舜是也。毁廉求财，犯刑趋利，忘身之死者，盗跖是也。此二者，殆物也。治国用民之道也，不以此二者为量。治也者，治常者也；道也者，道常者也③。殆物妙言，治之害也。天下太上之士，不可以赏劝也；天下太下之士，不可以刑禁也。然为太上士不设赏，为太下士不设刑，则治国用民之道失矣。

【注释】

①黔首：指农民。悗（mèn）密：勤勉，质朴。蠢：通"蠢"。②儇诇（xuān xiòng）：机灵，奸诈。③道：通"导"，指引，引导。

【译文】

古代的老百姓刻苦耐劳而又蠢笨愚昧，因此可以用虚名来骗取。现在的民众机灵狡诈而又聪明伶俐，总想

自己有所作为，不肯听从君主的命令。君主一定要用奖赏去鼓励他们，然后才能使他们进取；同时又要用刑罚来畏慑他们，然后才能使他们不敢后退。而世上的人却都说："许由推辞统治天下的大权，说明赏赐不足以勉励；盗跖触犯刑律而不避危难，说明惩罚不足以禁止。"我认为：没有统治天下而又不把天下当回事的，许由就是这样的人；已经统治天下而又不把天下当回事的，尧、舜就是这样的人。败坏廉洁去谋求财富，触犯刑律去追求私利，把自己的死亡置之度外的，盗跖就是这样的人。这些都是危险的行为。治理国家、役使民众的途径是不能把这些作为标准的。所谓治理，是指治理民众的通常情况而言；所谓方法，是指引导一般民众的通常情况而言。危险的行为和微妙的言论，都是治国的祸害。天下那些极端廉直的人士，不能够用奖赏来激励他们；天下那些极端凶恶的人，不能够用刑罚来禁止他们。但是，如果因为有极端廉直的人存在就不设立奖赏，因为有极端凶恶的人存在就不设立刑罚，那么治理国家和使用民众的方法也就被丢掉了。

【原典】

故世人多不言国法而言从横。诸侯言从者曰"从成必霸"；而言横者曰"横成必王"。山东之言从横未尝一日而止也，然而功名不成，霸王不立者，虚言非所以成治也。王者独行谓之王，是以三王不务离合而正，五霸不待从横而察，治内以裁外而已矣。

【译文】

现在社会上很多人不谈国家的法治而大谈合纵连横。那些讲合纵的国家说："合纵成功就必定能够称霸天下。"而讲连横的国家却说："连横成功就必定能称王天下。"崤山以东齐、楚、燕、赵、韩、魏等六国大谈纵横不曾有一天停下来过，然而并没有成就功名和称王称霸；这是因为空谈并不是使治国取得成效的办法啊。当君王的能独断专行才称得上王，所以夏、商、周三代开国君王不致力于纵横捭阖的方略就能匡正天下，春秋五霸不依靠纵横捭阖就能使天下政治清明，他们不过是在治理好内政的基础上来自如地制定对外政策罢了。

心度

【原典】

圣人之治民，度于本，不从其欲①，期于利民而已。故其与之刑，非所以恶民，爱之本也。刑胜而民静，赏繁而奸生。故治民者，刑胜，治之首也；赏繁，乱之本也。夫民之性，喜其乱而不亲其法。故明主之治国也，明赏，则民劝功；严刑，则民亲法。劝功，则公事不犯；亲法，则奸无所萌。故治民者，禁奸于未萌；而用兵者，服战于民心。禁先其本者治，兵战其心者胜。圣人之治民也，先治者强，先战者胜。夫国事务先而一民心，专举公而私不从，赏告而奸不生，明法而治不烦。能用四者强，不能用四者弱。夫国之所以强者，政也；主之所以尊者，权也。故明君有权有政，乱君亦有权有政，积而不同②，其所以立异也。故明君操权而上重，一政而国治。故法者，王之本也；刑者，爱之自也③。

【注释】

①从：通"纵"，放纵。②积：通"绩"。③自：古"鼻"字，表示开始。

【译文】

圣人治理民众，是从根本上考虑问题的，而不去放纵民众的欲望；他只希望给民众带来实际利益罢了。因此，圣人给民众设置刑罚，在对民众施用刑罚时，他并不是憎恨民众，而是从爱护他们的根本利益出发的。刑罚占了优势，民众就安宁；奖赏乱施滥用，奸邪就滋生。所以治理起民众来。刑罚占优势，是使国家安定的开端；奖赏乱施滥用，是国家混乱的根源。民众的本性是喜欢赏赐而不喜欢刑罚，所以英明的君主在治理国家的时候，明定奖赏、民众就努力立功；刑罚严厉，那么民众就依从国法。民众努力立功，政府的事务就不受侵扰；民众依从国法，奸邪就无从产生。因此，治理民众，要把奸邪禁止在尚未发生之时；用兵打仗，要使一切服从打仗的要求深入民心。禁止奸邪要在奸邪的本源出现之前加以禁止，国家就可以治理好；用兵打仗，使民众的心理适应战争就可以取得胜利。圣人治理民众，因为先治本，所以能强大；因为做好了战斗准备，所以能取胜。治理国家的大事，努力贯彻这种抢先的原则来统一民众的思想认识；专门推崇公家的利益，以杜绝私欲；奖励告发奸邪的人，奸邪就不会产生；明定法度，国家的治理就不会烦乱。能做到这四点的，国家就强盛；不能做到这四点的，国家就衰弱。国家之所以强大，凭借的是政策；君主之所以尊贵，凭借的是权力。因此，英明的君主有权力有政策，昏庸的君主也有权力和政策，结果渐显不同，这是因为他们确立的原则不一样啊。所以，英明的君主掌握权势，地位就尊贵，统一政治纲领，国家就安宁。所以，法令是称王天下的根本，刑罚是爱护民众的根本。

【原典】

夫民之性，恶劳而乐佚。佚则荒，荒则不治，不治则乱，而赏刑不行于天下者必塞。故欲举大功而难致而力者，大功不可几而举也；欲治其法而难变其故者，民乱不可几而治也。故治民无常，唯法为治。法与时转则治，法与世宜则有功。故民朴而禁之以名则治，世知维之以刑则从。时移而治不易者乱，能治众而禁不变者削。故圣人之治民也，法与时移而禁与能变。

【译文】

民众的本性是好逸恶劳。喜好安逸，事业就要荒废；事业荒废了，就治理不好政事。治理不好政事，国家就会混乱；如果赏罚不能在全国实行，国家事业就必定得不到发展。所以想要建立丰功伟绩而难以取得民众力量的，丰功伟绩是不可能期望成就的；想要搞好法治却难于改变陈规旧章，民众必然混乱而不可能指望把他们治理好。所以治理民众没有一成不变的常规，只要能治理好国家的就是合宜的法度。法度顺应时代变化就能治理国家，统治方式适合社会情况就能收到成效。因此，民众质朴，只要用褒贬进行控制就可以治理好；社会上的人智巧奸诈，只有用刑罚加以束缚才能使人驯服。时代发展了而治理的措施不改变，社会

必然危乱；能人增多而禁令不改变，国家必被削弱。所以圣人治理民众，法制随着时代的发展而进行变革，禁令和智能水平同步变更。

【原典】

能越力于地者富，能起力于敌者强，强不塞者王。故王道在所开，在所塞，塞其奸者必王。故王术不恃外之不乱也，恃其不可乱也。恃外不乱而治立者削，恃其不可乱而行法者兴。故贤君之治国也，适于不乱之术①。贵爵，则上重，故赏功爵任而邪无所关。好力者其爵贵；爵贵，则上尊；上尊，则必王。国不事力而恃私学者其爵贱，爵贱，则上卑；上卑者必削。故立国用民之道也，能闭外塞私而上自恃者，王可致也。

【注释】

①适（dí）：专注。

【译文】

能够在农耕上发挥民众力量的国家就富足，能够在对敌作战中发动民众力量的国家就强大，而富强得以持续发展的，就可以称王天下。所以称王天下的途径就在于开发民力，但也在于禁止奸邪。能够禁止奸邪的，必能称王天下。因此称王天下的策略，不是依靠外部不乱，而是依靠自身的不可扰乱。依靠外国不可扰乱来确立治国方法的国家就会削弱，指望自身的不可扰乱而推行法治国家才能兴盛。因此贤明的君主在治理国家时，立足于不可扰乱的方略。人们看重爵位，那么君主就会被尊重，所以赏赐有功劳的人，把爵位赐给可以胜任这一职位的人，坏人就无可乘之机。专心发展实力的国家，它的爵位就被人看重；爵位就被人看重，君主就会受到尊敬；君主受到尊敬，就一定能称王天下。国家不致力于使用民力进行耕战而依靠那些私自搞学术的人，爵位就要被人看得轻贱；爵位被人看得轻贱，君主就卑贱了；君主就卑贱了，国家必致削弱。所以立国用民的一般法则在于：杜绝外国的捣乱、禁止搞私门学术而着重依靠自己力量，就可以达到称王天下的目的。

制分

【原典】

夫凡国博君尊者，未尝非法重而可以至乎令行禁止于天下者也。是以君人者分爵制禄，则法必严以重之。夫国治则民安，事乱则邦危。法重者得人情，禁轻者失事实。且夫死力者，民之所有者也，情莫不出其死力以致其所欲；而好恶者，上之所制也，民者好利禄而恶刑罚。上掌好恶以御民力，事实不宜失矣，然而禁轻事失者，刑赏失也。其治民不秉法为善也，如是，则是无法也。

【译文】

凡是一个国家土地面积广阔而君主尊贵的，从来没有不是因为法制严厉而可以在天下达到令行禁止的。因此，君主分别爵位等级、制定俸禄标准，就一定要使法制严格而且厉害。国家太平，民众就安定；政事混乱，国家就危险。法制严厉符合人之常情，法禁松弛会失去政事的实际功效。况且拼命出力，是民众固有的，他们的心理无非是想拼命出力去获得渴望的东西。而民众的喜好和厌恶，是由君主一手控制着的。民众喜欢利禄而厌恶刑罚，君主掌握民众好此恶彼的心理来使用民力，事的实际功效就不应该丧失了。既然如此，那么法禁松弛，政事有失，正是由于刑赏不当。君主治理民众时不掌握法度而像这样去行善，这种情形一旦出现，也就等于没有法制了。

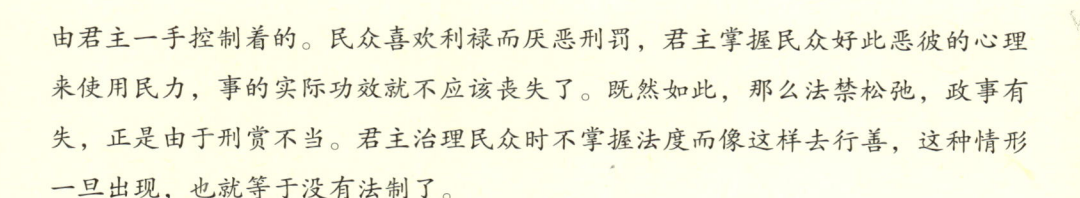

【原典】

故治乱之理，宜务分刑赏为急。治国者莫不有法，然而有存有亡；亡者，其制刑赏不分也。治国者，其刑赏莫不有分：有持以异为分，不可谓分；至于察君之分，独分也。是以其民重法而畏禁，愿毋抵罪而不敢胥赏①。故曰：不待刑赏而民从事矣。

【注释】

①胥：等待。

【译文】

因此，决定国家是治还是乱的道理，应把致力于确定刑罚和奖赏的界限作为最迫切的任务。要治理一个国家，没有哪位君主不实行一定法制的，然而结果却是存亡各异；国家之所以会灭亡，是因为君主掌握刑罚和奖赏时没有个确定的界限。进一层说，要治理一个国家，君主在实行刑罚和奖赏时没有不确立界限的。然而有的所谓界限，是拿了不同标准进行区分，事实上这并不能称为界限。至于明察的君主所确定的界限，则是按统一标准进行的区分。因此他统治下的民众尊重法度而不敢触犯禁令，既希望不要犯罪，又不敢妄自取赏。所以说：不等到使用刑罚和奖赏而民众就已经尽心尽力做事了。

【原典】

是故夫至治之国，善以止奸为务。是何也？其法通乎人情，关乎治理也。然则去微奸之道奈何①？其务令之相规其情者也②。则使相窥奈何？曰：盖里相坐而已。禁尚有连于己者③，理不得相窥，唯恐不得免。有奸心者不令得忘，窥者多也。如此，则慎己而窥彼，发奸之密。告过者免罪受赏，失奸者必诛连刑。如此，则奸类发矣。奸不容细，私告任坐使然也。

【注释】

①微奸：不易察觉的奸邪行为。②规：通"窥"。③尚：通"倘"。

【译文】

因此，那种治理得最好的国家，善于把禁止奸邪作为自己的首要任务。这是什么原因呢？因为禁止奸邪的法律是和人情息息相通，关系到治国道理。既然如此，那么去掉那些不易觉察的奸邪行为要用什么方法呢？那就是务必使民众互相监视彼此的隐情。那么又怎样使民众互相监视呢？大致说来，就是同村的人互相担保、株连受罚而已。假定禁令有牵连到自己的、从情理上看他们不得不相互监视，只怕别人犯罪而使自己不能免受惩处。有奸邪想法的人不让他们隐藏起来，这是因为监视的人很多。这样一来，民众自己就会谨慎小心而对别人进行监督，从而揭发坏人的隐秘。告发奸邪的人免罪受赏，有奸不报的人一定要连带受刑。如果能这样，那么凡属于奸邪一类的人就都被揭发出来了。连细小的奸邪行为都不容发生，这是私人告发和担保连坐造成的啊。

【原典】

夫治法之至明者，任数不任人。是以有术之国，不用誉则毋适，境内必治，任数也。亡国使兵公行乎其地，而弗能圉禁者，任人而无数也。自攻者人也，攻人者数也。故有术之国，去言而任法。

【译文】

最高明的治国原则，是利用法度而不依靠个人的智慧。所以掌握了统治方法的国家，不根据个人的声誉而用人，就能无敌于天下，国家也一定得到很好的治理，这都是因为依靠法度。丧失主权的国家，让敌军在自己的领土上公然横行霸道，而不能予以防御机制的原因，这是依靠个人的智慧而没有利用法度的缘故啊。自取灭亡，是人为的因素在起作用；能攻打别国，是因为利用了法度。所以在掌握了统治方法的国家里，总是排斥空谈而利用法度。

【原典】

凡畸功之循约者难知，过刑之于言者难见也，是以刑赏惑乎贰。所谓循约难知者，奸功也。臣过之难见者，失根也。循理不见虚功，度情诡乎奸根，则二者安得无两失也？是以虚士立名于内，而谈者为略于外，故愚、怯、勇、慧相连而以虚道属俗而容乎世。故其法不用，而刑罚不加乎僇人。如此，则刑赏安得不容其二？实故有所至，而理失其量，量之失，非法使然也，法定而任慧也。释法而任慧者，则受事者安得其务？务不与事相得，则法安得无失，而刑安得无烦？是以赏罚扰乱，邦道差误，刑赏之不分白也。

【译文】

大凡那些符合立功条例的不正当的功劳是难以识破的，那些经花言巧语掩饰的错误是难以发现的。因此，刑罚、奖赏的实施往往会被这种表里不一的情况所惑乱。所谓依据条例而难以识别的不正当的功劳，就是奸邪的功劳；臣下那些难以发现的过失，是造成刑赏失误的祸根。依照常理就不能发现奸邪的功劳，只以常情来衡量就难以发现奸邪的根源。这样一来，那么奖赏和刑罚两个方面怎么能不双双出现差错呢？因此，有虚假功劳的人在国内捞取了名声，夸夸其谈的说客在国外巧取私利，结果愚妄、怯懦、暴力、巧诈的种种人物串通一气，凭借空洞无用的道德说教以及对世俗的迎合来取容于社会。所以那些国法得不到执行，而罪不容诛的犯人得以逃脱刑罚的制裁。如此一来，在刑罚和奖赏的执行过程中怎么会不包容那种不一致的情况呢？事实本来摆在面前，但按常理推断却失去了应有的度量。度量的失误，并不是法度造成的，而是因为法制虽已定却又用了智慧的缘故。放弃法制而依靠智慧，那么接受任务的官员怎能把握要领？官吏的做法不和职事相当，那么法令哪能不出差错，而刑罚又哪能不趋于烦乱呢？因此，赏罚混乱，治国之道错误，是由于刑赏的界限不分明啊。

参考文献

[1] 张悦．韩非子［M］．济南：山东画报出版社，2013．

[2] 费宏达．韩非子解读［M］．北京：对外经济贸易大学出版社，2013．

[3] 高华平．韩非子鉴赏辞典［M］．上海：上海辞书出版社，2012．

[4] 高小慧．韩非子——中华经典精粹解读［M］．北京：中华书局，2011．

[5] 章培恒．韩非子选译——修订版［M］．南京：凤凰出版社，2011．

[6] 韩非子．韩非子——国学经典——珍藏版［M］．长春：吉林大学出版社，2011．

[7] 李凤飞，张大生．诠释韩非子［M］．北京：西苑出版社，2010．